大学赤本シリーズ

436

早稲田大学

国際教養学部

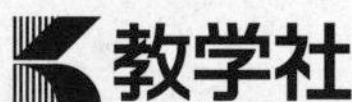

は　し　が　き

おかげさまで，大学入試の「赤本」は，今年で創刊 70 周年を迎えました。

これまで，入試問題や資料をご提供いただいた大学関係者各位，掲載許可をいただいた著作権者の皆様，各科目の解答や対策の執筆にあたられた先生方，そして，赤本を使用してくださったすべての読者の皆様に，厚く御礼を申し上げます。

以下に，創刊初期の「赤本」のはしがきを引用します。これからも引き続き，受験生の目標の達成や，夢の実現を応援してまいります。

本書を活用して，入試本番では持てる力を存分に発揮されることを心より願っています。

編者しるす

＊　＊　＊

学問の塔にあこがれのまなざしをもって，それぞれの志望する大学の門をたたかんとしている受験生諸君！　人間として生まれてきた私たちは，自己の欲するままに，美しく，強く，そして何よりも人間らしく生きることをねがっている。しかし，一朝一夕にして，この純粋なのぞみが達せられることはない。私たちの行く手には，絶えずさまざまな試練がまちかまえている。この試練を克服していくところに，私たちのねがう真に人間的な世界がはじめて開かれてくるのである。

人生最初の最大の試練として，諸君の眼前に大学入試がある。この大学入試は，精神的にも身体的にも，大きな苦痛を感ぜしめるであろう。あるスポーツに熟達するには，たゆみなき，はげしい練習を積み重ねることが必要であるように，私たちは，計画的・持続的な努力を払うことによって，この試練を克服し，次の一歩を踏みだすことができる。厳しい試練を経たのちに，はじめて満足すべき成果を獲得できるのである。

本書は最近の入学試験の問題に，それぞれ解答を付し，さらに問題をふかく分析することによって，その大学独特の傾向や対策をさぐろうとした。本書を一般の参考書とあわせて使用し，まとはずれのない，効果的な受験勉強をされるよう期待したい。

（昭和 35 年版「赤本」はしがきより）

挑む人の、いちばんの味方

1954 年に大学入試の過去問題集を刊行してから 70 年。赤本は大学に入りたいと思う受験生を応援しつづけてきました。これからも，苦しいとき落ち込むときにそばで支える存在でいたいと思います。

そして，勉強をすること，自分で道を決めること，努力が実ること，これらの喜びを読者の皆さんが感じることができるよう，伴走をつづけます。

そもそも赤本とは…

受験生のための大学入試の過去問題集！

70年の歴史を誇る赤本は，500点を超える刊行点数で全都道府県の370大学以上を網羅しており，過去問の代名詞として受験生の必須アイテムとなっています。

…………　なぜ受験に過去問が必要なのか？　…………

大学入試は大学によって問題形式や頻出分野が大きく異なるからです。

赤本の掲載内容

傾向と対策

これまでの出題内容から，問題の「**傾向**」を分析し，来年度の入試に向けて具体的な「**対策**」の方法を紹介しています。

問題編・解答編

- 年度ごとに問題とその解答を掲載しています。
- 「**問題編**」ではその年度の試験概要を確認したうえで，実際に出題された過去問に取り組むことができます。
- 「**解答編**」には高校・予備校の先生方による解答が載っています。

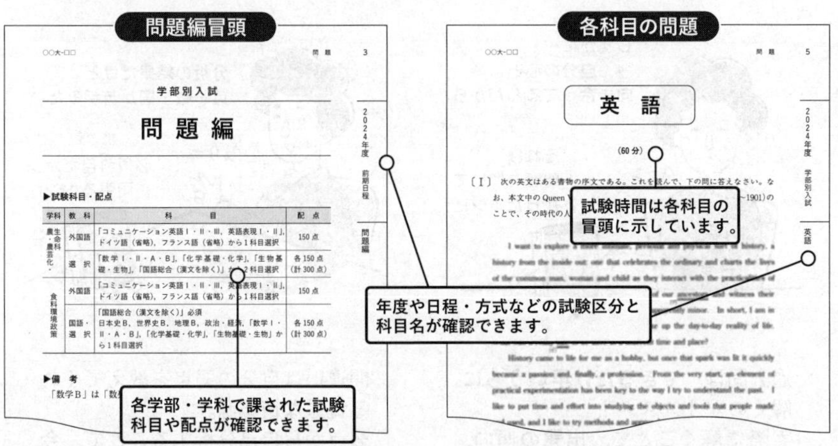

他にも，大学の基本情報や，先輩受験生の合格体験記，在学生からのメッセージなどが載っていることがあります。

掲載内容について

著作権上の理由やその他編集上の都合により問題や解答の一部を割愛している場合があります。なお，指定校推薦入試，社会人入試，編入学試験，帰国生入試などの特別入試，英語以外の外国語科目，商業・工業科目は，原則として掲載しておりません。また試験科目は変更される場合がありますので，あらかじめご了承ください。

受験勉強は

過去問に始まり，

STEP 1 なにはともあれ

まずは解いてみる

しずかに…
今，自分の心と
向き合ってるんだから
ムーン
それは
問題を解いて
からだホン!

過去問は，**できるだけ早いうちに解く**のがオススメ！
実際に解くことで，**出題の傾向，問題のレベル，今の自分の実力**がつかめます。

STEP 2 じっくり具体的に

弱点を分析する

分析の結果だけど
英・数・国が苦手みたい
スリー
必須科目だホン
頑張るホン

間違いは自分の弱点を教えてくれる**貴重な情報源**。
弱点から自己分析することで，**今の自分に足りない力や苦手な分野**が見えてくるはず！

合格者があかす
赤本の使い方

傾向と対策を熟読
(Fさん／国立大合格)

大学の出題傾向を調べるために，赤本に載っている「傾向と対策」を熟読しました。

繰り返し解く
(Tさん／国立大合格)

1周目は問題のレベル確認，2周目は苦手や頻出分野の確認に，3周目は合格点を目指して，と過去問は繰り返し解くことが大切です。

赤本の使い方 解説

過去問に終わる。

STEP 3

志望校にあわせて

苦手分野の重点対策

明日からはみんなで頑張るよ！
参考書も！ 問題集も！
よろしくね！
呼んだ？
なにを!?
どこから!?
グッ
グッ

参考書や問題集を活用して，苦手分野の**重点対策**をしていきます。**過去問を指針**に，合格へ向けた具体的な学習計画を立てましょう！

STEP 1▶2▶3

サイクルが大事！

実践を繰り返す

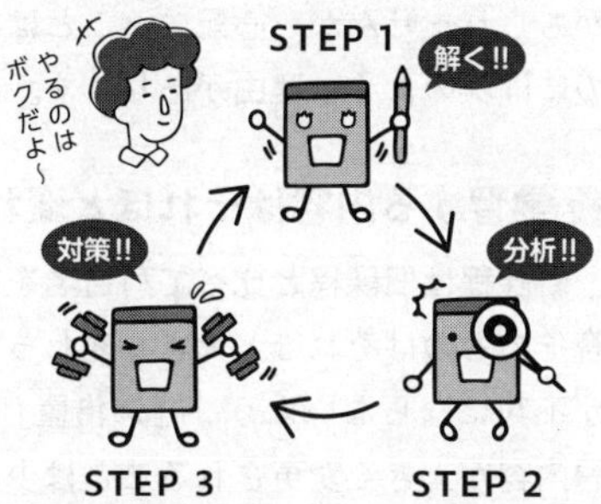

STEP 1～3を繰り返し，実力アップにつなげましょう！
出題形式に慣れることや，**時間配分を考えること**も大切です。

目標点を決める

(Yさん／私立大合格)

赤本によっては合格者最低点が載っているので，それを見て目標点を決めるのもよいです。

時間配分を確認

(Kさん／私立大学合格)

赤本は時間配分や解く順番を決めるために使いました。

添削してもらう

(Sさん／私立大学合格)

記述式の問題は先生に添削してもらうことで自分の弱点に気づけると思います。

新課程入試 Q&A

2022年度から新しい学習指導要領（新課程）での授業が始まり，2025年度の入試は，新課程に基づいて行われる最初の入試となります。ここでは，赤本での新課程入試の対策について，よくある疑問にお答えします。

Q1. 赤本は新課程入試の対策に使えますか？

A. もちろん使えます！

OK

旧課程入試の過去問が新課程入試の対策に役に立つのか疑問に思う人もいるかもしれませんが，心配することはありません。旧課程入試の過去問が役立つのには次のような理由があります。

● 学習する内容はそれほど変わらない

新課程は旧課程と比べて科目名を中心とした変更はありますが，学習する内容そのものはそれほど大きく変わっていません。また，多くの大学で，既卒生が不利にならないよう「経過措置」がとられます（Q３参照）。したがって，出題内容が大きく変更されることは少ないとみられます。

● 大学ごとに出題の特徴がある

これまでに課程が変わったときも，各大学の出題の特徴は大きく変わらないことがほとんどでした。入試問題は各大学のアドミッション・ポリシーに沿って出題されており，過去問にはその特徴がよく表れています。過去問を研究してその大学に特有の傾向をつかめば，最適な対策をとることができます。

出題の特徴の例	・英作文問題の出題の有無 ・論述問題の出題（字数制限の有無や長さ） ・計算過程の記述の有無

新課程入試の対策も，赤本で過去問に取り組むところから始めましょう。

Q2. 赤本を使う上での注意点はありますか？

A. 志望大学の入試科目を確認しましょう。

過去問を解く前に，過去の出題科目（問題編冒頭の表）と 2025 年度の募集要項とを比べて，課される内容に変更がないかを確認しましょう。ポイントは以下のとおりです。科目名が変わっていても，実際は旧課程の内容とほとんど同様のものもあります。

英語・国語	科目名は変更されているが，実質的には変更なし。 ▶▶ **ただし，リスニングや古文・漢文の有無は要確認。**
地歴	科目名が変更され，「歴史総合」「地理総合」が新設。 ▶▶ **新設科目の有無に注意。ただし，「経過措置」（Q3参照）により内容は大きく変わらないことも多い。**
公民	「現代社会」が廃止され，「公共」が新設。 ▶▶ **「公共」は実質的には「現代社会」と大きく変わらない。**
数学	科目が再編され，「数学 C」が新設。 ▶▶ **「数学」全体としての内容は大きく変わらないが，出題科目と単元の変更に注意。**
理科	科目名も学習内容も大きな変更なし。

数学については，科目名だけでなく，どの単元が含まれているかも確認が必要です。例えば，出題科目が次のように変わったとします。

旧課程	「数学Ⅰ・数学Ⅱ・数学 A・数学 B（数列・ベクトル）」
新課程	「数学Ⅰ・数学Ⅱ・数学 A・**数学 B（数列）**・**数学 C（ベクトル）**」

この場合，新課程では「数学C」が増えていますが，単元は「ベクトル」のみのため，実質的には旧課程とほぼ同じであり，過去問をそのまま役立てることができます。

Q3. 「経過措置」とは何ですか？

A. 既卒の旧課程履修者への対応です。

多くの大学では，既卒の旧課程履修者が不利にならないように，出題において「経過措置」が実施されます。措置の有無や内容は大学によって異なるので，募集要項や大学のウェブサイトなどで確認しておきましょう。

○旧課程履修者への経過措置の例

- 旧課程履修者にも配慮した出題を行う。
- 新・旧課程の共通の範囲から出題する。
- 新課程と旧課程の共通の内容を出題し，共通範囲のみでの出題が困難な場合は，旧課程の範囲からの問題を用意し，選択解答とする。

例えば，地歴の出題科目が次のように変わったとします。

旧課程	「日本史 B」「世界史 B」から 1 科目選択
新課程	「**歴史総合**，日本史探究」「**歴史総合**，世界史探究」から 1 科目選択※ ※旧課程履修者に不利益が生じることのないように配慮する。

「歴史総合」は新課程で新設された科目で，旧課程履修者には見慣れないものですが，上記のような経過措置がとられた場合，新課程入試でも旧課程と同様の学習内容で受験することができます。

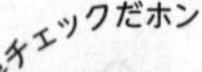

新課程の情報は WEB もチェック！
より詳しい解説が赤本ウェブサイトで見られます。
https://akahon.net/shinkatei/

科目名が変更される教科・科目

	旧課程	新課程
国語	国語総合 国語表現 現代文A 現代文B 古典A 古典B	現代の国語 言語文化 論理国語 文学国語 国語表現 古典探究
地歴	日本史A 日本史B 世界史A 世界史B 地理A 地理B	歴史総合 日本史探究 世界史探究 地理総合 地理探究
公民	現代社会 倫理 政治・経済	公共 倫理 政治・経済
数学	数学Ⅰ 数学Ⅱ 数学Ⅲ 数学A 数学B 数学活用	数学Ⅰ 数学Ⅱ 数学Ⅲ 数学A 数学B 数学C
外国語	コミュニケーション英語基礎 コミュニケーション英語Ⅰ コミュニケーション英語Ⅱ コミュニケーション英語Ⅲ 英語表現Ⅰ 英語表現Ⅱ 英語会話	英語コミュニケーションⅠ 英語コミュニケーションⅡ 英語コミュニケーションⅢ 論理・表現Ⅰ 論理・表現Ⅱ 論理・表現Ⅲ
情報	社会と情報 情報の科学	情報Ⅰ 情報Ⅱ

大学のサイトも見よう

目　次

サンプル問題

●学部独自試験

掲載内容についてのお断り

- 総合型選抜は掲載していません。
- 一般選抜の改革に伴って 2021 年度より実施の「学部独自試験（英語)」について，大学から公表されたサンプル問題を掲載しています。

基本情報

沿革

1882（明治 15）　大隈重信が東京専門学校を開校
1902（明治 35）　早稲田大学と改称
1904（明治 37）　専門学校令による大学となる
1920（大正　9）　大学令による大学となり，政治経済学部・法学部・文学部・商学部・理工学部を設置

✎1922（大正 11）早慶ラグビー定期戦開始。アインシュタイン来校

✎1927（昭和　2）大隈講堂落成

1949（昭和 24）　新制早稲田大学 11 学部（政治経済学部・法学部・文学部・教育学部・商学部・理工学部〔各第一・第二／教育学部除く〕）発足

✎1962（昭和 37）米国司法長官ロバート・ケネディ来校

1966（昭和 41）　社会科学部を設置

✎1974（昭和 49）エジプト調査隊，マルカタ遺跡の発掘

1987（昭和 62）　人間科学部を設置

✎1993（平成　5）ビル・クリントン米国大統領来校

2003（平成 15）	スポーツ科学部を設置
2004（平成 16）	国際教養学部を設置
2007（平成 19）	創立 125 周年。第一・第二文学部を文化構想学部・文学部に，理工学部を基幹理工学部・創造理工学部・先進理工学部に改組再編
2009（平成 21）	社会科学部が昼間部に移行

シンボル

1906（明治 39）年に「弧形の稲葉の上に大学の二字を置く」という校章の原型が作られ，創立 125 周年を機に伝統のシンボルである校章・角帽・早稲田レッドをモチーフとし，現在の早稲田シンボルがデザインされました。

早稲田大学について

早稲田大学の教育の基本理念を示す文書としての教旨は，高田早苗，坪内逍遥，天野為之，市島謙吉，浮田和民，松平康国などにより草案が作成されました。その後，教旨は初代総長・大隈重信の校閲を経て 1913（大正 2）年の創立 30 周年記念祝典において宣言され，今日の早稲田の校風を醸成するに至っています。

早稲田大学教旨

早稲田大学は学問の独立を全うし学問の活用を効し
模範国民を造就するを以て建学の本旨と為す

早稲田大学は**学問の独立**を本旨と為すを以て
之が自由討究を主とし
常に独創の研鑽に力め以て
世界の学問に裨補せん事を期す

早稲田大学は**学問の活用**を本旨と為すを以て
学理を学理として研究すると共に
之を実際に応用するの道を講し以て
時世の進運に資せん事を期す

早稲田大学は**模範国民の造就**を本旨と為すを以て
個性を尊重し　身家を発達し　国家社会を利済し
併せて広く世界に活動す可き人格を養成せん事を期す

教旨の概要

◯学問の独立

学問の独立は**在野精神**や**反骨の精神**などの校風と結び合います。早稲田大学は，自主独立の精神をもつ近代的国民の養成を理想とし，権力や時勢に左右されない科学的な教育・研究を行うことを掲げています。

◯学問の活用

歴史上，日本が近代国家をめざすため，学問は現実に活かしうるもの，すなわち近代化に貢献するものであることが求められました。これが学問の活用です。ただし，早稲田大学はこの学問の活用を安易な実用主義ではなく，**進取の精神**として教育の大きな柱の一つとしました。

◯模範国民の造就

早稲田大学は庶民の教育を主眼として創設されました。このことが反映された理念が模範国民の造就です。模範国民の造就は，グローバリゼーションが進展する現代にも通ずる理念であり，豊かな人間性をもった**地球市民の育成**と解釈されます。

早稲田大学校歌

作詞 相馬御風
作曲 東儀鉄笛

一、
都の西北 早稲田の森に
聳ゆる甍は われらが母校
われらが日ごろの 抱負を 知るや
進取の精神 学の独立
現世を忘れぬ 久遠の理想
かがやくわれらが 行手を見よや
わせだ わせだ わせだ わせだ
わせだ わせだ わせだ

二、
東西古今の 文化のうしほ
一つに渦巻く 大島国の
大なる使命を 担ひて立てる
われらが行手は 窮り知らず
やがても久遠の 理想の影は
あまねく天下に 輝き布かん
わせだ わせだ わせだ わせだ
わせだ わせだ わせだ

三、
あれ見よかしこの 常磐の森は
心のふるさと われらが母校
集り散じて 人は変れど
仰ぐは同じき 理想の光
いざ声そろへて 空もとどろに
われらが母校の 名をばたたへん
わせだ わせだ わせだ わせだ
わせだ わせだ わせだ

学部・学科の構成

（注）下記内容は 2024 年 4 月時点のもので，改組・新設等により変更される場合があります。

大　学

●政治経済学部　早稲田キャンパス

政治学科

経済学科

国際政治経済学科

●法学部　早稲田キャンパス

法律主専攻（司法・法律専門職，企業・渉外法務，国際・公共政策）

●教育学部　早稲田キャンパス

教育学科（教育学専攻〈教育学専修，生涯教育学専修，教育心理学専修〉，初等教育学専攻）

国語国文学科

英語英文学科

社会科（地理歴史専修，公共市民学専修）

理学科（生物学専修，地球科学専修）

数学科

複合文化学科

●商学部　早稲田キャンパス

経営トラック，会計トラック，マーケティングトラック，ファイナンストラック，保険・リスクマネジメントトラック，ビジネスエコノミクストラック

●社会科学部　早稲田キャンパス

社会科学科（『平和・国際協力』コース，『多文化社会・共生』コース，『サスティナビリティ』コース，『コミュニティ・社会デザイン』コース，『組織・社会イノベーション』コース）

●国際教養学部　早稲田キャンパス

国際教養学科

●文化構想学部 戸山キャンパス

文化構想学科（多元文化論系，複合文化論系，表象・メディア論系，文芸・ジャーナリズム論系，現代人間論系，社会構築論系）

●文学部 戸山キャンパス

文学科（哲学コース，東洋哲学コース，心理学コース，社会学コース，教育学コース，日本語日本文学コース，中国語中国文学コース，英文学コース，フランス語フランス文学コース，ドイツ語ドイツ文学コース，ロシア語ロシア文学コース，演劇映像コース，美術史コース，日本史コース，アジア史コース，西洋史コース，考古学コース，中東・イスラーム研究コース）

●基幹理工学部 西早稲田キャンパス

数学科

応用数理学科

機械科学・航空宇宙学科

電子物理システム学科

情報理工学科

情報通信学科

表現工学科

●創造理工学部 西早稲田キャンパス

建築学科

総合機械工学科

経営システム工学科

社会環境工学科

環境資源工学科

※学科を横断する組織として「社会文化領域」を設置。

●先進理工学部 西早稲田キャンパス

物理学科

応用物理学科

化学・生命化学科

応用化学科

生命医科学科

電気・情報生命工学科

●人間科学部　所沢キャンパス

人間環境科学科

健康福祉科学科

人間情報科学科

●スポーツ科学部　所沢キャンパス／一部の授業は東伏見キャンパス

スポーツ科学科（スポーツ医科学コース，健康スポーツコース，トレーナーコース，スポーツコーチングコース，スポーツビジネスコース，スポーツ文化コース）

（備考）学科・専攻・コース等に分属する年次はそれぞれ異なる。

大学院

政治学研究科 / 経済学研究科 / 法学研究科（法科大学院）/ 文学研究科 / 商学研究科 / 基幹理工学研究科 / 創造理工学研究科 / 先進理工学研究科 / 教育学研究科 / 人間科学研究科 / 社会科学研究科 / スポーツ科学研究科 / 国際コミュニケーション研究科 / アジア太平洋研究科 / 日本語教育研究科 / 情報生産システム研究科 / 会計研究科 / 環境・エネルギー研究科 / 経営管理研究科（WBS）

教育の特徴

早稲田大学には，各学部の講義やカリキュラムのほか，グローバルエデュケーションセンター（GEC）により設置された科目や教育プログラムもあります。GEC の設置科目はすべて学部・学年を問わず自由に履修でき，国内外の幅広く多様な分野で活躍するための「第二の強み」を作ることができます。GEC の教育プログラムは 4 つに大別されます。

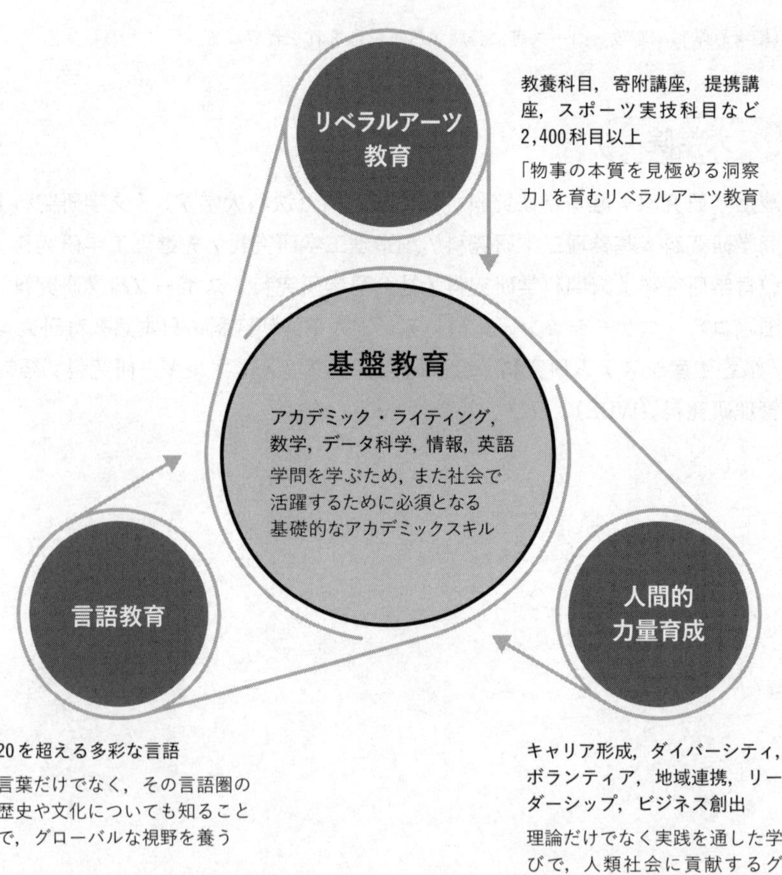
リベラルアーツ教育
教養科目，寄附講座，提携講座，スポーツ実技科目など2,400科目以上
「物事の本質を見極める洞察力」を育むリベラルアーツ教育
基盤教育
アカデミック・ライティング，数学，データ科学，情報，英語
学問を学ぶため，また社会で活躍するために必須となる基礎的なアカデミックスキル
言語教育
人間的力量育成
20を超える多彩な言語
言葉だけでなく，その言語圏の歴史や文化についても知ることで，グローバルな視野を養う
キャリア形成，ダイバーシティ，ボランティア，地域連携，リーダーシップ，ビジネス創出
理論だけでなく実践を通した学びで，人類社会に貢献するグローバル人材を育成する

イベント情報

早稲田大学は，高校生・受験生に向けた情報発信の機会として，全国各地においてイベントを実施しています。

◎キャンパスツアー

キャンパスの雰囲気を体感できるイベントです。在学生ならではの声や説明を聞くことができ，モチベーション UP につながります。

対面型ツアー／オンライン型ツアー

◎オープンキャンパス

例年 7 ～ 8 月頃に東京をはじめ，仙台・大阪・広島・福岡にて実施されています。学生団体によるパフォーマンスも必見です。

◎進学相談会・説明会

全国 100 カ所近くで開催されています。

受験生応援サイト「DISCOVER WASEDA」

講義体験や詳細な学部・学科紹介，キャンパスライフ，施設紹介，合格体験記といった様々な動画コンテンツが掲載されています。

DISCOVER WASEDA
https://discover.w.waseda.jp ▶

奨学金情報

奨学金には，大学が独自に設置しているものから，公的団体・民間団体が設置しているものまで多くの種類が存在します。そのうち，早稲田大学が独自に設置している学内奨学金は約150種類に上り，すべて卒業後に返還する必要のない給付型の奨学金です。申請の時期や条件はそれぞれ異なりますが，ここでは，入学前に特に知っておきたい早稲田大学の学内奨学金を取り上げます。（本書編集時点の情報です。）

◎めざせ！ 都の西北奨学金 入学前

首都圏の一都三県（東京都・埼玉県・千葉県・神奈川県）以外の国内高校・中等教育学校出身者を対象とした奨学金です。採用候補者数は1200人と学内の奨学金の中でも最大で選考結果は入学前に通知されます。

給付額⇨年額45～70万円　収入・所得条件⇨1,000万円未満※

※給与・年金収入のみの場合。

◎大隈記念奨学金 入学前 入学後

入学試験の成績，または入学後の学業成績を考慮して学部ごとに選考・給付されます。公募を経て選考される一部の学部を除き，基本的には事前申請が不要な奨学金です。

給付額⇨年額40万円（原則）　収入・所得条件⇨なし

◎早稲田の栄光奨学金 入学後

入学後に海外留学を目指す学生を支援する制度で，留学出願前に選考から発表まで行われます。留学センターが募集する，大学間協定によるプログラムで半期以上留学する学生が対象です。

給付額⇨半期：50万円，1年以上：110万円　収入・所得条件⇨800万円未満※

※給与・年金収入のみの場合。

その他の奨学金も含む詳細な情報は，大学Webサイト及びその中の奨学金情報誌をご確認ください。

大学ウェブサイト（奨学金情報）▼

入試データ

 入学試験の名称・定義

〔凡例〕

●：必須　　―：不要　　▲：以下の注意事項を参照

※1 英語以外の外国語を選択する場合に必要
※2 数学を選択する場合に必要
※3 提出しなくても出願可能（提出しない場合は，加点なしの扱い）
※4 出願時に「スポーツ競技歴調査書」「スポーツ競技成績証明書」の提出が必要

一般選抜

早稲田大学の試験場において試験を受ける必要が**ある**入試。

学部	入試制度	共通テスト	英語4技能テスト	大学での試験
政治経済学部	一般	●	―	●
法学部	一般	▲※1 ※2	―	●
教育学部*	一般（A方式）	▲※1	―	●
	一般（B方式）	▲※1	―	●
	一般（C方式）	●	―	●
	一般（D方式）	●	―	●
商学部	一般（地歴・公民型）	▲※1	―	●
	一般（数学型）	▲※1	―	●
	一般（英語4技能テスト利用型）	▲※1	●	●
社会科学部	一般	―	―	●
国際教養学部	一般	●	▲※3	●
文化構想学部	一般	▲※1	―	●
	一般（英語4技能テスト利用方式）	―	●	●
	一般（共通テスト利用方式）	●	―	●

（表つづく）

学　部	入試制度	共通テスト	英語 4 技能テスト	大学での試験
文　学　部	一般	▲※1	—	●
	一般（英語 4 技能テスト利用方式）	—	●	●
	一般（共通テスト利用方式）	●	—	●
基幹理工学部	一般	—	—	●
創造理工学部	一般	—	—	●
先進理工学部	一般	—	—	●
人間科学部	一般	—	—	●
	一般（共通テスト＋数学選抜方式）	●	—	●
スポーツ科学部	一般（共通テスト＋小論文方式）	●	—	●

＊教育学部の 2022・2021 年度については，下記の通りの実施であった。

学　部	入試制度	共通テスト	英語 4 技能スコア	大学での試験
教育学部	一般	—	—	●

大学入学共通テスト利用入試

早稲田大学の試験場において試験を受ける必要が**ない**入試。

学　部	入試制度	共通テスト	英語 4 技能テスト	大学での試験
政治経済学部	共テ利用（共通テストのみ方式）	●	—	—
法　学　部	共テ利用（共通テストのみ方式）	●	—	—
社会科学部	共テ利用（共通テストのみ方式）	●	—	—
人間科学部	共テ利用（共通テストのみ方式）	●	—	—
スポーツ科学部	共テ利用（共通テストのみ方式）	●	—	—
	共テ利用（共通テスト＋競技歴方式）	●※4	—	—

入試状況（競争率・合格最低点など）

○基幹理工学部は学系単位の募集。各学系から進級できる学科は次の通り。

学系Ⅰ：数学科，応用数理学科

学系Ⅱ：応用数理学科，機械科学・航空宇宙学科，電子物理システム学科，情報理工学科，情報通信学科

学系Ⅲ：情報理工学科，情報通信学科，表現工学科

○先進理工学部は第一志望学科の志願者数・合格者数を表記。合格最低点は，「第二志望学科」合格者の最低点を除く。

○合格者数に補欠合格者は含まない。

○競争率は受験者数÷合格者数で算出。ただし，共通テスト利用入試（共通テストのみ方式）の競争率は志願者数÷合格者数で算出。

○合格最低点は正規・補欠合格者の最低総合点であり，基幹理工・創造理工・先進理工学部を除き，成績標準化後の点数となっている。成績標準化とは，受験する科目間で難易度による差が生じないように，個々の科目において得点を調整する仕組みのこと。

○2022 年度以前の教育学部理学科地球科学専修志願者で，理科の地学選択者については，理学科 50 名のうち若干名を「地学選択者募集枠」として理科の他の科目選択者とは別枠で判定を行っている。合格最低点欄の〈　〉内は地学選択者募集枠の合格最低点を示す。

○基幹理工学部・創造理工学部の「得意科目選考」の合格最低点は除く。

〈基準点について〉

○教育学部：すべての科目に合格基準点が設けられており，基準点に満たない場合は不合格となる。また，以下の学科は，それぞれ次のような条件を特定科目の合格基準点としている。

国語国文学科⇨「国語」：国語国文学科の全受験者の平均点

英語英文学科⇨「英語」：英語英文学科の全受験者の平均点

数学科⇨「数学」：数学科の全受験者の平均点

○商学部：英語 4 技能テスト利用型では，国語，地歴・公民または数学それぞれにおいて合格基準点が設けられており，基準点に満たない場合は不合格となる。

○スポーツ科学部：小論文が基準点に満たない場合は不合格となる。

2024年度一般選抜・共通テスト利用入試

大学ホームページ（2024年3月12日付）より。

2024年度合格最低点については本書編集段階では未公表のため，大学公表の資料でご確認ください。

学部・学科・専攻等				募集人員	志願者数	受験者数	合格者数	競争率
政治経済	一般	政治		100	1,005	846	294	2.9
		経済		140	1,269	995	318	3.1
		国際政治経済		60	402	327	148	2.2
	共通テスト	政治		15	401	—	133	3.0
		経済		25	1,672	—	606	2.8
		国際政治経済		10	293	—	103	2.8
法	一般			350	4,346	3,809	703	5.4
	共通テスト			100	2,044	—	567	3.6
教育	一般（A方式・B方式）	教育	教育学 教育学	95	1,008	934	100	9.3
			教育学 生涯教育学		1,123	1,046	76	13.8
			教育学 教育心理学		632	578	57	10.1
			初等教育学	20	355	333	30	11.1
		国語国文		80	1,308	1,226	179	6.8
		英語英文		80	1,379	1,269	318	4.0
		社会	地理歴史	140	1,712	1,609	207	7.8
			公共市民学		1,464	1,413	255	5.5
		理	地球科学	20	704	625	86	7.3
		数		45	841	757	132	5.7
		複合文化		40	924	865	110	7.9
	一般（C方式）	教育	教育学 教育学	20	22	19	5	3.8
			教育学 生涯教育学		41	35	15	2.3
			教育学 教育心理学		22	19	9	2.1
			初等教育学	5	9	7	3	2.3
		国語国文		15	61	54	15	3.6
		英語英文		15	106	92	42	2.2
		社会	地理歴史	25	52	47	22	2.1
			公共市民学		38	35	16	2.2

（表つづく）

学部・学科・専攻等				募集人員	志願者数	受験者数	合格者数	競争率
教育	一般(C方式)	理	生物学	15	235	116	51	2.3
			地球科学	5	41	34	13	2.6
		数		10	127	71	38	1.9
		複合文化		10	87	72	12	6.0
	一般(D方式)	理	生物学	10	160	145	31	4.7
商	一般	地歴・公民型		355	7,730	7,039	695	10.1
		数学型		150	2,752	2,329	400	5.8
		英語4技能テスト利用型		30	412	359	76	4.7
社会科学	一般			450	8,864	7,833	869	9.0
	共通テスト			50	1,384	—	361	3.8
国際教養	一般			175	1,352	1,229	380	3.2
文化構想	一般	一般		370	6,898	6,618	783	8.5
		英語4技能テスト利用方式		70	2,410	2,355	339	6.9
		共通テスト利用方式		35	1,123	993	206	4.8
文	一般	一般		340	7,755	7,330	860	8.5
		英語4技能テスト利用方式		50	2,375	2,307	326	7.1
		共通テスト利用方式		25	1,057	873	191	4.6
基幹理工	一般	学系Ⅰ		45	581	524	189	2.8
		学系Ⅱ		210	2,822	2,534	703	3.6
		学系Ⅲ		65	1,128	1,032	205	5.0
創造理工	一般	建築		80	763	675	176	3.8
		総合機械工		80	1,029	931	217	4.3
		経営システム工		70	660	594	148	4.0
		社会環境工		50	452	412	113	3.6
		環境資源工		35	370	338	94	3.6
先進理工	一般	物理		30	798	735	195	3.8
		応用物理		55	457	422	134	3.1
		化学・生命化		35	391	355	103	3.4
		応用化		75	1,196	1,097	303	3.6
		生命医科		30	827	724	148	4.9
		電気・情報生命工		75	517	465	133	3.5

(表つづく)

学部・学科・専攻等				募集人員	志願者数	受験者数	合格者数	競争率
人間科学	一般	一般	人間環境科	115	2,180	1,973	320	6.2
			健康福祉科	125	2,124	1,977	296	6.7
			人間情報科	100	1,528	1,358	200	6.8
		数学選抜方式	人間環境科	15	236	223	59	3.8
			健康福祉科	15	162	153	44	3.5
			人間情報科	15	258	242	70	3.5
	共通テスト		人間環境科	5	452	—	102	4.4
			健康福祉科	5	233	—	77	3.0
			人間情報科	5	352	—	99	3.6
スポーツ科学	一般			150	1,090	914	303	3.0
	共通テスト	共通テストのみ方式		50	460	—	93	4.9
		競技歴方式		50	359	—	141	2.5

2023 年度一般選抜・共通テスト利用入試

学部	方式	学科・専攻等		募集人員	志願者数	受験者数	合格者数	競争率	合格最低点／満点
政治経済	一般	政治		100	824	708	260	2.7	151.5/200
		経済		140	1,481	1,192	322	3.7	159.0/200
		国際政治経済		60	561	462	131	3.5	158.5/200
	共通テスト	政治		15	358	—	103	3.5	
		経済		25	1,632	—	467	3.5	—
		国際政治経済		10	353	—	111	3.2	
法	一般			350	4,780	4,269	811	5.3	90.25/150
	共通テスト			100	1,836	—	510	3.6	—
教育	一般（A方式・B方式）	教育	教育学 教育学		942	867	112	7.7	93.682/150
			教育学 生涯教育学	95	687	655	114	5.7	90.002/150
			教育学 教育心理学		722	677	64	10.6	94.023/150
			初等教育学	20	632	590	40	14.8	92.795/150
		国語国文		80	1,194	1,120	199	5.6	106.451/150
		英語英文		80	1,642	1,520	328	4.6	107.858/150
		社会	地理歴史	140	1,929	1,827	217	8.4	97.546/150
			公共市民学		1,771	1,686	248	6.8	94.899/150
		理	地球科学	20	670	597	94	6.4	89.272/150
		数		45	903	806	149	5.4	122.042/150
		複合文化		40	1,216	1,130	129	8.8	117.045/150
	一般（C方式）	教育	教育学 教育学		35	27	9	3.0	173.200/240
			教育学 生涯教育学	20	21	21	10	2.1	155.700/240
			教育学 教育心理学		15	15	6	2.5	167.000/240
			初等教育学	5	13	13	2	6.5	170.200/240
		国語国文		15	66	60	17	3.5	185.500/240
		英語英文		15	78	66	32	2.1	168.200/240
		社会	地理歴史	25	61	58	26	2.2	175.400/240
			公共市民学		57	51	20	2.6	182.000/240

（表つづく）

学部・学科・専攻等				募集人員	志願者数	受験者数	合格者数	競争率	合格最低点／満点
教育	一般（C方式）	理	生物学	15	199	129	76	1.7	148.000/240
			地球科学	5	36	35	10	3.5	176.700/240
		数		10	91	74	27	2.7	121.500/240
		複合文化		10	45	41	22	1.9	163.700/240
	一般（D方式）	理	生物学	10	204	191	51	3.7	150.300/240
商	一般	地歴・公民型		355	7,949	7,286	656	11.1	131.6/200
		数学型		150	2,490	2,129	370	5.8	109.05/180
		英語4技能テスト利用型		30	279	246	63	3.9	127/205
社会科学	一般			450	8,862	7,855	826	9.5	78.92/130
	共通テスト			50	1,329	—	355	3.7	—
国際教養	一般			175	1,357	1,222	304	4.0	142.8/200
文化構想	一般	一般		370	7,353	7,049	736	9.6	131.7/200
		英語4技能テスト利用方式		70	2,694	2,622	355	7.4	85/125
		共通テスト利用方式		35	1,164	992	217	4.6	146/200
文	一般	一般		340	7,592	7,110	840	8.5	129.8/200
		英語4技能テスト利用方式		50	2,429	2,339	332	7.0	85/125
		共通テスト利用方式		25	1,115	875	203	4.3	146/200
基幹理工	一般	学系Ⅰ		45	509	463	177	2.6	190/360
		学系Ⅱ		210	3,048	2,796	640	4.4	206/360
		学系Ⅲ		65	1,079	993	194	5.1	199/360
創造理工	一般	建築		80	768	697	169	4.1	196/400
		総合機械工		80	988	909	267	3.4	179/360
		経営システム工		70	629	584	154	3.8	191/360
		社会環境工		50	507	452	129	3.5	184/360
		環境資源工		35	280	259	90	2.9	180/360
先進理工	一般	物理		30	738	668	145	4.6	205/360
		応用物理		55	565	517	119	4.3	188/360
		化学・生命化		35	379	345	119	2.9	194/360
		応用化		75	1,060	962	325	3.0	195/360
		生命医科		30	736	637	170	3.7	196/360
		電気・情報生命工		75	557	509	147	3.5	188/360

（表つづく）

学部・学科・専攻等				募集人員	志願者数	受験者数	合格者数	競争率	合格最低点／満点
人間科学	一般	一　般	人間環境科	115	1,977	1,794	283	6.3	87.40/150
			健康福祉科	125	2,038	1,865	273	6.8	85.72/150
			人間情報科	100	1,951	1,761	221	8.0	86.92/150
		数学選抜方式	人間環境科	15	166	161	66	2.4	276.7/500
			健康福祉科	15	204	194	46	4.2	282.2/500
			人間情報科	15	240	232	74	3.1	296.0/500
	共通テスト		人間環境科	5	343	—	90	3.8	—
			健康福祉科	5	366	—	92	4.0	
			人間情報科	5	387	—	92	4.2	
スポーツ科学	一　般			150	972	804	257	3.1	159.9/250
	共通テスト	共通テストのみ方式		50	455	—	92	4.9	—
		競技歴方式		50	270	—	143	1.9	—

（備考）合格最低点欄の「—」は非公表を示す。

2022 年度一般選抜・共通テスト利用入試

学部・学科・専攻等				募集人員	志願者数	受験者数	合格者数	競争率	合格最低点／満点
政治経済	一般	政治		100	908	781	252	3.1	152/200
		経済		140	1,470	1,170	312	3.8	155/200
		国際政治経済		60	523	424	133	3.2	155.5/200
	共通テスト	政治		15	297	—	85	3.5	—
		経済		25	1,365	—	466	2.9	
		国際政治経済		10	309	—	89	3.5	
法	一般			350	4,709	4,136	754	5.5	89.895/150
	共通テスト			100	1,942	—	550	3.5	—
教育	一般	教育	教育学 教育学	100	950	889	106	8.4	95.160/150
			教育学 生涯教育学		1,286	1,221	94	13.0	96.741/150
			教育学 教育心理学		691	623	65	9.6	95.679/150
			初等教育学	20	444	408	39	10.5	93.047/150
		国語国文		80	1,389	1,312	190	6.9	106.903/150
		英語英文		80	2,020	1,871	340	5.5	110.163/150
		社会	地理歴史	145	2,057	1,929	228	8.5	97.443/150
			公共市民学		2,100	2,002	275	7.3	96.009/150
		理	生物学	50	554	503	122	4.1	85.250/150
			地球科学		687	610	98	6.2	86.571/150〈83.250〉
			数	45	903	818	178	4.6	120/150
		複合文化		40	1,427	1,326	150	8.8	114.255/150
商	一般	地歴・公民型		355	8,230	7,601	694	11.0	130.6/200
		数学型		150	2,648	2,276	366	6.2	109.4/180
		英語4技能テスト利用型		30	899	774	80	9.7	133.7/205
社会科学	一般			450	9,166	8,082	823	9.8	89.451/130
	共通テスト			50	1,132	—	305	3.7	—
国際教養	一般			175	1,521	1,387	342	4.1	151.1/200
文化構想	一般	一般		370	7,755	7,443	832	8.9	134/200
		英語4技能テスト利用方式		70	3,004	2,929	375	7.8	85.5/125
		共通テスト利用方式		35	1,183	957	203	4.7	142.5/200

（表つづく）

学部・学科・専攻等				募集人員	志願者数	受験者数	合格者数	競争率	合格最低点／満点
文	一般	一般		340	8,070	7,532	741	10.2	131.9/200
		英語4技能テスト利用方式		50	2,646	2,545	332	7.7	86.5/125
		共通テスト利用方式		25	1,130	862	170	5.1	148/200
基幹理工	一般	学系Ⅰ		45	615	559	142	3.9	178/360
		学系Ⅱ		210	2,962	2,675	673	4.0	181/360
		学系Ⅲ		65	967	886	165	5.4	176/360
創造理工	一般	建築		80	759	684	151	4.5	185/400
		総合機械工		80	968	875	240	3.6	161/360
		経営システム工		70	682	623	158	3.9	178/360
		社会環境工		50	464	416	133	3.1	163/360
		環境資源工		35	239	222	62	3.6	163/360
先進理工	一般	物理		30	697	643	162	4.0	196/360
		応用物理		55	471	432	143	3.0	176/360
		化学・生命化		35	437	388	120	3.2	175/360
		応用化		75	1,173	1,059	259	4.1	180/360
		生命医科		30	695	589	146	4.0	186/360
		電気・情報生命工		75	594	543	138	3.9	172/360
人間科学	一般	一般	人間環境科	115	1,845	1,671	242	6.9	88.5/150
			健康福祉科	125	1,923	1,757	266	6.6	85.5/150
			人間情報科	100	1,921	1,715	252	6.8	87/150
		数学選抜方式	人間環境科	15	135	126	48	2.6	306.1/500
			健康福祉科	15	111	106	41	2.6	293.5/500
			人間情報科	15	239	227	75	3.0	321.9/500
	共通テスト		人間環境科	5	266	—	85	3.1	—
			健康福祉科	5	198	—	77	2.6	
			人間情報科	5	273	—	98	2.8	
スポーツ科学	一般			150	988	847	223	3.8	163/250
	共通テスト	共通テストのみ方式		50	475	—	109	4.4	—
		競技歴方式		50	331	—	119	2.8	—

（備考）合格最低点欄の「—」は非公表を示す。

2021 年度一般選抜・共通テスト利用入試

学部	方式	学科・専攻等	募集人員	志願者数	受験者数	合格者数	競争率	合格最低点／満点
政治経済	一般	政治	100	870	738	261	2.8	148/200
		経済	140	2,137	1,725	331	5.2	156/200
		国際政治経済	60	488	387	138	2.8	151/200
	共通テスト	政治	15	382	—	104	3.7	—
		経済	25	1,478	—	418	3.5	
		国際政治経済	10	314	—	113	2.8	
法	一般		350	4,797	4,262	738	5.8	90.295/150
	共通テスト		100	2,187	—	487	4.5	—
教育	一般	教育 教育学 教育学	100	1,440	1,345	77	17.5	97.688/150
		教育 教育学 生涯教育学		876	835	76	11.0	93.818/150
		教育 教育学 教育心理学		521	484	59	8.2	95.653/150
		教育 初等教育学	20	378	344	30	11.5	92.096/150
		国語国文	80	1,260	1,195	166	7.2	107.224/150
		英語英文	80	1,959	1,834	290	6.3	110.955/150
		社会 地理歴史	145	2,089	1,974	214	9.2	97.496/150
		社会 公共市民学		1,630	1,558	244	6.4	95.140/150
		理 生物学	50	454	395	89	4.4	86.245/150
		理 地球科学		676	612	112	5.5	87.495/150〈84.495〉
		数	45	823	739	173	4.3	118.962/150
		複合文化	40	933	880	142	6.2	112.554/150
商	一般	地歴・公民型	355	8,537	7,980	681	11.7	131.35/200
		数学型	150	2,518	2,205	419	5.3	107.60/180
		英語4技能テスト利用型	30	250	214	66	3.2	120.05/205
社会科学	一般		450	8,773	7,883	739	10.7	78.62/130
	共通テスト		50	1,485	—	214	6.9	—
国際教養	一般		175	1,622	1,498	330	4.5	155.94/200
文化構想	一般	一般	430	7,551	7,273	702	10.4	130.6/200
		英語4技能テスト利用方式	70	2,585	2,532	340	7.4	85/125
		共通テスト利用方式	35	1,348	1,146	172	6.7	149.5/200

（表つづく）

学部・学科・専攻等				募集人員	志願者数	受験者数	合格者数	競争率	合格最低点／満点
文	一般	一般		390	7,814	7,374	715	10.3	130.8/200
文	一般	英語4技能テスト利用方式		50	2,321	2,239	243	9.2	87.5/125
文	一般	共通テスト利用方式		25	1,281	1,037	162	6.4	150/200
基幹理工	一般	学系Ⅰ		45	444	403	150	2.7	198/360
基幹理工	一般	学系Ⅱ		210	2,937	2,689	576	4.7	219/360
基幹理工	一般	学系Ⅲ		65	908	823	169	4.9	213/360
創造理工	一般	建築		80	686	634	141	4.5	218/400
創造理工	一般	総合機械工		80	874	806	215	3.7	192/360
創造理工	一般	経営システム工		70	721	662	146	4.5	206/360
創造理工	一般	社会環境工		50	394	374	106	3.5	202/360
創造理工	一般	環境資源工		35	273	260	67	3.9	202/360
先進理工	一般	物理		30	713	661	139	4.8	229/360
先進理工	一般	応用物理		55	402	370	125	3.0	210/360
先進理工	一般	化学・生命化		35	392	359	116	3.1	206/360
先進理工	一般	応用化		75	1,123	1,029	308	3.3	209/360
先進理工	一般	生命医科		30	829	716	132	5.4	219/360
先進理工	一般	電気・情報生命工		75	573	524	154	3.4	198/360
人間科学	一般	一般	人間環境科	115	1,916	1,745	190	9.2	87.620/150
人間科学	一般	一般	健康福祉科	125	2,043	1,894	244	7.8	85.601/150
人間科学	一般	一般	人間情報科	100	1,407	1,270	161	7.9	85.616/150
人間科学	一般	数学選抜方式	人間環境科	15	189	182	43	4.2	—
人間科学	一般	数学選抜方式	健康福祉科	15	137	134	36	3.7	—
人間科学	一般	数学選抜方式	人間情報科	15	196	186	51	3.6	—
人間科学	共通テスト		人間環境科	5	421	—	77	5.5	—
人間科学	共通テスト		健康福祉科	5	296	—	76	3.9	—
人間科学	共通テスト		人間情報科	5	370	—	72	5.1	—
スポーツ科学	一般			150	842	686	195	3.5	159.7/250
スポーツ科学	共通テスト	共通テストのみ方式		50	482	—	96	5.0	—
スポーツ科学	共通テスト	競技歴方式		50	314	—	122	2.6	—

（備考）合格最低点欄の「—」は非公表を示す。

募集要項の入手方法

一般選抜・大学入学共通テスト利用入試の出願方法は「WEB 出願」です。詳細情報につきましては，入学センター Web サイトにて 11 月上旬公開予定の入学試験要項をご確認ください。

問い合わせ先

早稲田大学 入学センター
〒169-8050　東京都新宿区西早稲田 1－6－1
TEL　(03)3203-4331(直)
MAIL　nyusi@list.waseda.jp
Web サイト　https://www.waseda.jp/inst/admission/

早稲田大学のテレメールによる資料請求方法

スマートフォンから　QRコードからアクセスしガイダンスに従ってご請求ください。
パソコンから　教学社 赤本ウェブサイト(akahon.net)から請求できます。

大学所在地

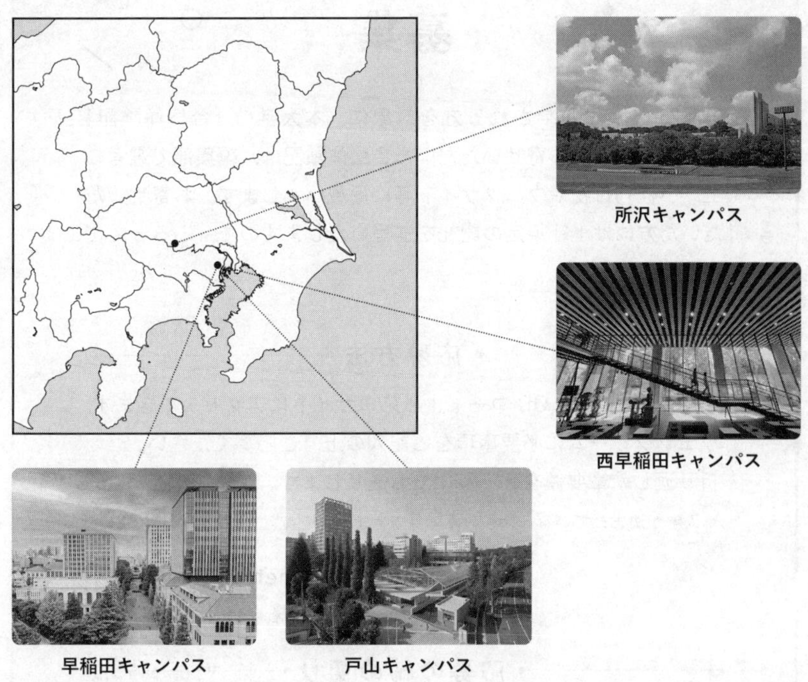

早稲田キャンパス	〒169-8050	東京都新宿区西早稲田１－６－１
戸山キャンパス	〒162-8644	東京都新宿区戸山１－24－１
西早稲田キャンパス	〒169-8555	東京都新宿区大久保３－４－１
所沢キャンパス	〒359-1192	埼玉県所沢市三ヶ島２－579－15

早稲田大学を
空から
見てみよう！

各キャンパスの
空撮映像はこちら ▶

合格体験記 募集

2025年春に入学される方を対象に，本大学の「合格体験記」を募集します。お寄せいただいた合格体験記は，編集部で選考の上，小社刊行物やウェブサイト等に掲載いたします。お寄せいただいた方には小社規定の謝礼を進呈いたしますので，ふるってご応募ください。

応募方法

下記URLまたはQRコードより応募サイトにアクセスできます。
ウェブフォームに必要事項をご記入の上，ご応募ください。
折り返し執筆要領をメールにてお送りします。

※入学が決まっている一大学のみ応募できます。

☞ http://akahon.net/exp/

応募の締め切り

総合型選抜・学校推薦型選抜	2025年2月23日
私立大学の一般選抜	2025年3月10日
国公立大学の一般選抜	2025年3月24日

受験にまつわる川柳を募集します。
入選者には賞品を進呈！
ふるってご応募ください。

応募方法　http://akahon.net/senryu/　にアクセス！☞

気になること、聞いてみました！

在学生メッセージ

大学ってどんなところ？ 大学生活ってどんな感じ？
ちょっと気になることを，在学生に聞いてみました。

以下の内容は 2020～2023 年度入学生のアンケート回答に基づくものです。ここで触れられている内容は今後変更となる場合もありますのでご注意ください。

メッセージを書いてくれた先輩　［政治経済学部］M.K. さん　［法学部］W.S. さん　［文化構想学部］K.M. さん　［教育学部］S.T. さん　［商学部］W.S. さん　［国際教養学部］M.G. さん　［文学部］H.K. さん　N.M. さん　［人間科学部］R.T. さん

大学生になったと実感！

自分のための勉強ができるようになったこと。高校生のときは定期テストや受験のための勉強しかしていなかったのですが，大学に入ってからは自分の好きな勉強を自分のためにできるようになり，とても充実しています。（W.S. さん／法）

自分で自由に履修を組めることです。高校生までと違い，必修の授業以外は興味のある授業を自分で選べます。履修登録はかなり手こずりましたが，自分の興味や関心と照らし合わせながらオリジナルの時間割を考えるのはとても楽しいです。（N.M. さん／文）

高校生の頃は親が管理するようなことも，大学生になるとすべて自分で管理するようになり，社会に出たなと実感した。また，高校生までの狭いコミュニティとまったく異なるところがある。早稲田大学は１つの小さな世界のようなところで，キャンパス内やキャンパス周辺を歩いているだけで日本語以外の言語が必ず耳に飛び込んでくる。そのような環境にずっと触れるため，考え方や世界の見方がいい意味ですべて変わった。今まで生きてきた自分の中で一番好きな自分に出会えるところが大学だと思う。（K.M. さん／文化構想）

大学生活に必要なもの

軽くて使いやすいパソコンです。毎日授業がありパソコンを持ち歩くので，とにかく軽いものが良い！ Windows か Mac かは学部・学科で指定されていないのであれば好きなほうを選んで良いと思います！ iPhone とつなぐことができるので私は Mac がお気に入りです！（S.T. さん／教育）

大学生になって一番必要だと感じたものは自己管理能力です。特に，私の通う国際教養学部は必修授業が少なく，同じ授業を受けている友達が少ないため，どの授業でどのような課題が出ているかなど，しっかりと自分自身で把握しておかなければ単位を落としかねません。私は今までスケジュール帳を使うことはあまりなかったのですが，大学生になり，授業の情報やバイト，友達との約束などをまとめて管理することが必要不可欠となったので，スケジュールアプリを使い始め，とても重宝しています。（M.G. さん／国際教養）

この授業がおもしろい！

英会話の授業です。学生が英語力別に分けられ，ランダムに 3，4 人のグループを組まれます。1 グループにつき 1 人の講師がついて，100 分間英語だけで会話をします。文法を間違えたときや何と言っていいかわからないとき，会話に詰まったときなどに講師が手助けしてくれます。最初は私には難しすぎると思っていましたが，意外と英語が話せるようになり楽しかったです。また，少人数のためグループでも仲良くなれて，一緒に昼

ご飯を食べていました。（M.K. さん／政治経済）

ジェンダー論の授業が興味深かったです。高校までは，科目として習うことがありませんでしたが，「ジェンダーとは何か」という基本的な問いから，社会で起きている問題（ジェンダーレストイレは必要か，など）についてのディスカッションを通して，他の学生の考え方を知ることができました。（H.K. さん／文）

心理学概論です。心理学の歴史と研究方法の特徴を学んだ後に，心は発達的にどのように形成されるのか，人が環境についての情報を入手するための心の働き，欲求や願望の充足を求めるときの心の動き方，経験を蓄積し利用する心の仕組み，困難な場面に直面したときの心の動き方と心の使い方などについて学ぶ授業です。もともと心理学に興味はあったのですが，この授業を通してより一層心理学に対する興味・関心が深まりました。（R.T. さん／人間科学）

大学の学びで困ったこと＆対処法

大学の課題はレポート形式になっていることが多く，疑問提起が抽象的で答え方に困ることがあります。同じ授業を履修している学生に話しかけてコミュニティを作っておくことで，課題の意味を話し合ったり考えを深め合ったりできます。（H.K. さん／文）

レポートの締め切りやテストの日程などのスケジュール管理が大変だったことです。スケジュールが自分で把握できていないとテスト期間に悲惨なことになります。私はテストやレポートについての連絡を教授から受け取ったらすぐにスマホのカレンダーアプリに登録するようにしています。（N.M. さん／文）

部活・サークル活動

国際交流のサークルに入っています。人数が多いため，自分の都合が合う日程でイベントに参加することができます。また，海外からの留学生と英語や他の言語で交流したり，同じような興味をもつ日本人学生とも交流したり，と新たな出会いがたくさんあります。（H.K. さん／文）

受験生に向けて早稲田を紹介する雑誌を出版したり，学園祭で受験生の相談に乗ったりするサークルに入っています。活動は週に１回ですが，他の日でもサークルの友達と遊んだりご飯を食べに行ったりすることが多いです。みんなで早慶戦を見に行ったり，合宿でスキーをするなどイベントも充実しています。（N.M. さん／文）

私は現在，特撮評議会というサークルに入っています。主な活動内容は，基本的に週に２回，歴代の特撮作品を視聴することです。仮面ライダーやスーパー戦隊をはじめとした様々な特撮作品を視聴しています。また，夏休みには静岡県の別荘を貸し切って特撮作品を見まくる合宿を行います。特撮好きの人にとってはうってつけのサークルだと思うので，特撮に興味のある人はぜひ来てください‼（R.T. さん／人間科学）

交友関係は？

語学の授業ではクラスがあり，いつも近くの席に座るような友達が自然とできました。クラス会をしたり，ご飯に行ったりして，より仲が深まりました。（W.S. さん／法）

入学前の学科のオリエンテーションの後，一緒にご飯を食べに行って仲良くなりました。他にも授業ごとに仲の良い友達を作っておくと，授業が楽しみになり，また重い課題が出た際に協力できるのでおススメです。「隣いいですか？」「何年生ですか？」「学部どちらですか？」等なんでもいいので勇気をもって話しかけてみましょう！ 仲の良い友達が欲しいと

みんな思っているはず！（S.T. さん／教育）

いま「これ」を頑張っています

アフリカにインターンシップに行く予定なので，英語力を伸ばすために外国人ゲストが多く訪れるホテルや飲食店で働いています。また，日本のことをもっとよく知りたいので国内を夜行バスで旅行しています。車中泊の弾丸旅行なので少し大変ですが，安価で旅行できることが最大の魅力です。体力的にも今しかできないことだと思うので楽しみます！（M.K. さん／政治経済）

英語とスペイン語の勉強です。複合文化学科では第二外国語ではなく専門外国語という位置付けで英語以外の外国語を学びます。体育の授業で留学生と仲良くなったことで，自分も留学したいという思いが強まりました。まだ行き先を決められていないので英語とスペイン語の両方に力を入れて取り組んでいます！（S.T. さん／教育）

塾講師のアルバイトを頑張っています。授業準備は大変ですが，自分の受験の経験を活かしながらどのように教えたらわかりやすいかを考えるのは楽しいです。保護者への電話がけなどもするので社会に出る前の良い勉強になっています。（N.M. さん／文）

普段の生活で気をつけていることや心掛けていること

スキマ時間の活用です。大学生は自由な時間が多いため油を売ってしまいがちになります。空きコマや移動時間は話題の本や興味のある分野の専門書を読んだり英語の勉強をしたりして，少し進化した自分になれるようにしています！　もちろん空き時間が合う友達とご飯に行ったり，新宿にショッピングに出かけたりもします！　せっかくのスキマ時間は何かで充実させることを目標に，１人でスマホを触ってばかりで時間が経ってしま

うことがないように気をつけています。（S.T. さん／教育）

無理に周りに合わせる必要など一切ない。自分らしく自分の考えを貫くように心掛けている。また，勉学と遊びは完全に切り離して考えている。遊ぶときは遊ぶ，学ぶときは学ぶ。そう考えることで自分のモチベーションを日々高めている。（K.M. さん／文化構想）

おススメ・お気に入りスポット

早稲田大学周辺のご飯屋さんがとても気に入っています。学生割引があったり，スタンプラリーを行ったりしているので楽しいです。また，授業終わりに友達と気軽に行けるのでとても便利です。（W.S. さん／法）

文キャンの食堂です。授業の後，空きコマに友達と行ってゆっくり課題を進めたり，おしゃべりしたりできます。テラス席は太陽光が入るように天井がガラスになっているため開放感があります。お昼時にはとっても混むため，早い時間帯や，お昼時を過ぎた時間帯に使うのがおススメです。（H.K. さん／文）

大隈庭園という早稲田キャンパスの隣にある庭園が気に入っています。天気が良い日はポカポカしてとても気持ちが良いです。空きコマに少しお昼寝をしたり，そこでご飯を食べることもできます。（N.M. さん／文）

入学してよかった！

いろいろな授業，いろいろな人に恵まれているところが好きです。早稲田大学の卒業生に声をかけていただいて，アフリカでインターンシップをすることにもなりました。授業の選択肢も多く，乗馬の授業や国際協力の授業，法学部や文学部の授業，教員免許取得のための授業など，様々な授業があります。選択肢が多すぎて最初は戸惑うこともあるかと思いますが，どんな人でも自分らしく楽しむことができる環境が整っているところが私にとっては早稲田大学の一番好きなところです。(M.K. さん／政治経済)

全国各地から学生が集まり，海外からの留学生も多いため，多様性に満ちあふれているところです。様々なバックグラウンドをもつ人たちと話していく中で，多角的な視点から物事を捉えることができるようになります。また，自分よりもレベルの高い友人たちと切磋琢磨することで，これまでに味わったことのないような緊張感，そして充実感を得られます。(W.S. さん／商)

高校生のときに「これ」をやっておけばよかった

学校行事に積極的に参加することです。大学では，クラス全員で何かを行う，ということはなくなります。そのため，学校行事を高校生のうちに全力で楽しむことが重要だと思います。大学に入ったときに後悔がないような高校生時代を送ってほしいです。(H.K. さん／文)

英語を話す力を養うことだと思います。高校では大学受験を突破するための英語力を鍛えていましたが，大学生になると，もちろんそれらの力も重要なのですが，少人数制の英語の授業などで英語を使ってコミュニケーションを取ることが多くなるため，英語を話す力のほうが求められます。私は高校時代，スピーキングのトレーニングをあまりしなかったので，英会話の授業で詰まってしまうことがしばしばありました。高校生のときに英語を話す力をつけるための訓練をしていれば，より円滑に英会話を進められていたのではないかと感じました。(R.T. さん／人間科学)

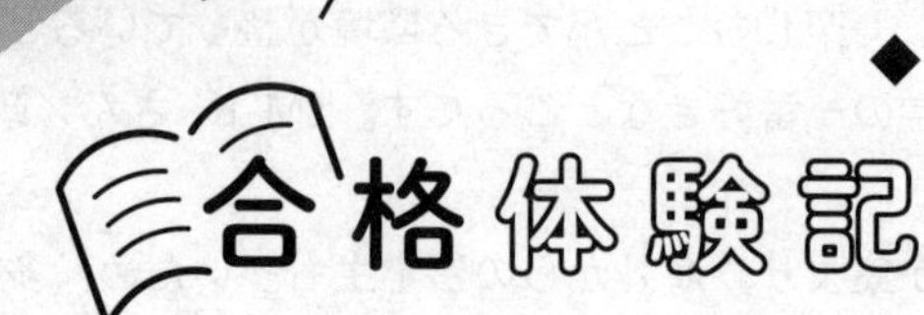

合格体験記

みごと合格を手にした先輩に，入試突破のためのカギを伺いました。入試までの限られた時間を有効に活用するために，ぜひ役立ててください。

（注）ここでの内容は，先輩方が受験された当時のものです。2025 年度入試では当てはまらないこともありますのでご注意ください。

・アドバイスをお寄せいただいた先輩・

F.U. さん 国際教養学部
一般選抜 2024 年度合格，東京都出身

どれだけ自信をなくしても諦めないことだと思います。私自身，受験期間中は何度かスランプに陥り，第一志望の大学に受からないのではないかと何度も自信を失いましたが，そこで諦めて勉強をやめてしまうのではなく，その都度自分に足りていないスキルや知識を落ち着いて分析・把握し，不安や自信のなさを少しでも志望校合格につながるような行動に昇華させていました。そのような行動が，学力向上や第一志望校の合格につながったと強く思っています。

その他の合格大学　立教大（異文化コミュニケーション），明治大（国際日本〈共通テスト利用〉），明治学院大（国際〈国際キャリア〉），立命館アジア太平洋大（アジア太平洋〈共通テスト利用〉）

M.G. さん　国際教養学部
一般選抜 2022 年度合格，神奈川県出身

周りの受験生と比べて自分に自信がなくなったり不安になることもあるとは思いますが，自分のペースで着実に努力を重ねることが大事です！

その他の合格大学　早稲田大（文化構想，文），明治大（国際日本），立命館大（国際関係），立教大〈共通テスト利用〉

M.F. さん　国際教養学部
一般選抜 2021 年度合格，東京都出身

目の前のテキストだけでなく，身の回りのものすべてから学ぼうという貪欲な姿勢が大切だと思います。正答率に直接関係しなくとも，常識程度の世界の地理や歴史が頭に入っていると，長文や要約問題の読みやすさも自由英作文の書きやすさも変わってくるので，YouTube や英語音声に切り替えた NHK ニュースなどを見て，受験という枠にとらわれない知識，考え方を追い求める気持ちで勉強するとよいと思います。

その他の合格大学　立教大（GLAP コース）

入試なんでもQ&A

受験生のみなさんからよく寄せられる，
入試に関する疑問・質問に答えていただきました。

Q 「赤本」の効果的な使い方を教えてください。

A 高3の夏に一度，前年度の過去問に取り組み，問題の構成や今の自分の実力との距離を把握しました。そこでわかった自分に足りないスキルを伸ばすことに秋以降は注力することができたので，まだ実力が伴っていないと感じている時期でも，1年分を解くことには大きな意味があると思います。本格的に赤本に取り組み始めたのは11月以降です。週に一度以上は過去問に触れて前回からの成長を感じたり，自分の弱点の把握に努めました。共通テストが終わった後は毎日なるべく試験時間の13時に合わせて，制限時間を設けて取り組むようにし，入試本番で慌てないようにしていました。 (F.U. さん)

A 私は赤本を問題形式の把握と演習時のおおまかな得点率を知るために活用しました。事前に合格最低点や平均点を見ておき，その後問題を解いて得点率を出すことで現時点での自分の実力と志望校までの距離がつかめるのでおすすめです。また，過去問は何度も繰り返し解くことに意味があります。その際は解答を覚えて解くのではなく，解法や選択肢の根拠に注視しながら解き直すことで効率的に実力を高めることができます。 (M.G. さん)

Q 1年間のスケジュールはどのようなものでしたか？

A 学校で選んだ授業がほぼ受験科目と同じだったので，夏休み前までは学校と塾の予習・復習を中心に勉強し，それ以外は電車で英単語帳と古文単語帳に取り組みました。夏休み中は英語に関しては夏期講習の予習・復習，YouTube で英語の授業や英語の動画（TED-Ed など）の視聴，IELTS 試験の学習が中心でした。共通テストの科目の１つであり苦手な「数学Ⅰ・A」に関しては，学校で配られた『4STEP』（数研出版）の問題集を解きました。２学期は，少しずつ過去問を始め，数学は共通テスト用の問題集に手をつけました。冬休みは共通テストの国語と「数学Ⅰ・A」の問題集と模擬試験を繰り返しました。共通テスト終了後は残していた最新の過去問と新傾向のサンプル問題，似た傾向の大学・学部の問題を解いたり，YouTube を通じて知識の吸収や英語力をつけたりすることを行っていました。　　（M.F. さん）

Q 共通テストと個別試験とでは，それぞれの対策の仕方や勉強の時間配分をどのようにしましたか？

A 国際教養学部は共通テストの比重が全体の半分を占めるため，秋は共通テスト対策メインで勉強しました。国語と世界史の過去問をそれぞれ購入して冬休みに入るまでに一周し，冬休みは目標点に届かなかった回のみ再び取り組みました。さらに，解くたびに間違えた問題をなぜ間違えたのか（知識不足やケアレスミスなど）を自分に問いかけ，分析し，次は同じような間違いをしないようにしました。個別試験の Reading は，11 月頃から週一程度，共通テストが終わってからは毎日取り組みました。Writing は，11 月頃から IELTS の問題集に取り組んで塾のチューターさんに定期的に添削をお願いし，共通テスト後は毎日１題 20 分を目安に取り組みました。　　（F.U. さん）

Q 時間をうまく使うためにどのような工夫をしていましたか？

A 隙間時間を最大限利用することを心がけました。枕元に暗記系の参考書を置いて，寝る前や起床後すぐに見られるように工夫しました。さらには食事の際にも参考書などを片手に食べていました。また，通学に１時間半かかったため，通学時は主に世界史の用語暗記に努めました。お風呂にも暗記系の参考書を２，３冊持ち込み，体の疲れをとるとともに，知識を少しでも増やし忘れないようにしようと努力しました。特に直前期には何か勉強していないと不安になっていたので，隙間時間を見つけては強化したい分野の参考書に向かっていました。（F.U. さん）

Q 早稲田大学国際教養学部を攻略するうえで，特に重要な科目は何ですか？

A 国際教養学部は個別試験が英語のみであることから英語が最も重要だと思います。３年生になる前に英検準１級を取得したので，ある程度の英語力をもったうえで受験勉強を始められたことはよかったです。夏までは通っていた予備校の方針で TOEFL iBT 対策に取り組み，さらなる英語力向上に努めました。夏休み以降は予備校で早稲田大学の過去問を中心に取り組んで本番レベルの英語に触れて実戦力を養い，足りないスキルを伸ばしました。また，私は Writing に対して苦手意識をもっていたため，11 月頃からはなるべく毎日英語の文章を書くことを目標にし，少しでも速く書けるようにしました。（F.U. さん）

Q 模試の上手な活用法を教えてください。

A 判定はあまり気にせず，それよりも自分の弱点を示すグラフなどを確認したら結果は忘れて，全問の解き直しと復習をすべきだと考えます。受けた当日に自己採点をして，反省点を記憶のあるうちに分析し解説に目を通し，結果が返却された頃にまた時間を計って解き直しをするというサイクルでした。記述模試の英語の英作文は特に力を入れて復習するとよいと思います。自分の間違いや減点されたところからミスの傾向を分析し，よい表現を吸収できるようにしました。本番直前にはその英作文に再び取り組み，学校の先生に採点をお願いしました。（M.F. さん）

Q スランプに陥ったとき，どのように抜け出しましたか？

A 私は定期的にスランプに陥り，特に英語の長文が読めなくなることが多くあり，そのたびごとに落ち着いてゆっくり読むことを心がけました。そのようにして読むことで，単語力不足や文法の構造の捉え間違い，焦って読み落としている単語があるなどの読めていない原因を突き止めることができ，それらの弱点を補いながらスランプを抜け出していました。さらにメンタルケアに関しては，定期的に学校や塾の友達と話すことが心の支えとなっていました。受験は長期戦なので友達との会話も制限するなどして自分に厳しくしすぎるとかえって裏目に出てしまうことも少なくないと思います。そのため，適度に他人と悩みや不満を共有することでメンタルを保っていました。また，夕食時に両親に悩みや不安なことを口に出して言うことで自分のことを客観的に見つめることができ，感情的になることを減らせました。（F.U. さん）

併願する大学を決めるうえで重視したことは何ですか？また，注意すべき点があれば教えてください。

A 併願校を受けすぎて本命の試験日に体力不足で実力を出し切れないのを避けたかったため，共通テスト利用で 5 校に出願し，一般選抜は 4 校のみに絞りました。また，週 1 回のペースで入試を受けるようにスケジュールを組みました。さらに，国際教養学部のように Writing を課す大学を併願として受けたことで，本番で問題に取り組む感覚をつかめてよかったと思っています。よって，併願は第一志望校の練習や試験慣れのためにも必要最低限は受験することが一番よいと思います。（F.U. さん）

**Q 試験当日の試験場の雰囲気はどのようなものでしたか？
緊張のほぐし方，交通事情，注意点等があれば教えてください。**

A なるべく早く大学に着き，試験会場の空気に慣れて，少しでもいつも通りの自分を保とうと努めました。試験教室はそこまで大きくはなかったため，模試のときと同じような雰囲気でした。また，試験問題が配布されてから試験開始まで10分以上あるものの何もすることができなかったので，呼吸を整えて落ち着くことに専念しました。さらに私の場合，隣の人がとても自信ありげに行動していて少しも緊張した様子を見せなかったので焦りましたが，過度に気にかけず私ができることをやるだけと自分に言い聞かせて平静を保っていました。（F.U. さん）

Q 受験生のときの失敗談や後悔していることを教えてください。

A 勉強記録用にスタディプラスという勉強量を共有できるアプリを利用していましたが，そこで友だちの勉強時間を意識しすぎてむだに落ち込んでいたことを強く後悔しています。勉強量で切磋琢磨することは，多少は必要だと思いますが，過度に気にして自分を卑下するよりは，模試や過去問の判定や正答率を気にして，あくまでも自分自身の伸びや成長を知るツールとして利用すればよかったです。（F.U. さん）

Q 受験生へアドバイスをお願いします。

A 実際に志望大学を見に行くことが大切だと思います。私は，高校3年生の夏休みに早稲田大学のオープンキャンパスに参加するまでは，他大学の推薦入試をメインに試験対策をしていました。しかしオープンキャンパスに参加したことで早稲田大学独特の魅力を強く体で感じ，推薦入試はやめて国際教養学部の一般選抜のみに時間と力を注ごうと決めました。そのことを予備校のスタッフの方に伝えると今から一般に切り替えるのは遅いと厳しい言葉をかけられましたが，絶対に早稲田大学に行くという強い意志をもって，その後は一般対策に切り替えて受験勉強に励みました。その成果が秋以降の模試に表れたことがとても自信になり，試験本番まで乗り切れましたが，皆さんは受験生になる前の余裕のある時期に気になっている大学の見学に行って直接魅力を感じ，この大学に合格するためなら１年間勉強できると自分が納得できる大学を見つけてから受験勉強を始めるほうがよいと思います。そうすることで受験勉強の途中でブレたり諦めたりせずに試験本番まで一直線に進めると思います。（F.U. さん）

科目別攻略アドバイス

みごと入試を突破された先輩に，独自の攻略法や
おすすめの参考書・問題集を，科目ごとに紹介していただきました。

英　語

まずは，丁寧に文章を読むことを最大の目標とするべきです。文法の構造をしっかり捉え，意味をしっかりとつかみながら読むことが大切です。最初はスピードが伴わなくても，毎日繰り返し読んでいれば徐々に速く読めるようになると思います。また，国際教養学部の英文は他学部に比べても長いので，読みながら要点をつかみ，そのメインポイントやトピックセンテンスに何かしらのマークをつけておくことで問題に取り組みやすくなると思います。ただし先述したように丁寧に読むことが重要で，１文１文を大切にすることより要点把握に重きが置かれてしまっては正しく文章理解ができなくなる場合が多いです。そのことを念頭に置いて，丁寧な文章理解から対策を始めてほしいです。（F.U. さん）

おすすめ参考書　『TOEFL テスト英単語 3800』（旺文社）
『東大の英語 要約問題 UNLIMITED』（教学社）
『IELTS ライティング完全対策』（アルク）
『最短合格！　英検準１級 英作文問題 完全制覇』（ジャパンタイムズ）

幅広い単語を知っておくことと速読が大事です。文章自体はそこまで難しくないので，どれだけ早く要点を押さえて読むことができるかが勝負になります。徹底的に過去問に取り組むことをおすすめします。またその際に，制限時間を自分で定めて時間内に読む練習をすることが有効です。

（M.G. さん）

おすすめ参考書　『英検1級　でる順パス単』（旺文社）

まず，知らない単語の推測力と文脈把握力を伸ばすこと。そのためには難しめの長文に積極的に目を通し，そのときに初めは辞書なしで推測して読み，後からまとめて調べてそれらを覚えることが必要だと思います。そしてその長文を読むときに，左から右へ強制的に目線を流しながら英文を把握するようにすると，速読ができるようになるのではないかと思います。

（M.F. さん）

おすすめ参考書　『風呂で覚える英単語』『風呂で覚える英熟語』（ともに教学社）

『DataBase5500　合格英単語・熟語』（桐原書店）

『チャート式　基礎からの新々総合英語』（数研出版）

『IELTS 英単語・熟語 5000 完全攻略』（明日香出版社）

「得点する力」が身につく！

早慶上智の英語で問われる
単語の“真”の意味を理解しよう

an argument without **substance**
「物質のない議論」??

his **apparent** friendliness
「彼の明らかな友情」では×

詳しくはこちら

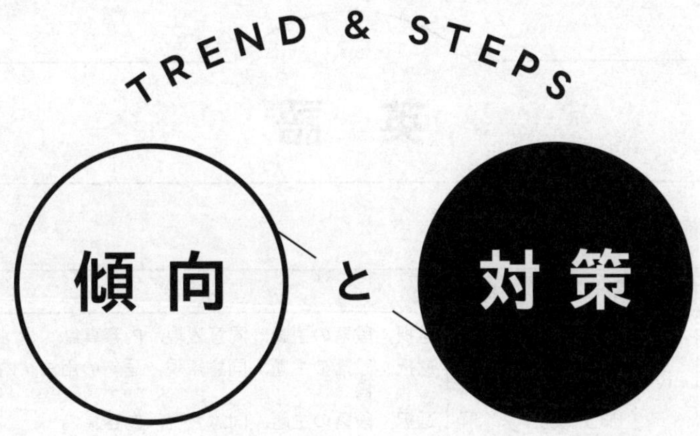

科目ごとに問題の「傾向」を分析し，具体的にどのような「対策」をすればよいか紹介しています。まずは出題内容をまとめた分析表を見て，試験の概要を把握しましょう。

注　意

「傾向と対策」で示している，出題科目・出題範囲・試験時間等については，2024 年度までに実施された入試の内容に基づいています。2025 年度入試の選抜方法については，各大学が発表する学生募集要項を必ずご確認ください。

英語

年度		番号	項目	内容
2024 ◑	R	〔1〕	読解	選択：段落の主題，同意表現，内容真偽
		〔2〕	読解	選択：段落の主題，同意表現，語句の用法，内容真偽
		〔3〕	読解	選択：段落の主題，同意表現，内容真偽
	W	〔1〕	英作文	記述：意見論述（英語）
		〔2〕	英作文	記述：グラフの解釈（英語）
		〔3〕	読解	記述：要約（日本語）
2023 ◑	R	〔1〕	読解	選択：段落の主題，内容真偽，空所補充
		〔2〕	読解	選択：段落の主題，同意表現，内容真偽
		〔3〕	読解	選択：段落の主題，内容真偽，同意表現
	W	〔1〕	英作文	記述：意見論述（英語）
		〔2〕	英作文	記述：グラフの解釈（英語）
		〔3〕	読解	記述：要約（日本語）
2022 ◑	R	〔1〕	読解	選択：段落の主題，内容真偽，同意表現
		〔2〕	読解	選択：段落の主題，内容真偽，同意表現，接尾辞の意味
		〔3〕	読解	選択：段落の主題，内容真偽，内容説明
	W	〔1〕	英作文	記述：意見論述（英語）
		〔2〕	英作文	記述：グラフの解釈（英語）
		〔3〕	読解	記述：要約（日本語）
2021 ◑	R	〔1〕	読解	選択：段落の主題，同意表現，内容真偽
		〔2〕	読解	選択：段落の主題，内容真偽，同意表現
		〔3〕	読解	選択：内容説明，内容真偽，空所補充
	W	〔1〕	英作文	記述：意見論述（英語）
		〔2〕	英作文	記述：グラフの解釈（英語）
		〔3〕	読解	記述：要約（日本語）

サンプル◑	R	〔1〕	読　解	選択：内容説明，内容真偽，空所補充
		〔2〕	読　解	選択：段落の主題，内容真偽，同意表現
		〔3〕	読　解	選択：語の定義，内容真偽，空所補充，主題
	W	〔1〕	読　解	記述：要約（日本語）
		〔2〕	英 作 文	記述：表の解釈（英語）
		〔3〕	英 作 文	記述：意見論述（英語）

（注）●印は全問，◑印は一部マークシート法採用であることを表す。
R：Reading　W：Writing

読解英文の主題

年度	番号	類　別	主　題	語　数
2024	〔1〕	評　伝	サーカス主催者と動物の権利運動	約 1300 語
	〔2〕	科　学	蓄電器の発明と研究	約 1100 語
	〔3〕	社　会	識字能力の調査や推進に潜む問題	約 1180 語
2023	〔1〕	思　想	真実に迫るために必要な姿勢	約 1070 語
	〔2〕	科　学	環状染色体の働きの発見	約 1170 語
	〔3〕	言　語	多様な英語で書かれる文学の意味	約 940 語
2022	〔1〕	文　化	翻案の価値	約 1180 語
	〔2〕	科　学	昆虫に関する知られざる事実	約 1070 語
	〔3〕	科　学	知覚のしくみ	約 1200 語
2021	〔1〕	社　会	レゴ社の歴史と今後の展望	約 970 語
	〔2〕	言　語	普遍言語とは何か	約 1230 語
	〔3〕	科　学	時間の真相	約 900 語
サンプル	〔1〕	物　語	欧州の国々に伝わる橋と宝にまつわる類話	約 1910 語
	〔2〕	経　済	世界の経済情勢から見る貧困国になる要因と支援策	約 1340 語
	〔3〕	医科学	人が肥満になる本当の理由	約 1150 語

「英語を読む」は当然　要点把握とその表現力がさらに重要に

01　出題形式は？

国際教養学部では 2021 年度より個別試験の科目が「英語」のみとなり，1 時限は Reading（90 分），2 時限は Writing（60 分）という構成で実施されている。大問数と解答形式は以下の通り。

Reading：大問 3 題。すべてマークシート法による選択式。

Writing：大問 3 題。すべて記述式。

02 出題内容はどうか？

2021 年度が新方式での初めての試験となったが，事前に発表されていたサンプル問題（本書にも収録）とほぼ同様の出題構成であり，2024 年度もこの構成が続いている。

① Reading

2024 年度は総合読解問題 3 題で，英文の量は合計で約 3580 語となった。

文章の系統は，文学的文章や論説系の文章が用いられており，論説系の文章のテーマは，歴史・言語・文化・社会・科学と多岐にわたる。設問は内容説明・内容真偽・段落の主題といった，内容理解度を問うものが中心である。空所補充・同意表現などの語句レベルの設問もみられるが，これらも文脈・文意を把握した上での解答が求められる。設問の選択肢そのものに紛らわしいものは少ないが，理解が不十分だと迷うものが含まれている場合もある。

② Writing

与えられたテーマについて英語で意見を論述する問題が 1 題，与えられたデータの解釈を英語で書く問題が 1 題，英文を読んで日本語で要約する問題が 1 題となっている。

テーマ型の意見論述問題は，与えられたテーマ（短めの英文や写真が用いられることもある）について，設問の条件に沿って英語で意見を述べることが求められる。単純な賛否だけではなく，その解釈や予測も問われることがある。

与えられたデータの解釈を英語で書く問題は，新方式となった 2021 年度以降，毎年出題されている。サンプル問題〔2〕では男性の家事参加と女性の就業状況に関する表が，2021 年度〔2〕では各国の平均余命の推移を表したグラフが，2022 年度〔2〕では各国の収入レベルとプラスチック廃棄量の相関関係を表すグラフが，2023 年度〔2〕では世界全体と各地域の GDP について異なる観点で作成された 2 つのグラフが，2024 年度〔2〕では世界各地のエネルギー消費量とその内訳を異なる年代で示したグラフが用いられた。それぞれ，単純なデータの読み取りだけでなく，それらの解釈・考察も求められている。

英文を読んで日本語で要約する問題については，記述する内容は，文章全体の簡潔な要約であり，150～200 字程度書く準備をしておくとよいだろう。

03 難易度と時間配分

「英語を読む」ことが，日常的なことになっている必要があるだろう。また，英語と日本語の両方の表現力が試される。国際教養学部という特性上，言語というものを，情報を得て，かつ，考えを伝える手段として使えることが要求されていると言えるだろう。こういった力は一朝一夕で身につくものではないので「やや難」であるが，取り組みがいのある問題である。

試験時間に対し英文量が非常に多く，時間的には相当厳しい。Reading と Writing で時間が分かれているため，Reading では 1 題あたり 30 分× 3 題＝90 分，Writing では 1 題あたり 20 分× 3 題＝60 分といったイメージで時間を使うとよいだろう。

対策

01 「英語を読む」から「英語で読む」へ

読解問題の英文量を考えると，「ものを読むこと」自体への抵抗感がないことが最低条件である。日常的に日本語での読書をしていないようでは，論旨を見失わずに読み切るのは難しい。新聞や新書，文庫などを読むことが当たり前になっていたい。当然のことながら，英語の読み物にもなじんでおきたい。週刊英字新聞（タブロイド版で“… *Weekly*” といった名前が多く，駅の売店などで買える）は，比較的手ごろな読み物になるだろう。各新聞社のホームページで，英語版を読むこともできるので活用したい。

また，英文で1000語を超えるものは，普段読むことのない長さである。心がけて材料を確保しよう。簡易装丁の洋書などを，たとえば「1回に10ページは通読する」などと決めて，長さに耐えられるようにしたい。問題に採用された英文の出典が明らかになっていることも多いので，入手して読んでみるのもよいだろう。インターネットで検索すれば，入手可能かどうかがわかる。市販の問題集であれば『大学入試 ぐんぐん読める英語長文〔ADVANCED〕』（教学社），『Top Grade 難関大突破 英語長文問題精選』（Gakken）など，入試頻出の英文やテーマが掲載され，かつハイレベルなものを使用するとよいだろう。早稲田大学法学部や東京医科歯科大学の問題も，文章のレベルが似ており，活用できる。

02 「書くこと」を習慣化する

日本語での要約や内容説明は長文読解をしながら練習できる。長文読解がしっかりできるということは，頭の中で要約ができているということである。したがって，長文読解の際に，各段落の要点をまとめてみることで，読解力と要約力の両方の養成になるはずである。ぜひ実行してほしい。段落の長さにもよるが，100字程度に収まるようにしてみるとよい。先述の『Top Grade 難関大突破 英語長文問題精選』（Gakken）の解説には各段落の要旨がまとめられており対策に役立つ。東京大学の大問1など他大学の要約問題も活用しよう。

意見論述などの英作文は，英語そのものが正しいことが第一条件である。名詞の数や冠詞，動詞の時制や語法を正確に仕上げることを常に心がけたい。こうした点は，和文英訳でも強化できる。意見論述の英作文を毎日書くことは困難でも，和文英訳ならできるだろう。使える語彙や表現を広げて定着させるためにも，やさしめの短文でよいので，毎日英語を書いてみよう。また，国際教養学部の過去問は当然だが，他学部・他大学の英作文を広く活用して，どのような問題にでも対応できるように準備しておこう。ある事柄に対する賛否を問うのではなく，意見を問うものについては，大阪大学の英作文に活用できるものがある。「何をどう書くか」を短時間で決定するには，「理由・根拠」「具体例」に使える材料を多くもっていることが重要である。01で述べた読書の仕方がここでも生きるだろう。なお，賛否を問う問題の場合，両方の立場で書いてみるとよい。練習量が増やせるだけでなく，柔軟な視点や多様な考え方を鍛える訓練になる。また，表やグラフの情報を読み取り，文章にしていくタイプの英作文は，広島大学などの過去問も参考になる。表やグラフから読み取れる特徴を，数値変化や比較を用いる表現を使った英文で書くには，相応の準備をしておく必要がある。

03 過去問の活用を

新方式の過去問が2021〜2024年度と4年分蓄積されたことになる。独特の形式なので，本書を活用して出題の雰囲気に慣れ，自分が苦手とする分野について早くから重点的に対策するとともに，時間配分などの作戦も練っておくことをおすすめする。本書にはサンプル問題も収載している。これらをフル活用して準備しておきたい。

早稲田「英語」におすすめの参考書

- ✓『大学入試 ぐんぐん読める英語長文〔ADVANCED〕』（教学社）
- ✓『Top Grade 難関大突破 英語長文問題精選』（Gakken）
- ✓『早稲田の英語』（教学社）

赤本チャンネルで早稲田特別講座を公開中

実力派講師による傾向分析・解説・勉強法をチェック →

2024年度

解答編

一般選抜

解答編

英語

◀ Reading ▶

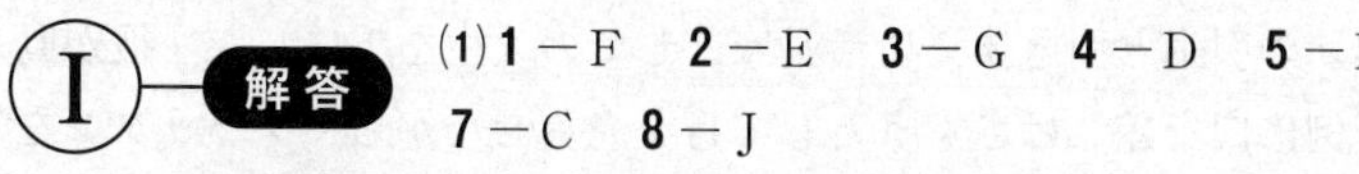

I　解答　(1) **1**－F　**2**－E　**3**－G　**4**－D　**5**－H　**6**－B　**7**－C　**8**－J

(2) **1**－A　**2**－B　**3**－D　**4**－E　**5**－B　**6**－E　**7**－E　**8**－C　**9**－B　**10**－D

(3)－A・C・E・G

全訳

《サーカス主催者と動物の権利運動》

① 140年を超える興行ののち，リングリング＝ブラザーズ＝アンド＝バーナム＆ベイリー＝サーカスは，2017年に最後のショーを上演した。かさむ経費，注目される期間の短縮，他の娯楽形態の隆盛，まだほとんどが鉄道で移動していたショーへの各地の輸送法の影響など，多くの要素が，いわゆる「地上最高のショー」の終焉につながった。しかし，最近の記憶で最も声高な主張の一つは，サーカスで動物を使う演者たちに関するものだった。こうした演目は，動物の権利に関する議論が進展してきたために，楽しいというより時代に逆行するものに見えるようになったのだった。ゾウの世話をめぐる，2011年の『マザー＝ジョーンズ』誌の批判的な調査報告と長年の見苦しい訴訟のあと，サーカスの親会社であるフェルド＝エンターテインメントは2016年にゾウを使うのをやめた。

② 興行師P.T.バーナムは1891年に亡くなったが，サーカスのもともとの考案者として大いに非難されている。そもそも芸をするトラや踊るゾウ

という残酷で無情な要求をした人物として広く認識されているのである。この見解にも一理あるが，バーナムの経歴を見れば，100年後には自分のサーカスの終焉を歓呼して迎えることになる運動に意外にも関与していたことがわかる。1800年代後期，動物の権利に関する初期の活動家として有名な人物ヘンリー＝バーグとのありそうにもない友情を通じて，バーナムは気づいたときにはビクトリア朝時代の芸をする動物の世話や給餌をめぐる議論の真っただ中にいた。実際，動物の権利運動は，バーナムがその運動の弱々しい初期のころにメディアに公開していなければ，現在のような形や幅広さで生き残ることはなかったかもしれない。

③　バーグは，以前は海運業を営むニューヨークの裕福な一家の無為な息子だったが，1866年に米国動物虐待防止協会（ASPCA）を設立した。ヨーロッパを旅行中に目撃した騒々しい闘牛や馬車馬の虐待に刺激されて，バーグは早期の引退と引き換えに活動家としての人生を手にした。彼が動物虐待の事例に口を差しはさもうとして目を光らせながらマンハッタンを大股で歩き回ると，すぐに目についた。1860年代に街の通りを歩いていて，垂れ下がるふさふさの口髭のやせこけた背の高い紳士が交差点に立って，過積載の馬車鉄道に止まるように大声をあげているのをたまたま見かけたら，それはヘンリー＝バーグだ。バーグの公開討論の最初のものの一つは，バーナムとのものだった。バーナムの2つのアメリカ博物館はサーカス事業の数十年前に作られており，19世紀のニューヨークでは最もよく知られた公共の娯楽施設だった。本物の動物たちが博物館最大の呼び物の一つだった。バーナムは，米国最初の公共水族館で，アシカやシロイルカ，前代未聞のカバ，種々の鳥や獣，最上階で巨大なクマと戯れる有名な山男ジョン＝「グリズリー」＝アダムズさえ呼び物にした。博物館は大盛況で，バーナムはサーカス事業を始めるずっと前に世界的な有名人になった。

④　1866年，バーナムの雇っている職員が博物館にいるヘビ，ボアコンストリクターに生きたウサギをエサとして与えているという不平を訴えたあと，活動家になりたてのバーグは法的措置に出るという脅しでバーナムへの自己紹介を始めた。彼は，料金を払って来ている一般の人々の前で生きたエサをヘビに食べさせるという「野蛮と言ってよい」やり方と彼が呼ぶものを終わらせることを望んで，博物館の職員を直接訪ねた。バーナム

への手紙の中で，もしヘビがほかに何も食べられないのなら「餓死させればよい。なぜなら，正しいと思われることを成し遂げるために間違ったことが行われるというのは，神の慈悲深い摂理に反するからだ」と強く迫った。

⑤　自分の見世物用の動物たちのおかげで，バーナムは（たとえ理想より速い時間でそれらを調べたのだとしても），珍しい動物たちに関しては当時の多くの科学者より多くの実際的な経験があり，動物学者たちの間では確固とした名声を維持していた。ヘビのエサに関しては何の問題もないと見ていたので，バーナムは，ヘビは常に生餌を食べ，実際死んでいる肉は食べないだろうと保証してくれた，ASPCA の支持者であるハーバード大学の科学者ルイ＝アガシーの自分と一致する意見でバーグに応酬した。バーナムは，アメリカ博物館は今後も「同館のすべての動物には，自然の法則と一致したエサを与え続ける」と主張し，バーグにとりわけ公開の講話であまりにも軽信で独善的であることを警告した。「震えおびえるウサギに関するこうした話全体が底の浅いでっち上げである」とバーナムは書き，「動物の虐待を防ごうと試みても，あなたが人間を虐待していることで，あなたの影響力が増すことはないだろう」と付け加えた。後悔はしたものの，思いとどまることなく，バーグは自分の仕事を続けた。ニューヨークの画期的な動物の権利法のもとで強制力を得て，馬たちを壊滅させ，したがって労働，輸送，商業で馬を必要とした社会を衰退させた 1872 年の病気の大流行の期間に，バーグは家畜の人道的な扱いを求めて働きかけ，闘犬や闘鶏に反対し，動物の保護を主張した。

⑥　バーグの注目に値する努力は，当時の倫理的諸運動の多くを促進したようなエリートの政治的博愛主義的支援を得たが，幅広い一般の支援を築くのには手間取った。19 世紀には，動物は一般に権利を持つ生き物ではなく，所有物とみなされており，所有者が自分の動物に対してどうするかは他人には関係のないことだった。そのため，バーグが虐待根絶のために街を見回るとき，たいていの普通の人々は，気高い人道主義者というより，おせっかいな上流階級の人と見ていた。

⑦　1870 年代，バーナムは半引退状態から抜け出し，自分の名前を冠したサーカスを作った。1880 年に行われた春の興行は，牡馬のサラマンダーを呼び物にしたのだが，この馬はずらりと並ぶ火のついた輪を跳んでく

ぐり，群衆をぞくぞくさせた。当時バーナムとは心の通った親交があったものの，輪の一つが滑り落ちて，ある夜の芸を終えたときには馬はたてがみと尾に火がついているように見えたという報告を受けて，バーグはこの演目に抗議した。マネージャーのジョージ＝ベイリーを通じて，バーナムは炎が人にも馬にも何の危険もない，化学的に作られた偽物であることを説明した。彼は，バーグが自分の目で確かめられるように，再演に招きさえした。バーグは断り，自分の代わりにASPCAの最高責任者，動物の福利の幹部の一団，20人のニューヨークの警察官を送り，彼らは4,000人の観客が席に着く中，演技場を囲むように厳格に配置についた。裸馬の出し物の終わりに，バーナム自身が演技場に入り，割れるような喝采を浴びた。彼は群衆を静め，今日は逮捕されて終わるかもしれないとわかっているが「バーグ氏か私がこのショーを行わなければなりません」と大声で知らせた。「火の馬」が調教師によって演技場に導き入れられたとき，輪に火がつけられた。バーナムは自分の帽子をつかむと，その炎の中に手を突っ込んだ。70歳だったが威勢がよいこの芸人は火のついた輪をくぐり抜け，すぐさま10人のピエロ，馬のサラマンダー，そしてバーナムに招かれてASPCAの最高責任者ハートフィールドがそのあとに続いた。馬が安全である点に満足して，ハートフィールドと喜んだ観衆は芸人の勝利を叫んだ。

⑧ 自伝の中でそのパフォーマンスを振り返って，バーナムはバーグやそのときの彼の意図を打ち砕こうとはせず，次のように述べている。「彼の浅はかな干渉に憤慨しないではいられなかったが，このエピソードはバーグ氏への個人的な敬意や彼の崇高な仕事への私の賞賛を損なうものではなかった」。おそらく，バーグとバーナムの最も注目すべき遺産は，彼らの公の場での口論にもかかわらず，あるいは口論のゆえに，この2人は重要な歴史的時期に，動物の権利の唱道という側面を高める，温かく，お互いにわかっているという友情をはぐくんだということだろう。バーナムは欠点もあったが，自分の役割は単に大衆の好みを読み取りそれに応じた娯楽を提供するというだけではなく，社会の道徳的な向上を目指して仕事をすることだと信じていたのは，記憶に値する。そして，時流も彼に味方してくれる間は，社会的な理想を喜んで高めたのである。したがって，彼が生きていれば，バーナムはゾウを使うのをやめることを推奨しさえしたかも

しれない。なぜなら，彼は動物たちの芸と彼らが自分の成功に果たした役割を評価してはいたが，もし受け入れられないほど世論に反するところまで行くときがあったら，最後の幕の後ろにいて，次の大当たりの計画を練っていたことだろう。

解説

(1)　**1**～**8** はいずれも「第～段で筆者は…」である。各選択肢を見ながら，どの段に相当するか検討する。

A.「バーナムのマネージャーのジョージ＝ベイリーは，バーグに対するバーナムの強い反応の背後にいた主要な影響力を持つ人物だったと主張している」

ジョージ＝ベイリーに関しては，第⑦段第４文（Through his manager …）に「マネージャーのジョージ＝ベイリーを通じて，バーナムは炎が人にも馬にも何の危険もない，化学的に作られた偽物であることを説明した」とあるだけで，ベイリーがバーナムを動かしていたという記述はない。この選択肢はどの段の内容とも一致しない。

B.「自分の行動方針への幅広い一般の支持を得るのに，バーグがかなりの試練に直面していたことを論じている」

第⑥段第１文（Although Bergh's remarkable …）に「バーグの注目に値する努力は…幅広い一般の支援を築くのには手間取った」，同段第３文（And so as Bergh patrolled …）に「バーグが虐待根絶のために街を見回るとき，たいていの普通の人々は…おせっかいな上流階級の人と見ていた」とある。この選択肢は第⑥段の内容と一致する。

C.「火の使用はサーカスの動物の安全と福利を脅かすというバーグの主張を一掃するために，バーナムがどのように実演を使ったかを説明している」

第⑦段第３文（Despite a then-cordial acquaintance …）に「ある夜の芸を終えたときには馬はたてがみと尾に火がついているように見えたという報告を受けて，バーグはこの演目に抗議した」とある。同段第５文（He even invited …）には「彼（＝バーナム）は，バーグが自分の目で確かめられるように，再演に招きさえした」とあり，バーグ自身は見に来なかったものの，同段最終２文（Seventy years old …）に「この芸人（＝バーナム）は火のついた輪をくぐり抜け … ASPCA の最高責任者ハートフィールド…は芸人の勝利を叫んだ」とある。この選択肢は第⑦段の内容と一致する。

D.「バーグが初めて法的措置をとると言ってバーナムを脅したときのことを論じている」

第④段第1文（In 1866, after a complaint …）に「バーグは法的措置に出るという脅しでバーナムへの自己紹介を始めた」とある。この選択肢は第④段の内容と一致する。

E.「この記事で論じられる2人の主要な人物について紹介している」

第②段第1文（The showman …）に「興行師 P.T. バーナムは…サーカスのもともとの考案者として大いに非難され…芸をするトラや踊るゾウという残酷で無情な要求をした人物として広く認識されている」，同段第3文（Through his unlikely friendship …）に「1800年代後期，動物の権利に関する初期の活動家として有名な人物ヘンリー＝バーグ」とある。バーナムとバーグがどのような人物か，おおよそのことが述べられている。この選択肢は第②段の内容と一致する。

F.「サーカスの人気が低下した理由の一部を概説している」

第①段第2・3文（Many factors led …）に「かさむ経費，注目される期間の短縮，他の娯楽形態の隆盛，…ショーへの各地の輸送法の影響など，多くの要素が，いわゆる『地上最高のショー』の終焉につながった。しかし…サーカスで動物を使う…演目は，動物の権利に関する議論が進展してきたために，楽しいというより時代に逆行するものに見えるようになった」とある。この選択肢は第①段の内容と一致する。

G.「ヘンリー＝バーグの伝記的な詳細をいくつか示している」

第③段第1・2文（Bergh, the previously idle …）に「バーグは…ニューヨークの裕福な一家の無為な息子だったが，1866年に米国動物虐待防止協会（ASPCA）を設立した。ヨーロッパを旅行中に目撃した騒々しい闘牛や馬車馬の虐待に刺激されて，バーグは早期の引退と引き換えに活動家としての人生を手にした」とある。続く第3・4文（He was easily …）にも活動家としての彼の様子が述べられている。この選択肢は第③段の内容と一致する。

H.「生きた動物をヘビに食べさせることをめぐる論争には負けたものの，バーグがどのように動物の福利に関する自分の仕事を続けたかを示している」

第⑤段第２・３文（Seeing no issue…）にはバーナムが大学の科学者の意見を引き合いに出してヘビに生餌を与えることは自然の法則であり，生半可で独善的な考えを公然と述べることはバーグ自身の影響力を弱めると警告したことが述べられている。続く第４文（Chastened but not dissuaded, …）には「後悔はしたものの，思いとどまることなく，バーグは自分の仕事を続けた」とあり，第５文（Granted enforcement powers …）では具体的に何をしたかについて述べられている。この選択肢は第⑤段の内容と一致する。

Ｉ.「バーグの非常に効果的な努力が，一般民衆の動物の権利運動を急速に生み出した様子を示している」

第⑥段第１文（Although Bergh's remarkable efforts…）に「バーグの注目に値する努力は…エリートの政治的博愛主義的支援を得たが，幅広い一般の支援を築くのには手間取った」とあることと一致しない。この選択肢はどの段の内容とも一致しない。

Ｊ.「ときには意見の相違があったにもかかわらず，バーナムとバーグの間に友情がはぐくまれたことを示している」

第⑧段第２文（Perhaps the most notable…）に「バーグとバーナム…は，彼らの公の場での口論にもかかわらず，あるいは口論のゆえに…温かく，お互いにわかっているという友情をはぐくんだ」とある。この選択肢は第⑧段の内容と一致する。

(2)　文中の語句と同意のものを選ぶ問題である。

1.「ここでは retrograde は…を意味している」

当該箇所は「こうした（サーカスで動物を使う）演目は，動物の権利に関する議論が進展してきたために，楽しいというより retrograde に見えるようになった」となっている。動物の権利など考えもしなかった時代の遺物であり，時代遅れだとみなされるようになったと推測できる。Ａの backwards「逆行する」が正解。retrograde は「後ろ向きの，逆行する」の意。Ｂ. real「現実の」　Ｃ. retrospective「回顧的な」　Ｄ. rising in quality「質の高まっている」　Ｅ. unnecessary「不必要な」

2.「ここでは callous は…を意味している」

同文はサーカスを考案したとされるバーナムが非難されていることを述

べた部分で，当該箇所は「芸をするトラや踊るゾウという残酷で callous 要求」となっている。cruel「残酷な」と and でつながれており，B の heartless「冷酷な」が正解。callous は「冷淡な，無情な」の意。A．cautious「注意深い」 C．marked「際立った」 D．popular「人気のある」 E．strict「厳格な」

3.「ここでは raucous は…を意味している」

当該箇所は「ヨーロッパを旅行中に目撃した raucous 闘牛や馬車馬の虐待」となっている。同文はバーグが動物愛護活動家となったきっかけが述べられており，否定的な意味の語だと推測できる。D の very loud「非常に騒々しい」が適切。raucous は「乱暴な，騒々しい」の意。A．aspiring「意欲的な」 B．charming「魅力的な」 C．obsolete「すたれた」 E．youthful「若々しい，初期の」

4.「ここでは hollering は…を意味している」

当該箇所は「1860 年代に…過積載の馬車鉄道に止まるように hollering の…はヘンリー＝バーグだ」となっている。バーグは当時動物の虐待をやめさせようと活動していた。馬が重すぎる馬車鉄道を引いているのを見かけて「止まれ！」と叫んだと考えられる。E の yelling (at ～)「(～に向かって) 叫んでいる」が適切。hollering (at ～) は「(～に向かって) 大声をあげている」の意。なお，streetcar はいわゆる「路面電車」だが，電気で動くものが登場したのは 1879 年（ベルリン博覧会）のことであり，ここでは馬車鉄道だと考えられる。A．asking「頼んでいる」ask *A* to *do* という語法と合わない。B．insisting「要求している」insist on *A*('s) *doing*「*A*（人）が～することを要求する」という語法と合わない。C．speaking quickly「急いで話している」および D．speaking quietly「静かに話している」は speak at ～という語法がない。

5.「ここでは newly minted は…を意味している」

当該箇所は「1866 年 … newly minted 活動家のバーグは法的措置に出るという脅しでバーナムへの自己紹介を始めた」となっている。第③段第 1 文（Bergh, the previously idle …）に「バーグは…1866 年に米国動物虐待防止協会（ASPCA）を設立した」とあり，同段第 3・4 文（He was easily recognizable …）には 1860 年代にバーグが街中で動物虐待に目を光らせていた様子が述べられている。当時，バーグは動物愛護活動を始めたばかりだったことがうかがえる。Bの debuting「初仕事を始めていた，初登場していた」が正解。newly minted は「新しくできたばかりの」の意。A．ambitious「野心的な」 C．green-colored「緑色の」 D．renovated「刷新された」 E．shy「内気な」

6．「ここでは hands-on は…を意味している」

当該箇所は「自分の見世物用の動物たちのおかげで，バーナムは…珍しい動物たちに関しては当時の多くの科学者より多くの hands-on 経験があり，動物学者たちの間では確固とした名声を維持していた」となっている。実際に動物たちを飼育しているバーナムは学者より実地の経験が豊富だったと推測できる。Eの direct「直接の」が正解。hands-on は「実際的な，直接参加の」の意。A．abstract「抽象的な」 B．academic「学問的な」 C．automatic「機械的な」 D．determined「決然とした」

7．「ここでは debilitated は…を意味している」

当該箇所は「馬たちを壊滅させ，したがって…馬を必要とした社会を debilitated 1872 年の病気の大流行」となっている。必要な馬がいなくなったことを考えるとEの weakened「～を弱らせた」が適切。debilitate は「～を衰弱させる，弱体化させる」の意。A．boosted「～を促進した」 B．debated「～を討論した」 C．deliberated「～を熟慮した」 D．strengthened「～を強化した」

8．「ここでは chattel は…を意味している」

当該箇所は「19 世紀には，動物は一般に権利を持つ生き物ではなく，chattel とみなされていた」となっている。「生き物ではない」のだから，「モノ」と考えられていたと言える。Cの property「財産」が適切。chattel は「動産，所持品」の意。A．allies「協力者」 B．human beings「人間」 D．sacred「神聖な」 E．sickness「病気」

9．「ここでは spirited は…を意味している」

当該箇所は「70 歳だったが spirited，この芸人は火のついた輪をくぐり抜け…」となっている。「70 歳である」ことと but「しかし」でつながれていることから，「高齢にしては」という含みが読み取れる。実際火のついた輪をくぐっていることから，Bの energetic「精力的な，活発な」が正解。spirited は「元気な，威勢のよい」の意。A．drunk「酔った」 C．frustrated「失望した」 D．ghostly「幽霊のような」 E．spiritual「霊的な」

10.「ここでは advocacy は…を意味している」

当該箇所は「この２人（＝バーグとバーナム）は…動物の権利の advocacy という側面を高める…友情をはぐくんだ」となっている。バーグが動物の権利を主張した人物であることはここまで繰り返し述べられている。バーナムは博物館やサーカスで動物を使って利益を上げ，バーグと対立することはあったが，第⑧段第１文（Reflecting on the …）には「このエピソード（＝火の輪をくぐる馬の件）はバーグ氏への個人的な敬意や彼の崇高な仕事への私の賞賛を損なうものではなかった」とある。Dの promotion「普及促進」が正解。advocacy は「唱道，支援」の意。A．adaptation「順応」 B．alienation「疎外」 C．election「選択」 E．rejection「拒否」

(3) 本文の内容と一致しないものを４つ選ぶ問題である。

A．「バーナムとバーグは，バーナムのサーカスショーの一つで，生きたネズミがヘビのエサにされているという問題で初めて衝突した」

第④段の内容と一致しない。同段第１文（In 1866, after …）に「博物館にいるヘビ…に生きたウサギをエサとして与えている」とある。これが正解の１つ。

B．「バーナムは米国で初めて水族館を公開した功績がある」

第③段第７文（Barnum featured the nation's …）の内容と一致する。

C．「バーナムは，燃える輪がサーカスの動物を傷つけているというバーグの懸念に根拠がないことを示すために，警察本部長の馬のしっぽに火をつけるふりをした」

第⑦段第９文（The hoops were set …）に「『火の馬』が調教師によって演技場に導き入れられたとき，輪に火がつけられた」とある。また同段第６文（Bergh declined, and …）に「バーグは… ASPCA の最高責任者（superintendent），動物の福利の幹部の一団，20 人のニューヨークの警察官を送り」とあり，本文に「警察本部長」（police superintendent）への言及はない。これが正解の１つ。

D．「バーナムは自身の伝記の中で，バーグに対して礼儀正しかった」

第⑧段第１文（Reflecting on the …）の内容と一致する。

E．「この記事によると，サーカスは 1891 年から 2017 年の最後の一つまで続いた」

第⑦段第1文（Barnum had come out…）に「1870年代，バーナムは…自分の名前を冠したサーカスを作った」とあることと一致しない。これが正解の1つ。1891年は第②段第1文（The showman…）にあるように，バーナムの没年である。

F.「ハーバード大学の科学者ルイ＝アガシーは，生餌をヘビに与えるという問題に関して，バーグに反対するバーナムを支持した」

第⑤段第2文（Seeing no issue…）の内容と一致する。

G.「ヘンリー＝バーグは，家業の海運業に入る前，1866年にASPCAを設立した」

第③段第1・2文（Bergh, the previously idle…）に「バーグは，以前は海運業を営むニューヨークの裕福な一家の無為な息子だったが，1866年に米国動物虐待防止協会（ASPCA）を設立し…早期の引退と引き換えに活動家としての人生を手にした」とあることと一致しない。これが正解の1つ。

H.「メディアの否定的な報告と批判のため，2016年にリングリング＝ブラザーズ＝アンド＝バーナム＆ベイリー＝サーカスの演目からゾウははずされることになった」

第①段第4文（Following a damning…）の内容と一致する。

語句・構文

（第①段） demise「消滅，終結」

（第②段） take a lot of heat「大いに非難される」 in the thick of～「～の真っただ中に」 if not for～「もし～がなかったら」

（第③段） lanky「やせこけた」 pull over「（車などが）道の片側に寄（って止ま）る」 predate *A* by *B*「*A* に *B*（年月）だけ先行する」 frolick「遊び戯れる」

（第④段） put an end to～「～を終わらせる」

（第⑤段） menagerie「（見世物用の）動物」 go through～「～を調べる」 credulous「軽信に基づく」 hoax「でっち上げ」 chastened「後悔している」 lobby for～「～に賛成の運動をする，～を求めて働きかける」

（第⑥段） philanthropic「博愛主義的な」 root out～「～を根絶する」 workaday「平凡な」

(第⑦段) cordial「真心のこもった」 in *one's* stead「～の代わりに」 station *oneself*「部署〔配置〕につく」 set *A* ablaze「*A* に火をつける」 in short order「すぐさま」

(第⑧段) ill-advised「浅はかな，無分別な」 impair「～を損なう」 regard for ～「～に対する敬意」 had he been alive「もし彼が（当時）生きていたら」仮定法過去完了の if が省略されて倒置になっている。if he had been alive と同意。bow「お辞儀」 as much as ～「～にもかかわらず」 cook up ～「(計画など) をひそかに作る」

II 解答

(1) **1**－C　**2**－E　**3**－F　**4**－H　**5**－I　**6**－D　**7**－G　**8**－B

(2) **1**－A　**2**－A　**3**－B　**4**－D　**5**－C　**6**－B　**7**－E　**8**－A　**9**－B　**10**－A

(3)－A・C

全訳

《蓄電器の発明と研究》

① カミン（現在のポーランドのカミエン）の大聖堂の司祭エヴァルト＝ユルゲン＝フォン＝クライストは，静電気を生じさせる帯電体の量を増やして，静電気のフレアの力を増大させようとした。主導体が大きいほど，ショックも大きいのだ。彼は主導体から，力の増加を引き起こす便利な手段として，水を満たした大きなグラスの中にワイヤーを垂らした。結果として感じ取れるほどの改善は得られなかった。というのも彼は器を電気エフルビアで満たしている間，それを絶縁していたからである。次に彼は，アルコールで満たした小さな瓶に差し込んだ釘を主導体のところまで持ってきた。どうやら持ち運びできるフレアを作り出すことを望んで，彼はその瓶を手に握っていた。もう一方の手で釘に触れたとたん，彼は大きなショックを受けた。彼はそれを何人かの子どもたちと共有したが，子どもたちはその衝撃に足をすくわれた。クライストは自分が生み出した新しい力を少なくとも5人の人物に説明したが，そのうちの一人は老練な実験哲学の教授であり，また別の一人はベルリン科学アカデミーの有能なメンバーだった。話を聞いた人たちの誰一人として彼が出した結果を再現できなかった。クライストが自分の驚くべき報告を発表した3カ月後の1746年3

月まで，彼の指示に従ってやってみた人のうちの誰も成功しなかったのである。

② 彼は，瓶に入った釘で蓄電器を作るという直観に反した手段を強調するのを忘れていたのだ。実験者は瓶の外側をつかみ，帯電化の間，床の上に立っていなければならないことを彼は言わなかった。瓶の外側はアースしておかなくてはならないことを彼は言わなかった。こうした指示がなければ，もののわかっている研究者は，ガラスが半透明であることに気づいて，分厚い瓶を使い，瓶を主導体から満たそうとしている間，瓶と自分もしくは瓶か自分を絶縁するだろう。

③ クライストが子どもたちをはね飛ばしていたとき，一方でライデン（Leyden）大学（現在のオランダのライデン〈Leiden〉）の物理学教授ピーテル＝ファン＝ミュセンブルークは，水から火を取り出そうとしていた。ミュセンブルークがエアフルトにあるベネディクト会の修道院の物理学教授で，静電機械に重要な改良を施した優秀な実験者アンドレアス＝ゴードンからどのようにことを進めたか，私たちにはわかっている。ゴードンは，エフルビアが主導体につながるワイヤーを介して水を満たした器に流れ込んでいる間，その器を絶縁台に載せておくように指示した。そうでなければ，エフルビアは器の底から地面に漏れ出てしまうだろうということだ。ここで弁護士アンドレアス＝クナエウスが登場する。ミュセンブルークの実験室を訪ねたあと，彼は自分でその実験をやってみた。ひとりでいて，主導体は絶縁物で保持しておかなくてはならないと知らなかったため，彼は器を最も自然なやり方，つまり手に持って帯電させた。もう一方の手で主導体から火花を引き出したとき，彼は瓶から魔人を外に出してやったのだ。

④ クナエウスはミュセンブルークと彼の助手に，彼らもどのように電気で吹き飛んでしまいうるか示した。「私は自分が死んだと思いました」と，そのとき教授になっていたクナエウスはパリ学士院の文通相手ルネ－アントワーヌ＝レオミュールに書き送り，「恐ろしい実験」を実現する詳細な指示と試さないようにという助言を付け加えた。レオミュールから話を聞いた勇気あるジャン－アントワーヌ＝ノレは，体をくの字に折り曲げ，息ができなくなった。実験を試してみた他の人たちは，鼻血，一時的な麻痺，脳しんとう，けいれん，目まいを報告した。勇敢なヨハン＝ハインリッヒ

=ウィンクラーは，ライデン瓶をショートさせるのに妻を使い，そのあと彼女が歩けなくなったと言って警告した。こうした大げさな話は，その蓄電器のふるまいが電気に関する常識にどれほど大きく反するものだったかを示唆している。当時の理論では実験の結果を予測できなかったのだ。もし，先行する実験を少し単純化することで前代未聞の力を爆発させることができるのなら，ライデン瓶の実験自体もささいな変更で，不運な電気技師をあの世に送ってしまう可能性があるのではないだろうか。

⑤　ライデン瓶は受け入れられていた理論を打ち砕くものだと正直に認めるという動きが，各方面から出た。それまでは権威だったミュセンブルークは，いまや電気について「何もわからないし何も説明できなかった」。ライデン瓶の実験は電気の実験がそれまでに蓄積してきた知識とは「本質的に異なる」ように見えた。おそらく，摩擦による電気と伝えられた電気の力が違う，あるいは，ある機知に富んだ解説者が推測したように，試された実験によって，電気が相矛盾するような仕方で表れたのだろう。

⑥　ライデン瓶で亡くなった人はいなかったし，けがをした人さえいなかった。実験の報告は節度のあるものになった。1746年の終わりまでには，いくつかの事実や誤りに関して意見が一致していた。ノレは器の形は関係ないが，その素材はガラスか磁器でなければならないことを発見した。最近の主張では，他に類を見ないとされていたガラスの特性を無駄に強調していた。以前の主張は両側に金属箔を張ったガラス片という結果になった。物理学者たちは，電気ショックを増大するために，外部の被覆物に加えて3つの方法を発見した。ダニエル=グララトは複数の瓶を並列に接続して，彼が言うところの「電池」にした。ノレは主導体を大きくした。グララトとベンジャミン=ワトソンは，ガラスを薄くするほど瓶は強烈になることを発見した。厚みの薄い瓶でできた電池が体を通ってショートすると，こん棒の打撃のようだった。「初めて体験したときは，肩，ひじ，手首のところで腕がちぎれ，両脚は膝と足首の後ろのところでちぎれたかのように思えた」と，ワトソンは報告した。

⑦　科学は社会的事業である。一人の紳士にライデン瓶を，一人の淑女に主導体を持たせてやろう。触ればどちらも電気ショックを感じる。他に何人の人をこの列に加えられるだろうか。アカデミー会員のルイ-ギヨーム=ル=モニエは国王の前で140人の廷臣を試してみた。ノレも同じく国王

の前で180人の兵士に電気ショックを与えた。列に加わっていた人たちだけがショックを感じた。中心になる列から分岐した脇の列にいた人たちは何も感じなかった。このようにして，電気の専門家たちは，彼らがライデン瓶の実験の山場で広めた言葉を使えば，「放電」は瓶の内部と外部の間の最も伝導の優れた回路に優先的に沿って進むことを発見したのである。同じ検出器を使って，彼らは最も良い回路が最も短いとは限らないことを知った。ある公開実験では，列の両端にいた人たちだけがショックを感じた。電気ショックは，列が湿った地面に立っているときにだけ起こることがわかった。どうやら，放電は列の両端の人たちの腕と足を通って，土の中でその流れが完了したようだ。

⑧　充電された瓶はまた何気なく絶縁されるとたいへん興味深くもあった。奇妙なことに，瓶はそのショックの力を何時間も，あるいは何日間でさえも保っていた。外部にアースしているときでさえ，そのてっぺんのワイヤーに触れなければ力を保っていた。瓶の底，つまり下部が絶縁されていれば，瓶の内部の被覆物と接続されたワイヤーの端に触れても爆発は起こらず，小さな火花が生じるだけだった。そして，手に持つだけで瓶は復活，つまりライデン瓶の電気ショックを生み出せたのである。このふるまいは，ガラスの特定の性質を前提としていた古い理論に基づいた説明，あるいは実際いかなる意見もはねつけるものだった。

解説

⑴　**1**～**8**はいずれも「第～段で筆者は…」である。各選択肢を見ながら，どの段に相当するか検討する。

A.「主導体が電気ショックを伝えられる列の最少人数を分析している」

第⑦段第3文（How many others…）に「他に何人の人をこの（2人の）列に加えられるだろうか」とあり，このあと大人数での実験のことが述べられている。最少人数の分析については本文に言及はない。この選択肢はどの段にも当てはまらない。

B.「ライデン瓶が充電を長期間保てるという事実は説明をはねのけたことを論じている」

第⑧段第2文（It unaccountably preserved…）に「瓶はそのショックの力を何時間も，あるいは何日間でさえも保っていた」，同段最終文（This behavior defied…）に「このふるまいは，ガラスの特定の特徴を前提としていた古い理論に基づいた説明，あるいは実際いかなる意見もはねつけるものだった」とある。この選択肢は第⑧段の内容と一致する。

C.「他の人たちが再現するのが難しかった，ライデン瓶と呼ばれるようになるものに関連する最初の実験を説明している」

第①段第4～6文（He next brought a nail…）に，アルコールを満たした瓶に刺した釘を主導体のそばに持ってきて釘に触れると，電気ショックを受けたことが述べられており，同段最終2文（None was able to…）にはこの実験の再現をできた人がいなかったことが述べられている。同段ではまだ「ライデン瓶」という言葉は登場していないが，この選択肢は第①段の内容と一致すると言える。

D.「さらに強力な衝撃を生むために使われた実験器具のいくつかを詳述している」

第⑥段第7文（Physicists found three ways…）に「物理学者たちは，衝撃を増大するために，外部の被覆物に加えて3つの方法を発見した」とあり，このあと，グララト，ノレ，ワトソンが使った器具の特徴が述べられている。この選択肢は第⑥段の内容と一致する。

E.「最初のころ誰もライデン瓶の実験を再現できなかった理由をいくつか説明している」

第②段第1文（He had forgotten…）冒頭に「彼は，瓶に入った釘で蓄電器を作るという直観に反した手段を強調するのを忘れていた」とあり，続けて彼が言い忘れていたことを具体的に述べている。続く第2文（Without this prescription, …）ではそれらの指示がなければ，むしろ知識のある人たちは実験が成功しないような処置をすることが述べられている。この選択肢は第②段の内容と一致する。

F.「のちには他の人たちにも再現できるようになったライデン瓶の実験の説明をしている」

第③段第1文（While Kleist was…）に「ライデン大学…の物理学教授ピーテル＝ファン＝ミュセンブルークは，水から火を取り出そうとしていた」，同段第2・3文（We know how…）に「静電機械に重要な改良を施した優秀な実験者アンドレアス＝ゴードン…は，エフルビアが主導体につながるワイヤーを介して水を満たした器に流れ込んでいる間，その器を絶縁台に載せておくように指示した」，同段第4～7文（Here the lawyer

…）に「弁護士アンドレアス＝クナエウス…は自分でその実験をやって…器を…手に持って帯電させた。もう一方の手で主導体から火花を引き出したとき，彼は瓶から魔人を外に出してやったのだ」とある。当初は再現がなかなかできなかった実験をさらに他の人たちが試みて，成功した様子が述べられている。この選択肢は第③段の内容と一致する。

G.「ライデン瓶から出る荷電がどんな回路をたどるのか判断するために使われた，多数の人々を使ったいくつかの公開実験に言及している」

第⑦段第3文（How many others can…）に「他に何人の人を（電気ショックを感じる）この列に加えられるだろうか」とあり，続く第4文（The Academician…）では，国王の前で行われた140人の廷臣を使った実験と180人の兵士を使った実験が述べられている。同段第8文（In one demonstration, …）には「ある公開実験では，列の両端にいた人たちだけがショックを感じた」とある。この選択肢は第⑦段の内容と一致する。

H.「ライデン瓶の働きは当時の電気に関する諸理論が今後の実験の結果を予測するのには使えないことを示したと指摘している」

第④段第6・7文（These exaggerations suggest…）に「こうした大げさな話は，その蓄電器のふるまいが電気に関する常識にどれほど反するものだったかを示唆している。当時の理論では実験の結果を予測できなかった」とある。「その蓄電器」（the condenser）とは「ライデン瓶」のことであり，ライデン瓶の実験による電気ショックが人々の身体に不調をきたしてしまうほどのものであるということを予測できていなかったということである。この選択肢は第④段の内容と一致する。

I.「ライデン瓶の実験はまったく新しい種類のものであると多くの人が認めたことを述べている」

第⑤段第1文（Frank admissions…）に「ライデン瓶は受け入れられていた理論を打ち砕くものだと正直に認めるという動きが，各方面から出た」，同段第3文（It appeared that…）に「ライデン瓶の実験は電気の伝統的な実験の宝庫とは『本質的に異なる』ように見えた」とある。この選択肢は第⑤段の内容と一致する。

J.「1746年の終わりまでには，ライデン瓶の知識は完成していたと述べている」

第⑥段第3文（By the end of 1746, …）に「1746年の終わりまでには，

いくつかの事実や誤りに関して意見が一致していた」とはあるが，第⑧段最終文（This behavior defied…）には「このふるまい（＝ライデン瓶が充電を長期に保てること）は，ガラスの特定の特徴を前提としていた古い理論に基づいた説明，あるいは実際いかなる意見もはねつけるものだった」とあり，ライデン瓶についてはまだ不明な点があったことがわかる。この選択肢はどの段にも当てはまらない。

(2)　4が語句の使い方を選ぶ問題である以外は，文中の語句と同意のものを選ぶ問題である。

1.「ここでは veteran は…を意味している」

当該箇所は「そのうちの一人は veteran 実験哲学の教授であり，また別の一人はベルリン科学アカデミーの有能なメンバーだった」となっている。クライストが自分の実験の話をした相手が，信頼できる知識のある人たちだったことがうかがえる。Aの long-serving「永年勤務の」が適切。veteran は「老練な，経験豊富な」の意。B．professional「専門職の」教授が専門家なのは当然であり，これで修飾することができるなら「素人の教授」もいることになる。C．recent「最近の」　D．skillful「熟練の」　E．veterinary「獣医学の」

2.「ここでは grounded は…を意味している」

当該箇所は「瓶の外側は grounded しておかなくてはならない」となっている。電気装置の実験に関する記述であり，ground「地面」という語が含まれていることからAの connected to the earth「地面と接続する」が適切。grounded は「接地している，アースしておく」の意。B．informed about the situation「状況について知っている」　C．insulated「絶縁されている」　D．restricted to one's room「人の部屋に限られている」　E．stranded「より合わさっている」

3.「ここでは prescription は…を意味している」

当該箇所は「こうした prescription がなければ，もののわかっている研究者は…分厚い瓶を使い…瓶と自分もしくは瓶か自分を絶縁するだろう」となっている。当該文の前には，クライストが実験に際しての注意事項を言い忘れていたことが述べられている。Bの instruction「指示」が正解。prescription は「命令，指示」の意。A．document「書類」　C．intuition「直観」　D．medicine「薬剤」　E．mixture「混合物」

4.「ここでは knocking down children は…使われている」

当該箇所は「クライストが子どもたちを knocking down とき」となっている。第①段第6文（He shared it with…）に「彼はそれ（＝溜めた静電気）を何人かの子どもたちと共有したが，子どもたちはその衝撃に足をすくわれた」とある。強い電気ショックを受け，体が跳ねて倒れた様子を表していると思われる。knock down には「倒す，跳ね飛ばす」のほか比喩的に「驚かす」などの意味もあるが，ここでは実際に衝撃で体が跳ね飛ばされたことを言っていると考えられることから，Dの literally「文字どおりに」が正解。A．conditionally「条件付きで」 B．figuratively「比喩的に」 C．imaginatively「想像的に」 E．scientifically「科学的に」

5.「ここでは violated は…を意味している」

当該箇所は「こうした大げさな話は，その蓄電器のふるまいがどれほど大きく電気に関する常識に violated ものだったかを示唆している」となっている。「こうした大げさな話」とは，ライデン瓶（＝その蓄電器）の実験をして身体的な不調が生じた人たちの話である。実験をする以上，妥当な知識を使って安全に行おうとしたはずだが，それでも「事故」が起きている。当時の知識では事故が防げなかったのだから，Cの contradicted「～と矛盾していた」が適切。violated は「～に反した」の意。A．abused「～を悪用した」 B．completed「～を完成した」 D．emptied「～をからにした」 E．invaded「～を侵害した」

6.「ここでは authority は…を意味している」

当該箇所は「それまでは authority だったミュセンブルークは，いまや…『何もわからないし何も説明できなかった』」となっている。「何もわからない」人と対照的な意味だと考えられる。Bの expert「専門家」が適切。authority は「権威（者），大家」の意。A．boss「上司，支配者」 C．government「政府」 D．jurisdiction「司法権」 E．scientist「科学者」

7.「ここでは classical は…を意味している」

当該箇所は「ライデン瓶の実験は電気の classical 実験の蓄積とは『本質的に異なる』ように見えた」となっている。同段第1文（Frank admissions…）に「ライデン瓶は受け入れられていた理論を打ち砕くものだ」とあることから，これまでの実験で得られた知識・常識といった意味であると考えられる。Eの standard「標準的な」が適切。A．elegant「的確な」B．humanistic「人文主義的な」C．opportunistic「日和見主義の」D．refined「洗練された」

8.「ここでは proposition は…を意味している」

当該箇所は「後者の proposition」となっている。直前の文に「ノレは器の形は関係ないが，その素材はガラスか磁器でなければならないことを発見した」とあり，ノレが「～でなければならない」と述べていることから，Aの assertion「主張，断言」が適切。proposition は「主張」の意。B．preposition「前置詞」C．proof「証明」D．scheme「計画」E．verification「証明」

9.「ここでは train は…を意味している」

当該箇所は「他に何人の人をこの train に加えられるだろうか」となっており，このあと 140 人の廷臣，180 人の兵士が参加した実験について述べられている。続く第５文（Only persons in the train …）に「train に加わっていた人たちだけがショックを感じた。中心になる列（line）から分岐した脇の列（chains）にいた人たちは何も感じなかった」とあり，train も人が手をつないで作った列のことだとわかる。Bの line「列」が正解。A．exercise「練習」C．locomotive「機関車」D．mold「鋳型」E．study「研究」

10.「ここでは presupposed は…を意味している」

当該箇所は「このふるまいは，ガラスの特定の性質 presupposed 古い理論に基づいた説明を…はねつけるものだった」となっている。同段第１・２文（The charged jar was …）に「充電された瓶はまた何気なく絶縁するとたいへん興味深く…奇妙なことに，瓶はそのショックの力を何時間も，あるいは何日間でさえも保っていた」とある。「このふるまい」はライデン瓶が長期間電気を保っていたことを指す。「奇妙なことに」とあるので，それまでの常識ではそんなことは起こらないと考えられていたことがうかがえる。Aの assumed「～を想定した」が適切。presupposed は「～を前提とした」の意。B．defied「～を無視した」C．inferred「～を推測した」D．legalized「～を合法化した」E．problematized「～を問題化した」

(3)　本文の内容と一致しないものを２つ選ぶ問題である。

A.「電気技師たちが，ライデン瓶はガラスから作らなくてはならないことを発見した」

第⑥段第４文（Nollet found that…）に「ノレは器…の素材はガラスか磁器でなければならないことを発見した」とあることと一致しない。これが正解の１つ。

B.「エヴァルト＝J. フォン＝クライストはライデン瓶として知られるようになるものを初めて発明したが，当初は他の人たちが彼の実験を再現することは難しかった」

第①段の内容と一致する。

C.「ライデン瓶が充電を保てる時間の長さは，ライデン瓶を並列に接続することで増加させることができる」

第⑥段第７文（Physicists found three ways…）に「電気ショックを増大するために…ダニエル＝グララトは複数の瓶を並列に接続して，彼が言うところの『電池』にした」とあることと一致しない。これが正解の１つ。

D.「ライデン瓶によって引き起こされる現象は，18 世紀半ばに流布していた電気の諸理論の説得力を弱めた」

第⑤段第１文（Frank admissions that…）に「ライデン瓶は受け入れられている理論を打ち砕くものだと正直に認めるという動きが各方面から出た」，第⑥段第３文（By the end of 1746, …）に「1746 年の終わりまでには，いくつかの事実や誤りに関して意見が一致していた」とあることと一致する。

語句・構文

(第①段) dean「司祭」 augment「～を増大させる」 effect「～を引き起こす」 insulate「～を絶縁する」 knock *A* off *A*'s feet「*A* の足元をすくう」 of whom one was…「そのうちの一人は…だった」one of whom was…と同じ。

(第②段) counterintuitive「直観に反した」

(第③段) convent「修道院」 genie「魔人，妖精」

(第④段) be done for「死んだ」 bend *oneself* double「（苦痛で）体をくの字に曲げる」 knock out *one's* wind「息ができなくなる」 gallant「勇

敢な，女性に優しい」 short「～をショートさせる」 flagrantly「目に余るほど」 received ideas「認められた考え，常識」 the next world「あの世」

（第⑤段） on every hand「各方面から」 hitherto「それまでのところ」 in kind「本質的に」 repertory「（知識などの）宝庫，蓄積」

（第⑥段） sober「節度のある，冷静な」 reach consensus on ～「～について意見が一致する」 place（an）emphasis on ～「～を強調する」

（第⑦段） courtier「廷臣」 preferentially「優先的に」

（第⑧段） intriguing「非常に興味をそそる」 unaccountably「奇妙なことに」 provided ～「もし～なら」 revivify「～をよみがえらせる」 defy「～を拒む，はねのける」 articulation「意見」

Ⅲ　解答　(1)**1**－G　**2**－I　**3**－E　**4**－D　**5**－C　**6**－J　**7**－F

(2)**1**－B　**2**－E　**3**－A　**4**－A　**5**－B　**6**－D　**7**－C

(3)－C・E・G・H

全訳

《識字能力の調査や推進に潜む問題》

①　エルスペス＝スタッキーの1991年の著書『読み書き能力の暴力』は，1995年，菊池久一によって日本語に訳された。スタッキーの読み書き能力に関する観点を共有して，菊池は読み書き能力が権威や権力の問題を必然的に含むのはゆゆしきことだと主張する。スタッキーも菊池も「単一の読み書き能力」という考え方に賛同することがもつ否定的な影響を指摘している。彼らは，強力な組織によって保護され，推進されている西洋式の学校での読み書き能力の特権的な地位を批判している。菊池の論考が重要なのは，読み書き能力がどのように社会制御の道具としての役割も果たしているか，彼が示しているからである。彼の主張では，読み書き能力は社会的知識の構築を独占する。この見解は日本の社会言語学に徐々に広まってきた。

②　砂野幸稔は，単一の読み書き能力という考えのもつ覇権的力を研究し，それを社会的排除の仕組みだと分析する。彼は3種類の読み書き能力の理解を区別している。つまり，(1)現代の事業としての読み書き能力，(2)イデ

オロギーの装置としての読み書き能力，そして(3)排除の仕組みとしての読み書き能力である。これら３つの面をより詳しく検討しよう。

(1)　まず，読み書き能力は，「市民」という構造の基礎を敷く現代の産物である。したがって，読み書き能力は「自由」，「公民権」，「民主主義」といった啓蒙の概念，すなわち封建社会のさまざまな制限から自由になるために使われる重要な概念と結びついている。民主主義的な価値観のもと，公的領域で言説を成し遂げるために，読み書き能力を身につけることは現代社会存続の前提条件とみなされるようになった。そのような「現代主義者の眼鏡」を通して読み書き能力を見ることで，西洋式の学校教育は，読み書き能力を広めることに責任のある中心的な組織とみなされるようになる。

(2)　イデオロギーの装置としての読み書き能力という考え方は，人々を統御するために彼らが国家に組み込まれた現代の産物として，読み書き能力を示している。砂野は，批判的な読み書き能力を標準的な読み書き能力という考え方の限界を乗り越えるための重要な概念と認定している。

(3)　最後に，排除の仕組みとしての読み書き能力は，読み書き能力による境界線の存在に光を当てる。読み書き能力が，ふつうの人たちには習得するのが難しすぎる文字体系と結びつくと，既存の体制はそれを独占することができる。言い換えると，読み書き能力が読み書きのできない人たちを統御する道具になるということである。封建社会では，読み書き能力はこのように機能していた。現代の産物としての読み書き能力は，人々を排除するこのような仕組みを崩壊させるように思える。しかし，ほとんどの人が思うことに反して，読み書き能力の排他主義的特徴は，現代社会でも変わらないままだ。「単一の読み書き能力」という考え方は，体制がもち，操作しているのであり，そうした排除の仕組みの重要部分をなしている。

③　こうした３つの観点から，文字が読めないという不名誉が，読み書き能力の排除的機能を通じた社会的拒絶の結果として生じる。それはまた，文字が読めないことを非難する世界的な傾向とも結びつきうるのだが，こうした非難は，ユネスコや他の機関がその組織的活動のいくつかを通じて，軽率にも広めてしまった考えである。それらの博愛主義的な努力にもかかわらず，「読み書きができないことの根絶」といったスローガンには否定

的なほのめかしが内在している。このように，読み書き能力の排除的な機能は解決されない。その働きをし続けてしまうのだ。次に，日本の状況で読み書き能力がどのように排除という結果になるかの証拠となる具体的な例を論じる。

④　現代の日本語の文字体系は，間違いなく非常に難しい。「一般に使用される漢字」（常用漢字）の数は現在では2,136字に制限されている。しかし，さらにずっと多くの漢字が日常生活では使用されている。ほとんどの漢字には少なくとも2つの読み方があり，日本語の書字をさらに複雑にしている。日本語の読み書き能力は，膨大な数の漢字を読み，書き，覚える能力と広く関連づけられている。「文盲」という言葉は，「文について目が不自由であること」が文字どおりの意味である。したがって，すでに「文盲」という言葉の中に，読み書き能力のないことと障害との深いつながりを見て取れる。こうしたことにもかかわらず，日本における読み書き能力の研究は，障害をかかえる人々の読み書き能力について論じることを避けてきた。障害者は読み書き能力の研究から排除されてきたと言っても過言ではない。

⑤　読み書き能力と障害を通して，排除のより包括的な理解を得るために，角知行は日本の識字率が99パーセントであるというよく知られた神話をきっぱりと拒否する。この神話の主な柱となっているのは，第二次世界大戦後，アメリカの占領下で行われた調査である。1948年に行われた大規模な識字調査の結果は，「日本人の読み書き調査」（日本人の読み書き能力に関する調査）と題された報告書として，識字調査委員会によって発表された。調査には，ひらがな，カタカナ，漢字が，個々に問われるものも混ざり合って問われるものも含む，90の質問からなっていた。調査は21,008人の日本人に対して行われたが，彼らは年齢が15歳から64歳の，270の地方自治体の出身者であり，漢字と仮名の混じった正書法を使ったハガキで，この調査に参加するように招かれていた。結果は，4.4パーセントが満点，一方で1.7パーセントが零点であることを示した。この1.7パーセントが，日本人の99パーセントは読み書き能力があるという主張の根拠として使われているのだが，この報告自体が，「識字の基準は満点でのみ満たされる」と述べていることを考えると驚きである。この手続きが適用されていたら，この調査による識字率は4.4パーセントだったということ

になるが，これも同じくらい不適切な結果である。ここでの議論にとって重要なのは，単純に「完全な識字という神話」が議論の余地のある調査法（文書での招待）と結果の一面的な解釈（零点でなかった人はすべて読み書き能力がある）に基づいて構築されたということである。

⑥　この調査が行われた当時，日本語とその文字体系に関する激しい論争（国語国字問題）があった。表音文字に高い価値を置き，漢字を完全に廃止することを主張した人たちもいれば，漢字を引き続き使うことを主張した人たちもいた。言うまでもなく，漢字を維持することを支持した人たちは，彼らの主義を推進するために例の識字調査の結果を使った。山下仁によれば，彼らが 99 パーセントの識字率という神話を作り上げたのだ。その後この神話は世界中に広まった。調査の 20 年後に国際教育局とユネスコが引用した声明を考えてみよう。「非識字の問題は完全に解決された。現代日本語は通常，日本語の音節文字系（48 の表音文字）と漢字（1,850 字あり，ほとんどが表意文字）で書き表す。もしこれらの語や文字がまったく読み書きできなければ，その人は非識字とみなされる」となっている。これは公教育に関する国際会議の場で日本の文部省によってなされた公式声明である。

⑦　しかし，言語に対するさまざまなイデオロギー上の立場があることが，調査結果のさまざまな解釈につながった。角が，この神話が日本社会に与えた影響を検討するために 1948 年の調査の議論に立ち返るのは，この理由のためである。角は，この公式の立場は，この数字が明らかに精神的身体的障害をかかえた人々を排除しているという事実のために，すでに批判に耐えられるものではありえないことを強調する。1948 年には，障害をかかえる人々は，教育制度に登録されていなかった。結果として，多くの人が生涯字を読めないままだった。彼らが字を読めないことは，識字率神話を維持する役に立つように秘匿され，そのため日本政府はその教育制度の有効性について豪語できたのである。そうなると，要約すれば，読み書きのできない日本人の数は主張されているよりも多く，差別の結果として字が読めない個人がおり，日本社会の差別は十分に検討されていないということになる。

解説

(1)　**1〜7** はいずれも「第〜段で筆者は…」である。各選択肢を見ながら，どの段に相当するか検討する。

A.「日本語の文字体系に関する議論が，公教育の質の低下につながったと主張している」

このような記述は本文にはない。

B.「視覚障害のある人たちの識字率は，綿密に研究されてきた」

第④段最終2文（This notwithstanding, …）に「日本における読み書き能力の研究は，障害をかかえる人々の読み書き能力について論じることを避けてきた。障害者は読み書き能力の研究から排除されてきた」とあることと一致せず，本文の他の箇所にもこの選択肢のような記述はない。

C.「のちに，日本人の識字率が非常に高い水準にあるという神話を構築するのに使われた，重要な調査の方法論を説明している」

第⑤段第2文（The main pillar of …）に「この神話（＝日本の識字率が99パーセントであるというよく知られた神話）の主な柱となっているのは，第二次世界大戦後，アメリカの占領下で行われた調査である」とあり，この後に調査の参加者の人数，年齢，出身，調査への参加の招待方法，調査結果の解釈が述べられている。この選択肢は第⑤段の内容と一致する。

D.「複雑な文字体系が，障害をかかえる人たちが読み書き能力を身につけるのを難しくしているという問題を説明している」

第④段第1文（The contemporary Japanese …）に「現代の日本語の文字体系は，間違いなく非常に難しい」とあり，続く第2～4文（The number of …）でその文字体系を詳しく述べている。同段最終2文（This notwithstanding …）に「日本における読み書き能力の研究は，障害をかかえる人々の読み書き能力について論じることを避けて…障害者は読み書き能力の研究から排除されてきた」とある。この選択肢は第④段の内容と一致する。

E.「読み書きができないことに基づく差別を，組織的な介入がさらに悪化させさえしうることを主張している」

第③段第2～4文（It can also be connected …）に「文字が読めないことを非難する世界的な傾向…は，ユネスコや他の機関がその組織的活動のいくつかを通じて，軽率にも広めてしまった…このように，読み書き能力の排除的な機能は解決されない」とある。この選択肢は第③段の内容と一致する。

F.「99 パーセントの識字率の神話につながる調査に，障害をかかえる人たちが含まれていなかったことを指摘している」

第⑦段第 3 文（Sumi stresses that …）に「この公式の立場（＝日本人の識字率は 99 パーセントであるという立場）は，この数字が明らかに精神的身体的障害をかかえた人々を排除しているという事実のために，すでに批判に耐えられるものではありえない」とある。この選択肢は第⑦段の内容と一致する。

G.「読み書き能力に関するある重要な本の翻訳が，どのように日本の社会言語学において重要になったかを指摘している」

第①段第 1 文（Elspeth Stuckey's …）に「エルスペス＝スタッキーの 1991 年の著書『読み書き能力の暴力』は，1995 年，菊池久一によって日本語に訳された」，同段第 6・7 文（Literacy, he maintains, …）に「彼の主張では，読み書き能力は社会的知識の構築を独占する。この見解は日本の社会言語学に徐々に広まってきた」とある。この選択肢は第①段の内容と一致する。

H.「読み書き能力は封建社会のエリートたちに独占されていたという神話を拒絶している」

第②段(3)の第 2 ～ 4 文（When literacy is connected …）に「読み書き能力が，ふつうの人たちには習得するのが難しすぎる文字体系と結びつくと，既存の体制はそれを独占することができ…読み書きのできない人たちを統御する道具になるということである。封建社会では，読み書き能力はこのように機能していた」とあることと一致しない。この選択肢はどの段にも当てはまらない。

I.「一様の読み書き能力という考えがいくつかの点でどのように現代の出現と密接に結びついているかを示している」

第②段第 1 文（Yukitoshi Sunano studies …）に「砂野幸稔は，単一の読み書き能力という考えのもつ覇権的力を研究し」とあり，続く第 2 文（He distinguishes …）で読み書き能力をどのように理解するか，3 つの観点を挙げている。その詳細を述べた同段(1)の第 1 文（To start, …）に「読み書き能力は，『市民』という構造の基礎として敷かれた現代の産物である」，同段(2)の第 1 文（The idea of literacy …）に「イデオロギーの装置としての読み書き能力という考え方は，人々を統御するために彼らが国家に組み込まれた現代の産物として，読み書き能力を示している」，同段(3)の第５・６文（Literacy as a product …）に「現代の産物としての読み書き能力は，人々を排除するこのような仕組みを崩壊させるように思える。しかし…読み書き能力の排他主義的特徴は，現代社会でも変わらない」とある。この選択肢は第②段の内容と一致する。

J.「ある重要な調査の結果が，日本人の文字体系に関する議論でどのように使われたか示している」

第⑥段第１文（At the time …）に「この調査が行われた当時，日本語とその文字体系に関する激しい論争（国語国字問題）があった」とあり，同段第３文（Needless to say, …）に「言うまでもなく，漢字を維持することを支持した人たちは，彼らの主義を推進するために例の識字調査の結果を使った」とある。この選択肢は第⑥段の内容と一致する。

(2)　文中の語句と同意のものを選ぶ問題である。

1.「ここでは hegemonic は…を意味している」

当該箇所は「単一の読み書き能力という考えのもつ hegemonic 力」となっており，「それを社会的排除の仕組みだと分析する」と続く。そして，読み書き能力がどのようにして人々を排除し，統御するために使われうるのか，その後の(3)で説明している。B の dominant「支配的な」が正解。hegemonic は「主導権のある，覇権の」の意。A. devastating「破壊的な」 C. hedging「リスク回避」 D. negative「否定的な」 E. questionable「疑わしい」

2.「ここでは enlightenment は…を意味している」

当該箇所は「読み書き能力は『自由』，『公民権』，『民主主義』といった enlightenment の概念，すなわち封建社会のさまざまな制限から自由になるために使われる重要な概念と結びついている」となっており，封建社会と対照的な意味合いをもつことがわかる。E の modernity「近代性」が適切。enlightenment 自体は「啓蒙，教化」の意だが，一般の人々が文字を読み書きできることで，世の中の仕組みや他のさまざまなことを知り，考える基礎となる。「啓蒙」は近代社会への動きであることから，ここでは同意と考えてよい。A. autocracy「独裁政治」 B. entertainment「娯楽」 C. leadership「指導力」 D. light「光」

3.「ここでは demarcation は…を意味している」

当該箇所は「排除の仕組みとしての読み書き能力は，読み書き能力による demarcation 線の存在に光を当てる」となっている。直後の2文（When literacy is … control illiterate people.）に「読み書き能力が，ふつうの人たちには習得するのが難しすぎる文字体系と結びつくと，既存の体制はそれを独占…読み書きのできない人たちを統御する道具になる」とある。読み書き能力の有無で人々が二分され，支配・被支配の関係が生じることが述べられている。Aの classification「分類，等級分け」が正解。B. complementary「補色」 C. democratizing「民主化する（こと）」 D. masking「覆い隠す（こと）」 E. unmarking「しるしをつけない（こと）」

4.「ここでは inadvertently は…を意味している」

当該箇所は「こうした非難（＝文字が読めないことを非難する世界的な傾向）は，ユネスコや他の機関がその組織的活動のいくつかを通じて，inadvertently 広めてしまった」となっている。直後の文（In spite of …）に「それらの博愛主義的な努力にもかかわらず，『読み書きができないことの根絶』といったスローガンには否定的なほのめかしが内在している」とあり，そのような非難を広めることが本意ではなかったことがわかる。Aの accidentally「偶然に，誤って」が適切。inadvertently は「不注意に，うっかりして」の意。B. irrationally「不合理に」 C. secretly「ひそかに」 D. tactfully「如才なく」 E. uneventfully「平穏に」

5.「ここでは philanthropic は…を意味している」

当該箇所は「それらの philanthropic 努力にもかかわらず，『読み書きができないことの根絶』といったスローガンには否定的なほのめかしが内在している」となっている。「にもかかわらず」とあることから，「否定的な」意味合いの語ではなく，だれでも読み書きができるようにしたいという考えが「それらの努力」の根底にあることがうかがえる。Bの benevolent「好意的な，慈悲深い」が適切。philanthropic は「博愛主義的な，情け深い」の意。A. academic「学問の」 C. open-minded「偏見のない」 D. philosophical「哲学的な」 E. well-planned「十分に計画を練った」

6.「ここでは this notwithstanding は…を意味している」

当該箇所は「This notwithstanding, 日本における読み書き能力の研究は，障害をかかえる人々の読み書き能力について論じることを避けてきた」となっている。直前の文（The term *monmō*…）に「すでに『文盲』という言葉の中に，読み書き能力のないことと障害との深いつながりを見て取れる」とある。「深いつながりが見て取れるにもかかわらず，論じられてこなかった」という流れであることがわかる。Dのnevertheless「それにもかかわらず」が正解。notwithstandingは「～にもかかわらず」の意の前置詞だが，名詞の後ろに置かれることもある。A．consequently「その結果」 B．in fact「実際」 C．in short「手短に言うと」 E．similarly「同様に」

7．「ここではtenableは…を意味している」

当該箇所は「この公式の立場は，この数字が明らかに精神的身体的障害をかかえた人々を排除しているという事実のために，すでにtenableではありえない」となっている。「この公式の立場」，「この数字」とは，ここまで繰り返されている「日本人の識字率は99パーセントである」ということである。「障害をかかえた人々を排除している」とは，第⑦段第4文（In 1948, people with…）にある「1948年には，障害をかかえる人々は，教育制度に登録されていなかった。結果として，多くの人が生涯字を読めないままだった」ということである。こうした人たちが調査対象に入っていなかったのだから，「識字率99パーセント」は正しいものとは言えない。Cのjustified「正当化される」が正解。A．condemned「非難される」 B．falsified「曲げて伝えられる」 D．mythical「架空の」 E．transmitted「伝えられる」

(3)　本文の内容と一致しないものを4つ選ぶ問題である。

A．「日本人の識字率に関する重要な調査はアメリカの占領下で行われた」

第⑤段第2文（The main pillar of…）の内容と一致する。

B．「日本政府によって行われた公式の発表は，日本人の識字率について世界中に間違った情報を広めてきた」

第⑥段の内容と一致する。

C．「精神的身体的障害をかかえる人たちは，通常，国際的組織によって行われる統計調査からは除外される」

本文にこのような記述はない。これが正解の1つ。

D．「読み書き能力という概念は，人々を統御する方法として機能しうる」

第②段(3)の内容と一致する。

E.「日本の高い識字率は，世界標準に並ぶ新しい研究方法のせいで，低下しつつあるとみなされている」

本文にこのような記述はない。これが正解の1つ。

F.「一部の人々が，日本の文字体系での漢字の使用をやめることを提案した時期があった」

第⑥段第2文（Some placed a high value …）の内容と一致する。

G.「ユネスコや他の組織は非識字を根絶することによって，現代社会において抑圧されている人たちを解放したとみなされている」

第③段第2・3文（It can also be connected …）に「文字が読めないこと…（への）非難は，ユネスコや他の機関がその組織的活動のいくつかを通じて，軽率にも広めてしまった考えで…『読み書きができないことの根絶』といったスローガンには否定的なほのめかしが内在している」とあることと一致しない。これが正解の1つ。

H.「西洋式の学校教育が日本で拒絶されたのは，文字体系の違いでそれが不適切だと感じられたからである」

本文にこのような記述はない。これが正解の1つ。

語句・構文

（第①段） subscribe to ～「～に賛成する」

（第②段） break free from ～「～から自由になる」 public sphere「公的領域」 precondition「前提条件」 disrupt「～を崩壊させる」 intact「影響を受けていない，変わらない」 part and parcel of ～「～の重要部分」

（第③段） connotation「含意」

（第④段） It is no exaggeration to say that ～「～と言っても過言ではない」

（第⑤段） pillar「中心的存在，柱」 extensive「大規模な」 orthography「正書法」 given that ～「～ということを考えると」 criteria「基準，標準」criterion の複数形。

（第⑥段） phonographic「表音式の」 cause「主義，運動，大義」 transcribe「～を書き表す」 syllabary「字音表」 ideograph「表意文字」

（第⑦段） It is for this reason that ～「～のはこの理由のためである」強調構文で for this reason が強調されている。enroll「～を登録する，入学させる」 boast about ～「～を自慢する」

◀ Writing ▶

I 解答例

〈解答例1〉I would like to disagree with the decision. There is great concern regarding addiction to gambling. This poses a risk not only of bankruptcy but also of causing an increase in crime. The substantial amount of money spent on casino construction is another primary concern. This money includes public funds (taxpayer money), which should be spent on public welfare.

〈解答例2〉I am in favor of the decision. Some are worried about security deterioration, but casinos can bring benefits that exceed the risks. They will attract more international tourists. Hotels and restaurants in the area will prosper. Transport infrastructure such as railways, subways and roads will be developed. These developments will generate employment and boost the economy.

解説

「『日本は大阪付近に国内初のカジノを，早ければ2029年にも開こうとしている。ギャンブルと結びつく社会的経済的リスクと恩恵を考慮して，この決定についてどう思うか』という問いに対して，自分の立場を裏づける適切な理由（複数）を挙げ，1段落の英語の文章を書け」

「どう思うか」という問い方なので，必ずしも賛成・反対の二択ではないが，どちらかの立場をとるほうが書きやすいだろう。まず賛否を表明して，理由を続けるという書き方をすること。

〈解答例1〉はカジノに反対する立場で，ギャンブル依存，それに伴う可能性のある破産や犯罪増加に対する懸念があることと，カジノ建設に投入される多額の費用の一部である公的資金は，公共の福祉に使うべきだということを理由として挙げている。

〈解答例2〉はどちらかというとカジノに賛成する立場で，治安の悪化の懸念は了解しつつも，カジノが海外からの旅行客を呼び込むことで周辺のホテルやレストランが繁盛し，交通インフラが発達することは，雇用を生み経済を活気づけるとしている。

〈解答例１〉The most striking fact that this graph shows is that the energy consumption per capita in the U.S. in 2000 is tens of times as greater than that in Europe in 10,000 BCE. Only two items can be observed in the latter when focusing on breakdowns. "Production" first appeared in Egypt in 1500 BCE, "transportation" in China in 100 BCE, and "services" in England in 1880. These facts reflect the remarkable development of human activity. However, I wonder if development means total happiness, as the consumption of large amounts of energy is a cause of environmental devastation and global warming.

〈解答例２〉My eyes are especially drawn to the top three bars in the graph. Interestingly, energy consumption in Japan in 1990 was slightly lower than that in England in 1880. This is probably because England at the time was an empire and enjoyed prosperity; however, ideas such as environmental protection had not yet emerged. More than a century later, Japan attempted to achieve energy savings in various fields. In contrast, the U.S. has a larger land area than Japan, and the fuel used by airplanes and automobiles for transportation seems to drive up energy consumption.

解説

「『あなたの意見では，下のグラフに示されている最も重要な事実，あるいは傾向は何か。自分の立場の根拠を示しながら，少なくとも２点論じよ』という問いに対して，１段落の英語の文章を書け」

グラフは，世界各国・地域の１人当たり（PER CAPITA）の年間のエネルギー消費量を示したもの。ただし，年代がそれぞれ異なっており，米国は 2000 年，日本は 1990 年，英国は 1880 年，１つめのヨーロッパは 1300 年，中国は紀元前（BCE）100 年，エジプトは紀元前 1500 年，２つめのヨーロッパは紀元前１万年である（BCE は Before the Common〔Christ〕Era の頭文字）。エネルギー消費量の単位は，ギガジュールで表されている。グラフに見られる事実・傾向を挙げると次のようになる。

①紀元前１万年（のヨーロッパ）と 2000 年（の米国）を比較すると消費量が数十倍に増えている。

②特に大きな差が見られるのが，1300年のヨーロッパと1880年の英国の間および1990年の日本と2000年の米国の間である。
③紀元前1万年（のヨーロッパ）では，食料と家庭での消費しかない。
④紀元前1500年（のエジプト）で，初めて生産の項目が現れる。
⑤紀元前100年（の中国）で，初めて輸送の項目が現れる。
⑥1880年（の英国）で，初めてサービスの項目が現れる。
⑦1880年の英国と1990年の日本は100年以上の違いがあるのに，エネルギー消費量はむしろ1990年の日本のほうが若干少ない。
⑧1990年の日本と2000年の米国は10年しか違わないのに，米国は日本の3倍の消費量である。

グラフが示すこうした事実・傾向をどう解釈するかが問われている。

〈解答例1〉は，エネルギー消費全体の変化（①）とともに内訳（③～⑥）にも注目し，人間の活動の発展が示されているとすると同時に，エネルギーの大量消費が環境破壊や地球温暖化の原因であることを懸念している。

〈解答例2〉は，グラフの上位3つ（⑦，⑧）に注目し，1880年当時の英国は帝国であり繁栄していたが，環境保護といった概念は生まれていなかったのに対して，1990年の日本では省エネルギーの努力が行われていたとみている。対して米国では，国土が広いので移動のための燃料がとりわけエネルギー消費を押し上げているように思えるとしている。

ほかにも，③を使って，狩猟採集社会のエネルギー消費と，産業革命後の1880年の英国や2000年の米国のエネルギー消費の違いを述べるなど，注目に値する項目が考えられる。

Ⅲ　解答例

タコスはメキシコ生まれの食べ物で，ベースとなるトルティーヤはメキシコで古くから栽培されているトウモロコシの粉で作る平パンである。これにさまざまな具をのせて折りたたんだり巻いたりして食べる。従来の具は現地でとれる動物性タンパク質や南米原産の野菜だったが，スペイン人到来後は，彼らが持ち込んだユーラシアの家畜や野菜が加わった。タコスは今でもメキシコの主要食であると同時に，世界中で食べられており，各地特有の具材を取り入れて人気を博している。

全訳

《人気料理タコス》

1 タコスは，メキシコ生まれの国際的に人気のある手のひらサイズの食べ物で，味付けした肉，野菜その他の具を組み合わせ，折りたたんだり巻いたりしたトウモロコシや小麦粉のトルティーヤの中に入れて提供される。

2 トウモロコシは，少なくとも 9,000 年前からメキシコで栽培されており，挽いたトウモロコシを最初に使ったものの一つが，トルティーヤ，つまりトウモロコシ，砕いた石灰，水で作られる平らなパンだった可能性は非常に高い。「タコ（タコスの単数形）」という名前は，空っぽのお腹を満たす詰め物のように「だぼ」を表すスペイン語に由来するかもしれないが，おそらくもっとありそうなのは，関連する食材の名前であるトラコヨというナワトル語に由来するのかもしれない。タコスはそうしたパンをベースにできているが，その後の材料はさまざまなものがありうる。メキシコ料理では，タコスは牛肉，鶏肉，豚肉，魚，貝，同時にレタス，キャベツ，ラディッシュ，トウガラシ，トマトといった野菜が入っている。タコスはまた，菜食主義向けにもなり，フリホーレス豆，アボカド，ジャガイモ，チーズが入っていることもある。

3 スペイン人がメキシコにやってくる前は，タコスに入れて食べる肉類は，ヘビやイグアナのような爬虫類，またアルマジロや七面鳥といった現地の哺乳類や鳥類であることが多かった。バッタといった昆虫もタコスに入れて食べていた（し，今も食べている）。ユーラシアの家畜が入ってくると，タコスはさらに多様なたんぱく源を得た。スペイン人はチーズやレタス，キャベツその他の食材も持ち込み，トマト，ジャガイモ，トウガラシといった南米原産の食材に加えた。典型的なタコスがその材料一つ一つの出所を訪ねるとしたら，およそ 64,000 マイル旅しなくてはならないだろうと言われている。

4 タコスは変わらずメキシコ料理の主要食で，高級レストランでも通りの屋台でも売られている。タコスは国際的にも成功を収めており，上陸したどこでもおおいに受け入れられている。「タコスの火曜日」が全国的にふつうになっているアメリカ合衆国には，およそ５万軒のメキシコ料理店があり，そのほとんどすべてがタコスを出している。ヨーロッパ，オセアニア，東アジアの主要都市にはメキシコ料理店がたくさんあり，地元独自のバリエーションが知られている。たとえば，韓国では外食する人たちはおなじみの食材だけでなく，キムチも加えてタコスを楽しんでいる。

解説

設問は「以下の文章を読み，日本語で簡潔に要約せよ」である。

各段の内容をまとめると以下のようになる。

第1段：タコスは，トルティーヤの中にさまざまな具を入れた，メキシコ生まれの国際的に人気のある食べ物である。

第2段：タコスの語源は諸説あるが，そのベースとなるトルティーヤはトウモロコシ粉から作られる平パンである。具材は非常に多様で，さまざまな肉や野菜が使われる。

第3段：従来の具材は，現地の動物や昆虫，南米原産の野菜などだったが，スペイン人の到来以後，ユーラシアの家畜や野菜など新たなものが加わった。

第4段：タコスは今でもメキシコの主要食だが，世界中で食べられており，各地特有の具材も数多くある。

かなりコンパクトにまとめる必要がある。第1段は文章全体の内容をおおまかに紹介しており，「さまざまな具」や「国際的に人気がある」ことはあとの段落と重複するため，ごく簡単に「タコスはメキシコ生まれの食べ物である」ことにとどめればよいだろう。第2段からはトルティーヤがタコスのベースになる，トウモロコシ粉で作る平パンであること，第3段からは従来の具材とスペイン人到来以後の具材について拾い出し，第4段は上記の要点をほぼそのまま使うというまとめ方になるだろう。「タコス」という名前の由来は省いてもよいかとは思うが，最初に言及して入れることができるかもしれない。

語句・構文

(第1段) season「～に味付けをする」 filling「具」

(第2段) domesticate「～を栽培できるようにする」 lime「石灰」 dowel「だぼ」石材や木材を接ぐときに接合面のずれを防ぐのに差し込むもののこと。plug「詰め物，栓」 ingredient「材料」 refried bean「フリホーレス（レフリートス）」煮た豆をつぶしてペースト状になるまでさらに煮こむメキシコ料理。

(第3段) reptile「爬虫類」 protein base「たんぱく源」 some＋数値

「およそ～」

(第 4 段) staple「主要食料品」 *A* and *B* alike「*A* も *B* も同様に」 embrace「～を受け入れる」 abound「たくさんある」 customary「通例の，習慣的な」

講評

2024 年度は Reading 3 題，Writing 3 題の計 6 題で，試験時間は Reading が 90 分，Writing が 60 分の別個の試験として行われ，2021～2023 年度と同様であった。

Reading：

Ⅰ 「サーカス主催者と動物の権利運動」は，動物園やサーカスで成功した人物と，動物の権利運動を行っていた人物の対決や交流を描いた文章。具体的な場面が述べられており，物語のようにも読める。設問は⑴段落の主題，⑵同意表現，⑶内容真偽の計 3 問。各問，紛らわしい選択肢はなく，文章を読み進めながら解答できるだろう。

Ⅱ 「蓄電器の発明と研究」は，「ライデン瓶」と呼ばれる 18 世紀に発明された蓄電器がどのような経緯で作られ，改善されたか，またそれに伴う電気に関する理解の変化の様子を論じた文章。関連するイラストが添えられているものの，内容がやや専門的で，見慣れない語句や固有名詞がかなりあるため，読み進めるのに手間取るかもしれない。設問は⑴段落の主題，⑵同意表現（1 問のみ語の使い方が問われている），⑶内容真偽の計 3 問。選択肢は，Ⅰと同様，紛らわしいものはなく，解答すること自体はそれほど困難ではないように思われる。

Ⅲ 「識字能力の調査や推進に潜む問題」は，識字率が高い・低いという場合，実はそのもととなる調査や解釈に問題があり，差別をはらんでいることがあるという主張を，日本を例にとりながら論じた文章。表現，内容とも比較的読みやすい。設問は⑴段落の主題，⑵同意表現，⑶内容真偽の計 3 問。Ⅰ・Ⅱと同様，選択肢に紛らわしいものはない。

試験時間が 90 分なので，単純計算で 1 題 30 分である。2024 年度の

Ⅱのように，やや難度の高いものが含まれていることもあるので，速読即解の力をできるだけ培い，比較的読みやすい問題で時間をかけすぎないようにしておく必要がある。また，英語力だけでなく，一般教養的な幅広い知識があると，やや専門的な内容にも取り組みやすくなる。日常的に読書をすることは，読んで理解すること自体への抵抗感を減らし，知識を身につけるうえでも重要だろう。

Writing：

Ⅰ　大阪に作られる日本初のカジノについて，社会的経済的リスクと恩恵を考慮して，この決定をどう思うかの意見を，理由を挙げて英語で述べる問題。ニュースなどでこの話題を一度でも見聞きしていれば，賛成にせよ反対にせよ，理由を挙げるのは難しくないだろう。手早く，基本的なミスのない英文に仕上げたい。

Ⅱ　世界各国・地域における１人当たりの年間のエネルギー消費量を示したグラフを見て，自分の考えでは何が最も重要な事実・傾向かを論じる問題。ただし，グラフは，年代が紀元前１万年（のヨーロッパ）から2000年（の米国）と，それぞれ異なっている。「自分の考えで最も重要」とあるので，全体的な傾向でもよいし，一部を取り上げて論じてもよい。注目に値する項目はいろいろとあるので，何に焦点を当てるかをはっきりさせてまとまりのある文章に仕上げることが重要である。

Ⅲ　英文を読み，日本語で要約する問題。メキシコ料理のタコスの材料や歴史を扱った文章。単純な事実を述べたものなので，重複する部分などをうまく整理し，言及されている事柄を正しく盛り込むことが求められる。

試験時間が60分なので，１題約20分と時間的に厳しい。日本語・英語のいずれでも文章を書き慣れていることが求められるため，日ごろの地道な積み重ねが欠かせない。

2023年度

解答編

解答編

英語

◀Reading▶

I **解答** (1)1－D　2－C　3－A　4－I　5－B　6－J　7－G　8－E　9－H

(2)－B・F・H・I

(3)1－E　2－B　3－B　4－A　5－A　6－D　7－B

◆全　訳◆

≪真実に迫るために必要な姿勢≫

① 自分が正しいと思うことに，たとえその意見の根拠に関する何らの知識もなく，最も底の浅い批判に対してさえそれに耐えうる抗弁ができなくても，疑うことなく賛同するのなら，それで十分だと考える人たちがいる。そのような人たちは，一度自分の信条を権威から教えてもらえたら，それが批判されることを許すことから何ら益は生じず，むしろ何らかの害が生じると当然思う。彼らの影響が浸透しているところでは，彼らは一般に認められている意見が賢く慎重に拒絶されることをほとんど不可能にしてしまう。もっとも，そうした意見はそれでも軽率によくわからないまま拒絶されるかもしれない。というのも，議論を完全に封鎖できることはめったになく，一旦議論が始まると，確信に基づかない信念は，ほんの少しでも議論の気配がするとその前に崩れがちだからである。

② しかし，この可能性を捨ててしまうこと，つまり，本当の意見は頭の中にとどまっているが，偏見，つまり議論と無関係で，議論の通用しない信念としてとどまっていると考えること，これは理性的な動物（＝分別ある人間）が真実を抱くのにあるべきやり方ではない。これは，真実を知ることではない。真実がこのように抱かれると，それは真実と発音される言

葉に誤ってしがみついている迷信にすぎない。

③ 人類の知性と判断力が洗練されるべきなら，だれであれ，それについて意見を持つ必要があると思われるほど自分に影響を及ぼす物事以上に，こうした能力を適切に行使できる物事とはどのようなものだろうか。もし，理解の洗練の本質が他でもないひとつのことにあるのなら，それは，きっと自分自身の意見の根拠を知ることにある。人々が何を信じるにしても，正しく信じることが最も重要な事柄に関しては，少なくともありふれた異議には対抗できるべきである。

④ しかし，次のように言う人もいるかもしれない。「彼らに自分の意見の根拠を教えてやればいい。意見が否定されるのを聞いたことがないから，その意見をただオウムのように繰り返しているに違いない，ということにはならない。幾何学を学ぶ人たちは単に定理を覚えるだけではなく，証明も同様に理解し学ぶのだ。そして，幾何学の真実の根拠をだれかが否定したり反証しようとしたりするのをまったく聞くことがないからといって，その根拠に関して彼らは無知なままなのだと言うのはばかげている」 確かに。そしてそのような教育は，数学のような事柄においては十分である。そこでは，問題の誤った側について言うべきことは何もないからである。数学的真実の証拠の特性は，すべての主張が一方の側にあるということだ。反対はないし，反対に対する答えもないのである。

⑤ しかし，意見の相違がありうるすべての主題に関しては，真実は相対立する2組の理由のバランスがとられることにかかっている。自然哲学においてさえ，同じ事実について何か他の可能な説明が常にある。太陽中心説の代わりに地球中心説，酸素説の代わりに燃素説というように。そして，なぜその他方の理論が正しい理論ではありえないのかが示されなくてはならない。これが示されるまでは，そしてそれがどのように示されるのかわかるまでは，私たちは自分の意見の根拠を理解していることにはならないのである。だが，もっと無限に複雑な分野，つまり倫理，宗教，政治，社会関係，そして人生という営みに目を向けると，議論されているどの意見でも，それに賛成する主張の4分の3は，それとは異なる何らかの意見を有利にする状況をなくすことに本質がある。

⑥ 一人を除いて古代で最も偉大な雄弁家は，自分の敵対者の主張を常に，なおいっそうとまでは言えなくとも，自分自身の主張に対するのと同じく

らい熱心に検討するということを記録に残している。討論を成功させる手段としてキケロが実践したことは，真実に到達するために何らかの主題を研究するすべての人が見習うことが求められる。問題の自分自身の側のことしか知らない人は，それについてほとんど知らないのである。その人の言う論拠はもっともなものかもしれず，だれにも論破されたことはないかもしれない。しかし，その人も同じように対立する側の論拠を論破できないのだとしたら，もしその論拠がどんなものなのか知りもしないのなら，いずれかの意見のほうを好む根拠は何も持っていないのだ。そういう人にとって合理的な立場は判断の保留であり，それで満足するのでない限り，権威に導かれるか，世間の大半の人たちと同様，自分が最も気持ちが傾く側の意見を取り入れるかのどちらかである。

⑦　また，敵対者の主張が，彼らが述べたままに提示され，彼らが反証として出しているものを伴っているのなら，それを自分の教師から聞くだけで十分，というわけでもない。それは，主張を公平に評価する方法ではないし，主張を自分自身の心に本当に触れさせる方法でもない。その主張を実際に信じている人，その主張を真剣に擁護し，そのためにまさに最善を尽くす人からそれを聞くことができなくてはならないのだ。主張を最も妥当で説得力のある形で知らなくてはならない。その主題の真の見解が直面し解決しなくてはならない困難が持つ力の全体を感じなくてはならない。そうでなければ，その困難に立ち向かい，それを取り除く真実の一部さえも実際には決して手に入らないのである。

⑧　いわゆる教養のある人の 100 人のうち 99 人はこのような状態にある。自分の意見に賛成の論を流暢に述べることができる人たちでもそうである。彼らの出す結論は正しいかもしれないが，それは彼らが知っているどんなことでも，それに対しては間違いかもしれない。彼らは，自分とは異なる思考をする人たちの精神的立場に自分の身を置いたことや，そうした人たちが何を言おうと心に抱いているのか考えたことがまったくないのである。その結果，その言葉のいかなる適切な意味においても，自分自身が（信じていると）公言する説を知ることはなくなる。彼らは，その説のうちの，残りを説明し正当化する部分を知らない。つまり，別の事実と一見対立するように見える事実がその別の事実と両立できること，あるいは，２つの一見有力な論拠のうち，他方ではなく一方が好まれるべきだということを

示す問題点を知らないのである。

⑨　局面を一変させ，完全に知識を得た人の判断を決定づける真実の部分のすべてを，彼らは知らないのである。それは，両方の側に等しく公平に注意を払い，両方の論拠を最も鋭い見方で見ようと努めてきた人たち以外には，実際まったく知られてもいない。この訓練は倫理や人間に関する主題の本当の理解にとって欠かせないものなので，もしあらゆる重要な真実に関して反対者が存在しないのなら，そうした人たちを想像し，最も巧みに反対意見を述べる人が思いつける最強の主張を彼らに与えることが絶対に必要である。

◀解　説▶

◆(1) 1～9はいずれも「第～段で筆者は…」である。各選択肢を見ながら，どの段に相当するか検討する。

▶A.「人々は，異議を唱える人たちに対して，自分の意見の根拠に賛成の論を張る方法を学ぶべきだという中心的主張を表明している」

第③段第2・最終文（If the cultivation of…）に「もし，理解の洗練の本質が…ひとつのことにあるのなら，それは，きっと自分自身の意見の根拠を知ることにある。人々が何を信じるにしても，…少なくともありふれた異議には対抗できるべきである」とある。この選択肢は第③段の内容と一致する。

▶B.「自然哲学における検証の過程を引用し，他の分野でも同様に多様な意見に対する批判的な探究の必要性を強調している」

第⑤段第2文（Even in natural philosophy, …）で「自然哲学においてさえ，同じ事実について何か他の可能な説明が常にある」と述べ，続いて〈太陽中心説と地球中心説〉，〈酸素説と燃素説〉と具体例を挙げている。さらに「なぜその他方の理論が正しい理論ではありえないのかが示され…るまでは，そしてそれがどのように示されるのかわかるまでは，私たちは自分の意見の根拠を理解していることにはならない」としている。この選択肢は第⑤段の内容と一致する。

▶C.「真実とは何ではないかに関する自分の見解を説明している」

第②段第1文（Waiving, however, …）後半～最終文に「これは理性的な動物（＝分別ある人間）が真実を抱くのにあるべきやり方ではない。これは，真実を知ることではない。真実がこのように抱かれると…迷信にすぎない」とある。この選択肢は第②段の内容と一致する。

▶D.「より望ましい態度を支持する自分の主張の先触れとして，彼が反対するような人物や状況を描写している」

第①段第1文（There is a…）に「自分が正しいと思うことに，たとえその意見の根拠に関する何らの知識もなく，最も底の浅い批判に対してさえそれに耐えうる抗弁ができなくても，疑うことなく賛同するのなら，それで十分だと考える人たちがいる」，同段最終文（Where their influence…）後半に「確信に基づかない信念は，ほんの少しでも議論の気配がするとその前に崩れがちだ」とある。明快に「反対だ」と述べてはいないが，筆者がこのような姿勢の人々や状況を望ましいと見ていないことは明らかである。この選択肢は第①段の内容と一致する。

▶E.「彼が提案する探究法が十分実行されていない状況と，このことから結果的に生じる短所を論じている」

第⑧段第1文（Ninety-nine in a hundred…）で「いわゆる教養のある人の100人のうち99人はこのような状態にある」と述べ，第2文（Their conclusion may…）に「彼らは，自分とは異なる思考をする人たちの精神的立場に自分の身を置いたことや，そうした人たちが何を言おうと心に抱いているのか考えたことがまったくないのである。その結果，その言葉のいかなる適切な意味においても，自分自身が（信じていると）公言する説を知ることはなくなる」と続けている。この選択肢は第⑧段の内容と一致する。

▶F.「より望ましい探究法が歴史上行われてきたが，それ以降人気が低下していた状況を論じている」

このような記述は本文にはない。

▶G.「異なる見解を実際に抱いている人たちが，彼らの立場を十分に論じるのに耳を傾けることがなぜ重要なのか論じている」

第⑦段第1文（Nor is it enough…）で「敵対者の主張…を自分の教師から聞くだけで十分，というわけでもない」とし，続く第2・3文（That is not…）で「それは，主張を公平に評価する方法ではないし，主張を自分自身の心に本当に触れさせる方法でもない。その主張を実際に信じている人，その主張を真剣に擁護し，そのためにまさに最善を尽くす人からそれを聞くことができなくてはならない」と述べている。これが「主張を最も妥当で説得力のある形で知」ることだと第4文（He must know …）にある。この選択肢は第⑦段の内容と一致する。

▶H.「そうする人がだれもいない場合に，他方の側からの最も強力な論拠を想像することによって，相反する見解を検討する必要性を強調している」

第⑨段最終文（So essential is this …）後半に「もしあらゆる重要な真実に関して反対者が存在しないのなら，そうした人たちを想像し，最も巧みに反対意見を述べる人が思いつける最強の主張を彼らに与えることが絶対に必要である」とある。この選択肢は第⑨段の内容と一致する。

▶I.「自分の見解への反対を予見し，自分自身の主張を展開するために，ある区別をしようとしている」

第③段第2・最終文（If the cultivation of …）で筆者は「理解の洗練の本質…は，きっと自分自身の意見の根拠を知ることにある。人々が何を信じるにしても，…少なくともありふれた異議には対抗できるべきである」と自説を述べている。続く第④段第1～3文（But, someone may say, …）に「しかし，次のように言う人もいるかもしれない。『彼らに自分の意見の根拠を教えてやればいい。…幾何学の真実の根拠をだれかが否定したり反証しようとしたりするのをまったく耳にしないからといって，その根拠に関して彼らは無知なままなのだと言うのはばかげている』」とあり，筆者に反対の意見を想定している。これに続いて第4文（Undoubtedly: and …）以降では，「確かに。そしてそのような教育は，数学のような事柄においては十分である。…数学的真実の証拠の特性は，すべての主張が一方の側にあるということだ。反対はないし，反対に対する答えもない」と，反対意見が，筆者の論じようとしている分野とは異なる，限られた分野に当てはまることだとしている。この選択肢は第④段の内容と一致する。

▶J.「理想的な探究法に携わった人の例を引用し，そのような探究の必要性を述べることによって，自分の主張の核心を述べている」

第⑥段第1文（The greatest orator, …）に「偉大な雄弁家は，自分の敵対者の主張を常に…自分自身の主張に対するのと同じくらい熱心に検討するということを記録に残している」と記し，第5文（But if he …）で「対立する側の論拠を論破できないのだとしたら，もしその論拠がどんなものなのか知りもしないのなら，いずれかの意見のほうを好む根拠は何も持っていない」と筆者自身の考えを述べている。この選択肢は第⑥段の内容と一致する。

◆(2)本文の内容と一致しないものを4つ選ぶ問題である。

▶A.「批判的探究なしに自分の見解を真実として掲げることは，迷信を信じているのとたいして違わない」

第②段の内容と一致する。

▶B.「教養のある人たちの大半は，他の見解の根拠を検証する重要性を理解している」

第⑧段第1文（Ninety-nine in a hundred…）に「いわゆる教養のある人の100人のうち99人はこのような状態にある」とあり，続く第2文（Their conclusion may…）で「彼らは，自分とは異なる思考をする人たちの精神的立場に自分の身を置いたことや，そうした人たちが何を言おうと心に抱いているのか考えたことがまったくない」と述べられていることと一致しない。これが正解の1つ。

▶C.「自分の立場を支持する主張の多くは，実際他の立場の論拠を検証し論破するのに充てられる」

第⑤段最終文（But when we turn to…）に「議論されているどの意見でも，それに賛成する主張の4分の3は，それとは異なる何らかの意見を有利にする状況をなくすことに本質がある」とあることと一致する。ここでの appearances は「状況，形勢」の意で，the appearances which favour…「…を有利にする状況」は「…を支持する根拠」と同義と考えられる。

▶D.「十分な知識に基づく判断をするためには，他方の側からの最強の主張を意図的にでも考え出すべきである」

第⑨段第2文（So essential is…）後半の内容と一致する。

▶E.「いわゆる教養のある人たちは，筆者が提案する探究法を無視することがよくある」

第⑦段最終2文（He must be…）で探究法が示されているが，Bで検討した第⑧段第1・2文（Ninety-nine in a hundred…）では，「いわゆる教養のある人」のほとんどがそれを実践していないと述べられている。この内容と一致する。

▶F.「ある人が他の主張を批判的に検証しなかったことは，その人がだれか他の人の主張を単に繰り返していただけであることを意味しない」

parrot という動詞が否定されている点で，第④段第2文（It does not follow …）の内容と一致するように思えるかもしれない。しかし(1)のⅠで確認したように，第④段前半を占める発言は筆者の想定した反対意見であり，第④段は第⑤段で筆者が自分の主張を展開するための譲歩の役割を果たしている。よって，この選択肢は本文の趣旨とは言えないので，これが正解の1つ。

▶G.「自分自身の立場の批判的検証に携わる最善の方法は，他の見解を真摯に抱いている人たちから直接聞き取ることである」

第⑦段最終2文（He must be …）の内容と一致する。

▶H.「あえて反対意見を言う人は，批判的熟考なしに自分の立場に賛成の論を張るので，有害である」

第⑨段第2文（So essential is …）の最終部分に devil's advocate「あえて反対意見を言う人」が見られるが，ここは「反対者が存在しないのなら，そうした人たちを想像し，最も巧みに反対意見を述べる人が思いつける最強の主張を彼らに与えることが絶対に必要である」となっており，自分と異なる意見の人が言うであろうことを想像してみることの必要性が述べられている。この選択肢が正解の1つ。

▶Ⅰ.「自然哲学とは異なり，倫理や宗教といった主題を探究することは，他の見解を十分に熟考することを必要とする」

第⑤段第2文（Even in natural …）に「自然哲学においてさえ，同じ事実について何か他の可能な説明が常にある」とある。他の説明が存在するということは，それらも検討する必要があると考えられる。この選択肢が正解の1つ。

◆(3)文中の空所に適する語を選ぶ問題である。

▶1．当該箇所は「これは，真実を知ること ［　　］」となっている。直前の文で「これは理性的な動物（＝分別ある人間）が真実を抱くのにあるべきやり方ではない」とある。同じく「これは」を主語にした当該箇所も「真実を知ることではない」と否定文であると考えるのが妥当。E の not「～ではない」が正解。A．about「～にかかわる（ことである）」 B．correctly「正しく（知ることである）」 C．critically「批判的に（知ることである）」 D．definitely「明確に（知ることである）」

▶2．当該箇所は「それらをだれかが否定したり ＿＿ しようとしたりする」となっている。目的語「それら（＝幾何学の真実の根拠)」を deny「否定する」と空所に入る語が共有しており，and でつながれていることから，根拠を認めないといった意味の語が入ると考えられる。B の disprove「～を反証する」が適切。A．combine「～を結合させる」 C．favor「～に賛成する」 D．practice「～を実践する」 E．show「～を示す」

▶3．当該箇所は「なぜその他方の理論が正しい理論で ＿＿ のかが示されなくてはならない」となっている。直後に「これが示されるまでは…私たちは自分の意見の根拠を理解していることにはならない」とあり，自身の理論の正しさを理解するためには，対立する理論がなぜ正しくないかを示す必要があると述べていると考えられる。B の cannot「(正しい理論）ではありえない」が適切。A．can「(正しい理論）でありうる」 C．could「(正しい理論）でありうる」 D．may「(正しい理論）かもしれない」 E．must「(正しい理論）でなければならない，（正しい理論）に違いない」

▶4．当該箇所は「自分の ＿＿ 主張を常に…自分自身の主張に対するのと同じくらい熱心に検討する」となっている。同段第3文（He who knows …）に「問題の自分自身の側のことしか知らない人は，それについてほとんど知らない」とあることから，自分とは異なる立場の人の主張も同じように検討すると述べられていると考えられる。A の adversary's「敵対者の」が適切。B．friend's「友人の」 C．ideal「理想の」 D．older「より古い」 E．teacher's「教師の」

▶5．当該箇所は「その主張を ＿＿ 信じている人から，それを聞くことができなくてはならない」となっている。直後に「その主張を真剣に擁護し，そのためにまさに最善を尽くす（人)」と続いている。第⑦段第1文（Nor is it enough …）の「敵対者の主張…を自分の教師から聞くだけで十分，というわけでもない」に対し，〈ではどうすればよいのか〉が述べられているところなので，A の actually「実際に」が適切。B．do not「(信じてい）ない」 C．rarely「めったに（信じ）ない」 D．thoughtlessly「軽率に（信じる)」 E．used to「かつて（信じてい）た」

▶6．当該箇所は「2つの一見 ＿＿ 論拠のうち，他方ではなく一方が好まれるべきだということを示す」となっている。一見どちらも同じように通用しそうだが，実は一方が他方よりもよいという内容であると考えられる。D の strong「有力な」を補うのが最も文意に合う。A．biased「偏った」 B．false「誤った」 C．forced「強制された」 E．weak「説得力に欠ける」

▶7．当該箇所は「両方の側に等しく［　］注意を払う」となっている。equally「等しく，平等に」と and で並んでいることから，B の impartially「偏りなく，公平に」が適切。A．essentially「本質的に」 C．mindlessly「愚かに」 D．partially「部分的に，不公平に」 E．uncritically「無批判に」

●語句・構文●

（第①段） assent to～「～に同意する，賛成する」 no＋名詞＋whatever「少しの～もない」 tenable「批判に耐えうる」 against the most superficial objections は「最も底の浅い反対に対して」が直訳。この最上級は even「～でさえ」のニュアンスを持ち，「～に対してさえも」という含みになる。同段最終部分の the slightest semblance も同様。 creed「信条，信念」 come of～「～に起因する，～の結果である」 give way「屈する，崩れる」

（第②段） waive「～を放棄する，見送る」 abide「とどまる」 proof against～「～に抵抗する」 a rational being「理性的動物，人間」 but「ほんの～，～にすぎない」 enunciate「～を述べる，宣言する」

（第③段） consist in～「～に本質がある」 of importance＝important「重要な」

（第④段） It does not follow that～「～ということにはならない」 parrot「～を（意味もわからず）繰り返す」 controvert「～に反論する」 commit *A* to memory「*A* を覚える」

（第⑤段） strike a balance between～「～のバランスをとる」 natural philosophy「自然哲学」特に物理学は19世紀前半ごろまでこのように呼ばれていた。 phlogiston「燃素，フロギストン」かつて燃焼に関わっているとされた仮想上の元素。 dispel「～を一掃する」

（第⑥段） save「～以外，～を除いて」 of antiquity「古代の」 leave it on record that～「～ということを記録に残す」it は形式目的語，that 以

下が真の目的語。 case「主張」 forensic「弁論の，討論の」 refute「～を論破する」 not so much as *do*「～さえしない」 content *oneself* with ～「～に満足する」

（第⑦段） do justice to～「～を公平に扱う，評価する」 bring *A* into contact with *B*「*A* を *B* に触れさせる」 dispose of～「～を解決する」 else「そうでなければ」 possess *oneself* of～「～を所有する」 meet「（困難など）に立ち向かう」

（第⑧段） profess「～を公言する，信仰する」 be reconcilable with～「～と両立できる，和解できる」

（第⑨段） All that part of the truth…, they are strangers to「彼らは…という真実の部分をすべて知らない人たちである」a stranger to～は「～を知らない人」の意。この to の目的語 all that part…が文頭に置かれている。 turn the scale「局面を一変させる，決定的な影響を及ぼす」 nor is it ever really known, but to those who～「～する人々以外には実際まったく知られてもいない」nor は「～もまた…ない」の意で，続く節は疑問文と同じ語順の倒置になる。but は「～以外，～を除いて」の意。続く to は be known to～「～に知られている」の to である。 So essential is this discipline to a real understanding of～, that…「この訓練は～の本当の理解に非常に欠かせないので…」通常の語順は this discipline is so essential to a real understanding of～, that…で， so～that…「とても～なので…」の構文。So で修飾されている補語の essential が強調されて文頭に置かれる倒置になっている。

II **解答** (1) 1－D　2－K　3－E　4－F　5－J　6－B　7－C　8－G

(2) 1－D　2－B　3－C　4－D　5－C　6－D　7－E　8－A

(3)－D・F・G・H

◆全　訳◆

≪環状染色体の働きの発見≫

①　1931 年，バーバラ＝マクリントックは外部世界を探究し始めた。その年の夏，遺伝学者ルイス＝スタドラーの招きで，彼女はミズーリ大学へとやって来た。スタドラーはそれより前の 1926 年に，全米研究評議会給

費研究員として，トウモロコシ遺伝学者ロリンズ＝エマソンと共同研究するためにコーネル大学に来ていた。その期間中に彼とマクリントックは親しい友人，同僚となり，長年続くことになる協力関係が始まったのだった。

②　2人はともに，一般にはコーン（corn）として知られているトウモロコシ（maize）の遺伝子構成に強い関心を抱いており，X 線が持つ突然変異誘発性の効力，これは別個に H.J. ミュラーによって 1927 年に発見されたのだが，それに関するスタドラーの研究は，マクリントックの想像力を大いにかき立てた。今日まで，突然変異は遺伝子研究の中心となるものであり，初期の頃にはそれが自然に起こることに頼る必要があったため，進歩は限られたものだった。突然変異の頻度と多様性を大いに増すことによって，X 線は遺伝子構造の調査の速度を大きく上げる可能性があった。マクリントックはこの新しい研究に加わることを熱望した。

③　その技術とは，特定の特徴の顕性遺伝子を持つ植物の花粉粒子を放射線にさらし，その後放射線にさらした花粉を，同じ特徴の潜性遺伝子を持つ植物の実を受精させるのに使うというものだった。X 線は染色体配列に大規模な変化をもたらすことがわかったのだが，この変化とは，苗に眼で見てわかる幅広い変質が現れるというもので，実の色と質感に最も劇的に現れる。その夏のマクリントックの課題は，こうした染色体の変化の特定の性質を突き止めることだった。彼女が以前に開発していた，ある細胞学的技術によって，今や X 線によってもたらされた染色体内部の細かい物理的変化を彼女は確認することができるのだった。彼女は，染色体の一部の転座，逆位，欠失を発見したが，それらはすべて，減数分裂の過程で起こる，正常な染色体と損傷を受けた染色体の交換の結果である。「私にとっては有益な夏でした！　自分が目にしているものにとても興奮しました。これらの多くはこれまでになかったものだったのですから。それは異なる遺伝子を異なる染色体に置くのにも役立つものでした。それをとても素早く行える方法だったのです」

④　さて，以下の，この新しい現象の特定に関する話は，マクリントックの独特な思考方法を具体的に示してくれる。「畑を通っていて，私は，一部は顕性，一部は潜性の斑入りの植物を目にしました。斑入りの植物を注意して見てはいませんでしたが，なぜか心に引っかかっていました」その年の秋，彼女は斑入りが説明されている論文の抜き刷りをカリフォルニ

アから受け取った。その抜き刷りの示唆するところでは，「行方不明になって」，そのため斑入りの模様を引き起こしているように思われる遺伝子の断片と関連しているかもしれない小さな染色体も特定された。「この論文を読みながら，『ああ，これは環状染色体だわ。環状染色体ならこういうことができるんだから』と口走っていました」 実は，環状染色体はその頃初めて観察されたばかりだったのだが，マクリントックも彼女の同僚もその存在についてはまだ知らなかった。彼女の推論は次のようなものだった。「染色体が切断され，2カ所で結合が起こることで予想されることはすべて発見されていました。つまり，2つの部分を持つ染色体があったら，1つをひっくり返して逆位を起こすことができるということです。あるいは欠失を起こせます。この時点で，ああ，欠失の裏返しは環状染色体だということになりますね。なぜ環状染色体のことが報告されていなかったのでしょう？ 報告されていなかったのです。したがって，これらの環状染色体には行方不明になる仕組みがあるに違いないのです。ですから，私は論文を発表した人たちに手紙を書いて，『あなたがたが手にしているのは環状染色体だと思います。そして，それは交換の時に姉妹染色分体の中で行方不明になる手段を持っていると思います』と伝えました。カリフォルニアからの返事はこうでした。『あなたの話はとんでもないように聞こえますが，私たちが耳にしてきた中では最も優れています』」

⑤　観察された斑入り模様は，特定の遺伝子が偶然失われたことを示唆しており，環状染色体の形成でこの消失が説明できた。もし染色体から断片がちぎれるとしたら，この断片の両端が互いにアニール，つまり結合できる。このようにして形成された環状染色体はもはや複製や分配という通常の仕組みには関われなくなる。つまり「行方不明になる」のだ。その結果が欠失，つまり環状染色体という存在の裏返しである。もとの染色体は失われた断片なしで再構成されていることだろう。

⑥　自分が前の年の夏に見た斑入りの植物は環状染色体を持っているという強い確信があったので，彼女はスタドラーに手紙を書き，彼女が調べてはっきりさせることができるように，同じ研究材料をもっとたくさん育ててくれるように頼んだ。スタドラーは喜んでそれに応じ，彼女はそちらへ向かい，植物の細胞学的調査ができるようになるおよそ2週間前にミズーリに到着した。「私は環状染色体のことで頭がいっぱいすぎて，彼らは私

をからかい始めました。彼らは真剣に受け止めてくれず，数日間は私をからかっていましたが，畑へ出かけて行き，トウモロコシを見渡したとき，私が最初に気づいたのは，彼らがこれらの植物を環状染色体植物だと呼んでいることでした。そして私は怖くなりました。『なんてことなの。彼らは環状染色体を見てもいなくてわからないのに，もう，これを環状染色体植物と呼んでいる！』と私は言いました。最初の植物の準備ができて，調べるべき試料を取り出すために植物を開くとき，私の手は実際震えていました。私は試料を実験室に持ち帰りすぐに調べてみました。それには環状染色体があり，ちょうど期待通りのことをしていました。そして，私が環状染色体植物だと推論した他のすべての植物もちょうど予想通りのことをしていたのです」

⑦　もちろん彼女は興奮したが，安堵もしていた。自分が純粋な情熱によって人々を納得させたのかもしれないという思いが彼女の心を大いに悩ませていたのだ。しかし，彼女はこう問うた。「なぜ私はそれが環状染色体だとそんなに確信していたのだろう？　だれかがそれを目にする前に，環状染色体だと他の人たちに呼ばせることができた。それは確かに，本当の自信だったのだ。私はだれのことも説得しようとしていなかったが，確信はあった。なぜ私はそうでなければならない，それ以外の何物でもありえないとそんなに確信していたのだろうか？」　そして，彼女はそれが「絶対に妥当だ」と思っていたのに，なぜ他の人たちの中にはばかげていると考えた人がいたのだろうか。たぶん，それが論理的だから妥当だと彼女は考えたのだ。「その論理は説得力がありました。論理はひとりでに築き上げられます。論理とはそういうものなのです。こうした場合に説得力を持つのは，問題が鮮明ではっきりとしていることです。問題は普通のことではありませんが，全体像にうまくはまり込み，人は問題の全体像に目を向け始めます。それはあれやこれやの一段階だけではありません。それは循環全体の中で起こっていることなのです。それで，人はこれがほんの構成要素をなす一部分にすぎない状況全体に対する感触を得るのです」

⑧　次の冬，カリフォルニアに出ていたとき，彼女はカリフォルニア大学バークレー校に招かれ，もともとその断片のことを報告していた研究室に配属された。「そこには多くの専門家がいて，私に顕微鏡をのぞいてみますか，と言いましたが，他には何も言いませんでした。私がのぞき込むと，

そこにあったのはまさに環状染色体だったのです！」

◀解　説▶

◆(1) 1～8はいずれも「第～段で筆者は…」である。各選択肢を順に見ながら，どの段に相当するか検討する。

▶A.「マクリントックが他のだれよりも染色体のことを理解していたと主張している」

本文にこのような記述はない。この選択肢はどの段にも当てはまらない。

▶B.「同僚からのからかいが幾分あったにもかかわらず，特定の斑入りのトウモロコシが環状染色体を持っていることをマクリントックがどれほど確信していたかを詳細に述べている」

第⑥段第1文（So convinced was she …）に「自分が前の年の夏に見た斑入りの植物は環状染色体を持っているという強い確信があった」とあり，以下同段では，それを検証するためにスタドラーにこの植物を育ててもらい，同僚にからかわれながらも，実際に環状染色体を観察できたことが述べられていることと一致する。同段最終文（It had rings, …）には「その植物には環状染色体があり，ちょうど期待通りのことをしていた。そして，私が環状染色体植物だと推論した他のすべての植物もちょうど予想通りのことをしていた」とあり，彼女が事前に確信していたとおりのことが確認されたことがわかる。

▶C.「状況の全体を考慮することが，環状染色体が存在するという彼女の確信にどのようにつながったかに関するマクリントックの話を論じている」

第⑦段第3文（But, she asked, …）で「なぜ私はそれが環状染色体だとそんなに確信していたのだろう？」とマクリントック自身の自問を挙げており，第9文（Well, she thought …）に「それが論理的だから妥当だと彼女は考えた」，第10文（“The logic was …）に「その論理は説得力があった」，第12・13文（What’s compelling in …）に「こうした場合に説得力を持つのは，問題が鮮明ではっきりとしていることで…問題は…全体像にうまくはまり込み，人は問題の全体像に目を向け始める」，最終2文（It’s what goes on …）に「それは循環全体の中で起こっていることなのだ。それで，人はこれがほんの構成要素をなす一部分にすぎない状況全体に対する感触を得る」とあることと一致する。

▶D.「マクリントックとルイス＝スタドラーが初めて知り合った状況を説明している」

第①段最終文（During that time, …）に「その期間中に彼（＝スタドラー）とマクリントックは親しい友人，同僚となり，長年続くことになる協力関係が始まった」とあることと一致する。

▶E.「1931年夏のマクリントックの研究プロジェクトの概略を述べている」

第③段第3文（McClintock's challenge…）に「その夏のマクリントックの課題は…染色体の変化の特定の性質を突き止めることだった」とあり，以下，その研究結果が述べられていることと一致する。第①段第1・2文（In 1931, Barbara…）に「1931年…の夏，遺伝学者ルイス＝スタドラーの招きで，バーバラ＝マクリントックはミズーリ大学へとやって来た」とあり，ここでX線が持つ突然変異誘発性の効力に関するスタドラーの研究にマクリントックが加わったこと（第②段）から，1931年の夏という時期についても問題ない。

▶F.「特定の斑入りのトウモロコシが環状染色体を持っていると彼女が信じるに至った推論に関するマクリントック自身の話を示している」

第④段第1文（Here a story about…）に「以下の，この新しい現象の特定に関する話は，マクリントックの独特な思考方法を具体的に示してくれる」とあり，彼女が斑入りについて説明した論文を読んで「これは環状染色体だ。環状染色体ならこういうことができる」（第6文〈"As I was reading…〉）と思ったこと，第8文の Her reasoning was as follows：「彼女の推論は次のようなものだった」以下に，マクリントックの言葉を引用する形で推論が述べられていることと一致する。

▶G.「マクリントックの同僚たちが自分たちの見つけた環状染色体をどのように彼女に見せたか述べている」

第⑧段第1文（The next winter, …）には「彼女はカリフォルニア大学バークレー校に招かれ，もともとその断片のことを報告していた研究室に配属された」，続く第2・3文（"They had a lot…）に「そこの専門家が，私に顕微鏡をのぞいてみますかと言い…私がのぞき込むと，そこにあったのはまさに環状染色体だった」とあることと一致する。

▶H.「マクリントックが初めて染色体を発見した瞬間のことを示してい

る」

マクリントックが染色体を発見したという記述はない。この選択肢はどの段にも当てはまらない。

▶Ｉ.「環状染色体の視覚的な構造を明らかにするためにマクリントックがどのようにＸ線を使ったか示している」

第②段第１文（The two shared …）後半に「Ｘ線が持つ突然変異誘発性の効力…に関するスタドラーの研究は，マクリントックの想像力を大いにかき立てた」とあり，マクリントックはスタドラーと共同研究してはいるが，環状染色体の構造を明らかにするためにＸ線を用いたという記述はない。この選択肢はどの段にも当てはまらない。

▶Ｊ.「環状染色体が存在すると信じる一般的な理由のいくつかを述べている」

第⑤段第１文（The observed variegated …）に「観察された斑入り模様は，特定の遺伝子が偶然失われたことを示唆しており，環状染色体の形成でこの消失が説明できた」とあり，以下，環状染色体がどのように形成され，そのために何が起こるか詳しく説明されていることと一致する。

▶Ｋ.「遺伝子研究におけるＸ線の全般的な重要性について述べている」

第②段第３文（By vastly increasing …）に「突然変異の頻度と多様性を大いに増すことによって，Ｘ線は遺伝子構造の調査の速度を大きく上げる可能性があった」とあることと一致する。

◆⑵文中の語句と同意のものを選ぶ問題である。

▶１.「ここでは collaboration は…を意味している」

当該箇所は「彼とマクリントックは親しい友人，同僚となり，長年続くことになる collaboration を始めた」となっており，当該文前半に「同僚となり」とある。また，第②段第１文（The two shared …）には「２人はともに…トウモロコシの遺伝子構成に強い関心を抱いていた」とあることから，Ｄの joint effort「協力」が正解。collaboration は「協力，協同」の意。Ａ. benevolence「善意」 Ｂ. collusion「共謀」 Ｃ. friendship「友情」 Ｅ. validation「承認」

▶２.「ここでは mutagenic は…を意味している」

当該箇所は「Ｘ線が持つ mutagenic の効力」となっている。同段第３文（By vastly increasing …）に「（Ｘ線は）突然変異の頻度と多様性を大いに増す」とあることから，B の causing mutations「突然変異を引き起こす」が正解。mutagenic は「突然変異誘発性の」の意。A．causing harm「害を引き起こす」 C．poisonous「有毒な」 D．reducing harm「害を減らす」 E．reducing mutations「突然変異を減らす」

▶3．「ここでは spontaneous は…を意味している」

当該箇所は「遺伝子研究の…初期の頃には突然変異の spontaneous 発生に頼る必要があったため，進歩は限られたものだった」となっている。直後の文に「突然変異の頻度と多様性を大いに増すことによって，X 線は遺伝子構造の調査の速度を大きく上げる可能性があった」とあり，X 線の効果がわかる以前には，人為的に突然変異を起こすことが難しかったと考えられる。C の natural「自然の，人の手を加えない」が正解。spontaneous は「自然に起きる，自発的な」の意。A．casual「偶然の，思いがけない」も文章の内容的には適するが，spontaneous と同意ということを考えると，やはり natural が適している。B．deliberate「意図的な」 D．slow「ゆっくりとした」 E．sonorous「堂々とした」

▶4．「ここでは minute は…を意味している」

当該箇所は「X 線によってもたらされた染色体内部の minute 物理的変化」となっている。周辺にこの語の意味を推測できる記述は見当たらない。染色体という小さな研究対象の内部で起こる変化ということから考えることになるだろう。単語の直接的知識が問われる。minute は「微小な，微細な」の意の形容詞。[maɪn(j)úːt] と発音することにも注意。D の tiny「小さな」が正解。A．degree「度合（の）」 B．elastic「弾性のある」 C．sixty seconds「60秒（の）」 E．variable「変わりやすい」

▶5．「ここでは fusions は…を意味している」

当該箇所は「染色体が切断され，2カ所で fusions が起こる」となっている。第⑤段第2文（Should a fragment …）に「もし染色体から断片がちぎれるとしたら，この断片の両端が…結合できる」とあることから，C の junctions「接合」が正解。fusion の基本義「融合」の知識があれば，推測しやすい。A．angles「角，角度」 B．bulges「ふくらみ」 D．pieces「かけら」 E．ruptures「破裂」

▶6．「ここでは mechanism は…を意味している」

当該箇所は「環状染色体には行方不明になる mechanism があるに違い

ない」となっている。mechanism が「仕組み」といった基本的な意味で用いられていることは容易にわかる。直後の文に「環状染色体は交換の時に姉妹染色分体の中で行方不明になる手段（means）を持っている」とあり，また第⑤段ではどのようにして環状染色体が形成されるか，順を追って説明されている。選択肢中ではDの process「過程」が最も近いと考えられる。A．agency「作用」 B．formula「公式」 C．motor「原動力」 E．wheel「車輪」

▶7．「ここでは kid は…を意味している」

当該箇所は「私は環状染色体のことで頭がいっぱいすぎて，彼らは私を kid し始めた」となっており，直後に「彼らは真剣に受け止めてくれず，数日間は私を kid していた」とある。「真剣・真面目に受け取ってくれなかった」というところから，茶化していた様子がうかがえる。Eの tease「～をからかう」が適切。kid も「～をからかう」の意。A．child「子ども」は動詞としての用法はない。B．help「～を助ける，手伝う」 C．minor は「副専攻する」の意の自動詞ではあるが，他動詞の用法はない。D．praise「～を称賛する」

▶8．「ここでは component は…を意味している」

当該箇所は「これがほんの component 一部分にすぎない状況全体」となっている。全体に対する一部分ということから，全体を「構成する」一部分の意と考えられる。Aの constituent「構成する」が正解。component は「構成要素をなす，構成している」の意。B．explanatory「説明の役に立つ」 C．functional「機能上の」 D．overlapping「重なり合う」 E．systematic「体系的な」

◆(3)本文の内容と一致しないものを4つ選ぶ問題である。

▶A．「減数分裂の際，染色体は分裂し，さまざまに再結合する」

第③段第5文（She found translocations, …）の内容と一致する。

▶B．「同僚たちを証拠もなしに納得させたかもしれないと考えることは，マクリントックにとって動揺するようなことだった」

第⑦段第2文（The thought that …）の内容と一致する。

▶C．「ルイス＝スタドラーとマクリントックは1920年代に良き友になった」

第①段最終2文（Stadler had come to …）の内容と一致する。「スタドラーはそれ（＝1931年の夏）より前の1926年に…コーネル大学に来ていた。その期間中に彼とマクリントックは親しい友人，同僚となった」とあることから，彼らが親しくなったのは1920年代と考えられる。

▶D.「マクリントックはカリフォルニア大学バークレー校で初めて環状染色体を見た」

第⑧段に，マクリントックがカリフォルニア大学バークレー校で環状染色体を顕微鏡で見たことは述べられているが，それに先立って，第⑥段最終2文（I took it right …）に「私は試料を実験室に持ち帰りすぐに調べてみた。それには環状染色体があり，ちょうど期待通りのことをしていた」とある。これはミズーリ大学（同段第2文〈Stadler was glad …〉）でのことである。この選択肢が正解の1つ。

▶E.「環状染色体という考えがマクリントックの頭に浮かんだのは，彼女がカリフォルニアから送られてきた論文を読んでいるときだった」

第④段第4～6文（That fall she received …）の内容と一致する。

▶F.「環状染色体の存在という結論に達するのにマクリントックが使った推論は非常に正確だったので，彼女はわざわざトウモロコシの試料を調べることさえしなかった」

第⑥段第1文（So convinced was she …）に「自分が前の年の夏に見た斑入りの植物は環状染色体を持っているという強い確信があったので，彼女はスタドラーに手紙を書き，彼女が調べてはっきりさせることができるように，同じ研究材料をもっとたくさん育ててくれるように頼んだ」とあり，同段では実際に育った植物に環状染色体があることを確かめた様子が述べられている。これが正解の1つ。

▶G.「遺伝子変異を誘発するためにX線を使うことは，マクリントックによって発見された」

第②段第1文（The two shared …）に「X線が持つ突然変異誘発性の効力，これは別個にH.J.ミュラーによって1927年に発見された」とあることと一致しない。これが正解の1つ。

▶H.「X線は，染色体が再形成される方法を正確に制御するのに使える」

第②段第3文（By vastly increasing …）に「突然変異の頻度と多様性を大いに増すことによって，X線は遺伝子構造の調査の速度を大きく上げる可能性があった」，第③段第2文（It emerged that…）に「X線は染色体配列に大規模な変化をもたらす」とはあるが，染色体の再形成を正確に制御するとは述べられていない。これが正解の1つ。

●語句・構文●

（第①段）fellowship「特別奨学金給費生（の地位）」 maize「トウモロコシ」 …that was to last for many years「長年続くことになる…」このbe to *do*は〈運命〉を表す。

（第②段）mainstay「中心となるもの，主要部」 probe「～を調べる」

（第③段）irradiate「～を放射線にさらす」 dominant「顕性の（優性の）」 kernel「実，穀粒」 recessive「潜性の（劣性の）」 It emerges that～「～ということが明らかになる」 translocation「転座」，inversion「逆位」，deletion「欠失」の3つはいずれも染色体の構造異常の一種。result from～「～の結果として生じる」

（第④段）variegate「～をまだらにする」 offprint「（論文の）抜き刷り」 variegation「斑入り（の模様）」

（第⑤段）Should a fragment break off…「（ひょっとして）断片がちぎれたら…」（＝If a fragment should break off…）仮定法のifが省略され，疑問文と同じ語順の倒置を起こしたもの。shouldは可能性が低いかもしれない「ひょっとして」といったニュアンスを表し，帰結節（主節）には直説法も使える。 duplication「複製」 counterpart「対応する2つのものの一方」

（第⑥段）every other plant that I had deduced was a ring-chromosome plant「環状染色体植物だと私が推測した他のすべての植物」関係代名詞thatは主格で，これの述語動詞はwasである。もとの文はI had deduced (that) the plant was a ring-chromosome plantという複文。この主節I had deducedが結果的に間にはさまった形になっている。

（第⑦段）legitimate「妥当な，筋道の通った」

Ⅲ　解答

⑴1－H　2－I　3－B　4－G　5－E　6－D　7－C

⑵－A・B・D・E

⑶1－B　2－A　3－C　4－C　5－A　6－C　7－A　8－C

◆全 訳◆

≪多様な英語で書かれる文学の意味≫

① 英語の新しい変種は，そうした変種で書かれた文学によく表されている。たとえば，アジア，アフリカ，カリブ諸島の出身で国際的に著名な作家は数多く，彼らは地元独自の英語で文章を書いている。この中には，ナイジェリアのウォーレ＝ショインカ，カリブ諸島のV.S.ナイポール，デレック＝ウォルコットといったノーベル賞受賞者も含まれている。1980年から2000年の20年間にわたる英語で書かれたインド文学の調査で，ナイクとナラヤンは56人もの作家の作品を論評している。作家たちは，特に拡張比喩の使用によって，はっきりとインド的に思える修辞様式を使い，インドでの英語の発達を描いている。ここでそれを引用するのは，地元特有の英語が地元の文化を描写するさまざまな方法をどのように発展させているかもとらえているからである。

何年も前のこと，よその畑の細い苗木が，「青白い手」によって，力強い幾重にも枝分かれしたベンガルボダイジュの木に接ぎ木された。苗木は勢いよく成長を続け，今や，その親木の有機的な部分となり，それ自身，穿つような根を下の茶色い土に広げている。その若葉は西方の地平線から吹く強い風に力強く葉音を立てるが，その木を温める日差し，それを冷やす雨はインドの空から注ぐ。そして，木はその命を支える樹液をこの土地，この領域，このインドから吸い続けるのである。

② もちろん，作家が英語で書くという決心は，軽く受け止められるものではない。作家は，地元の言語ではなく英語で書くことはなんらかの文化的裏切りを表すのかどうか判断しなくてはならず，もし英語で書くことにするのであれば，自分が使う英語の変種は自分自身の文化的経験や価値観を十分に反映できると確信していなくてはならない。これは込み入った問題で，長年にわたって数多くの学者や作家が幅広く扱ってきたことだ。ここに，それぞれ対立する立場をとる作家を少し選んで引用するつもりである。スリランカ人の詩人，ラクダサ＝ウィクラマシンハは英語で書くことは確かに裏切りであると考えた。

英語で書くことは，一種の文化的反逆である。将来に備えて，私はこの裏切りを防ぐ方法を考えなくてはならなかった。私は，自分の書くものを完全に背徳主義的で破壊的なものにすることでこれを行うつもりである。

③　パキスタン人の小説家シドワは異なる見解を持っている。彼女は次のように考えている。「英語は…もはやイギリス人が独占するものではない。私たち元植民地の人間は，英語をてなずけ，その頭を叩き，自分たちのものにした」，そして「私たちは，英語にはその表現がない異質な思考や価値観に適応させるために英語を押し広げなくてはならない」と。ここでシドワは，英語は地元の文化的経験を十分に反映できるように適応させることができると，はっきり述べている。

④　ナイジェリア人の小説家チヌア＝アチェベは，現実的な立場をとっている。彼は，もしサハラ以南のアフリカに「国の」言語があるとするなら，その言語は，他のどの言語よりも多くの国で話されているから，英語であると指摘している。彼の見解は，アフリカの作家は「普遍的であり自分自身の個人的経験を伝えることもできる英語を創造することを目指す」べきであるというものである。

⑤　アチェベと同じナイジェリア人の小説家であり劇作家であるケン＝サロ・ウィワは，全編その土地固有の英語を使った小説を発表した。筆者の注解で，彼はその小説が「私が英語の順応性に魅了され，あるナイジェリア社会の一部で話されている言葉や書かれたものをじっくり観察した」結果だったと説明している。彼はその小説を『ソザボーイ：腐った英語の小説』(1985年）と名づけた。この小説の「ソザボーイ」とは，地元の言葉で「少年兵」にあたる。以下の抜粋は，この小説の文体の雰囲気を伝えてくれる。

ラジオは叫んでいる。私らは前には叫び声なんてなかったのに。たくさんのたくさんの文法。長い長い言葉。いつもだ。前には前には，文法なんてたくさんじゃなかったし，みんな幸せだった。でも今は文法がたくさんになり始めて，人々は幸せではなくなった。文法がたくさんだから，まあ，厄介ごともたくさん。そして厄介ごとがたくさんだから，まあ，とてもたくさんの人が死にそうになっていた。

⑥　この短い抜粋は，シドワの言葉で言えば，英語を「押し広げたもの」，その「異質な思考や価値観」への適応，こうしたことが行えるいくつかの方法を例証している。語彙の発展に関しては，サロ・ウィワは英単語の現

地バージョンを使っている。たとえば“hala”は holler「叫び声」から来ており，ここでは（政府管轄の）ラジオから流れる，終わりのない宣言を表している。彼の grammar という言葉の使い方は，意味論的な変化の一例であり，この言葉はラジオによって「叫ばれている（hollered）」政府の多くの宣言を指している。反復という地元の修辞様式も非常にはっきりしているが，それには特定の形容詞の反復（“big big”，“long long”）の頻発も，最後の２文に明示されているようなフレーズの反復もある。最後の２文には，地元の言語の談話標識“na”も取り入れられ，文体にさらに地元の言語の感じを加えている。

⑦　ここでは，幅広く発展している新しい文学が英語で創造されているうちのごく一部を選んで参照するスペースしかない。しかし，新しいさまざまな英語が発展するのと並行して，新しい文学や他の文化的表現も創られている。異なる文化的価値観や経験を反映するために英語を「押し広げる」ことに絶望する人もいるかもしれないが，それを英語への貢献と見なす人たちもいる。中国系アメリカ人小説家のハ＝ジンが書いているように，「実際，英語の辺境は外国の領土と境を接している。したがって，私たちはどうしてもネイティブスピーカーの耳には外国人だなと聞こえてしまう。しかし，辺境は，私たちが自分の存在を主張し，この言語への貢献をする唯一の適切な場所である」。しかし，今日，新しい諸英語が国境や文化を越え始めて，辺境地はますます中心的になり，いたるところで経験されるようになりつつある。

◀解　説▶

◆(1)１～７はいずれも「第～段で筆者は…」である。各選択肢を見ながら，どの段に相当するか検討する。

▶A．「方言の過剰な使用は，国際的な読者にはわかりにくすぎると主張している」

　本文にこのような記述はない。

▶B．「英語はもはや英国人のものではなく，今ではかつての植民地の人たちに適応させられていると主張している」

　第③段第２・３文（She feels that …）に「英語は…もはやイギリス人が独占するものではない。元植民地の人間は，英語をてなずけ…自分たちのものにした」とあることと一致する。

▶C.「新しい文学は，ネイティブスピーカーの言語的期待と対立するにもかかわらず，英語を豊かにすると主張している」

第⑦段第3文（While some may despair…）に「異なる文化的価値観や経験を反映するために英語を『押し広げる』ことに絶望する人もいるかもしれないが，それを英語への貢献と見なす人たちもいる」とあることと一致する。

▶D.「地元の特定の言葉や文法が，新しい文学作品にどのようになじみ，使われているか説明している」

第⑥文第1文（This short extract…）で「この短い抜粋（第⑤段に挙げられているもの）は，シドワの言葉で言えば，英語を『押し広げたもの』，その『異質な思考や価値観』への適応，こうしたことが行えるいくつかの方法を例証している」と述べ，以下に単語や表現方法において，英語と地元の言語がどのように融合しているかを具体的に説明していることと一致する。

▶E.「地元の方言英語で書かれた小説を紹介している」

第⑤段第1文（Achebe's fellow Nigerian, …）に「ナイジェリア人の小説家であり劇作家であるケン＝サロ・ウィワは，全編その土地固有の英語を使った小説を発表した」とあり，段落全体で，その小説の説明や抜粋が行われていることと一致する。

▶F.「ノーベル賞を受賞した小説家の中には，英語の使用は地元の文化への裏切りだと言う人もいると述べている」

第②段第5文（The Sri Lankan poet, …）に「スリランカ人の詩人，ラクダサ＝ウィクラマシンハは英語で書くことは確かに裏切りであると考えた」とあるが，ウィクラマシンハは詩人でありノーベル賞受賞者であるとも述べられていない。この選択肢はどの段にも当てはまらない。

▶G.「サハラ砂漠以南のアフリカ諸国での英語の有用性に関する実際的な見解を示している」

第④段第1文（The Nigerian novelist, …）で「ナイジェリア人の小説家チヌア＝アチェベは，現実的な立場をとっている」と述べ，続く第2文（He points out…）で「サハラ以南のアフリカに『国の』言語があるとするなら，その言語は，他のどの言語よりも多くの国で話されているから，英語である」というアチェベの指摘を紹介していることと一致する。

▶H.「以前に植民地化されていた地域の作家で，新しい文学を英語で書き，国際的に認められるようになっている人が増えていると述べている」

第①段第１・２文（New varieties of English …）に「英語の新しい変種は，そうした変種で書かれた文学によく表されている。たとえば，アジア，アフリカ，カリブ諸島の出身で国際的に著名な作家は数多い」とあることと一致する。

▶Ｉ.「作家の中には，自分の文化的経験や価値観を表現するのに英語を使うことに道義上のジレンマを感じる人もいると述べている」

第②段第５文（The Sri Lankan poet, …）に「スリランカの詩人，ラクダサ＝ウィクラマシンハは英語で書くことは確かに裏切りであると考えた」とあり，続く引用で「英語で書くことは，一種の文化的反逆である。将来に備えて，私はこの裏切りを防ぐ方法を考えなくてはならなかった。私は，自分の書くものを完全に背徳主義的で破壊的なものにすることでこれを行うつもりである」と述べていることと一致する。

◆⑵本文の内容と一致しないものを４つ選ぶ問題である。

▶A.「英語が世界中に広まっているものの，その規範は変わらぬままである」

本文にこのような記述はない。これが正解の１つ。

▶B.「どのような言語であれ，そのネイティブスピーカーは，その言語を話す人々の伝統的な価値観を維持する保護者としての最も重要な役割を果たす」

本文にこのような記述はない。これが正解の１つ。

▶C.「地元の文化的価値観を表現する手段としての英語を拒絶する作家もいる」

第②段第５文（The Sri Lankan poet, …）に「スリランカ人の詩人，ラクダサ＝ウィクラマシンハは英語で書くことは確かに裏切りであると考えた」とあり，続いてウィクラマシンハ自身の言葉「英語で書くことは，一種の文化的反逆である。将来に備えて，私はこの裏切りを防ぐ方法を考えなくてはならなかった」が示されていることと一致する。

▶D.「もともとの英語の美学の低下は，英語にとっての深刻な問題である」

本文にこのような記述はない。これが正解の１つ。

▶E.「インドにおけるその土地固有の英語は，アフリカ英語よりも標準英語に近い傾向がある」

本文に，インド英語とアフリカ英語を比較した記述はない。これが正解の1つ。

▶F.「地元固有の英語にある単語の意味は，標準的な米語や英語でのその語の使われ方とかなり違うかもしれない」

第⑥段第4文（His use of "grammar" is…）に「彼の grammar という言葉…はラジオによって『叫ばれている（hollered）』政府の多くの宣言を指している」とあることと一致する。

▶G.「接ぎ木されたボダイジュの木の比喩は，いかに英語がその『根』を地元文化に広げているかを説明するのに使われている」

ボダイジュの木の比喩は第①段の引用文にあり，この引用の直前の第6文（I quote it here, …）に「ここでそれを引用するのは，地元特有の英語が地元の文化を描写するさまざまな方法をどのように発展させているかもとらえているからである」とあることと一致する。

▶H.「特定の形容詞を繰り返す修辞法は，地元の言語習慣と融合している英語の一例である」

第⑥段第1文（This short extract…）に「この短い抜粋は…英語を『押し広げたもの』，その『異質な思考や価値観』への適応，こうしたことが行えるいくつかの方法を例証している」とあり，同段最終文（The local rhetorical style…）に「反復という地元の修辞様式も…特定の形容詞の反復…の頻発」に，非常にはっきり現れている，とあることと一致する。

◆(3)文中の下線部の語句と同意のものを選ぶ問題である。

▶1.「ここでは renowned は…を意味している」

当該箇所は「国際的に renowned 作家」となっており，直後の文に「この中には…ノーベル賞受賞者も含まれている」とある。B の famous「有名な」が正解。renowned も「有名な」の意。A．criticized「批判された」 C．infamous「悪名高い」 D．renamed「改名した」 E．unknown「無名の」

▶2.「ここでは probing は…を意味している」

当該箇所は「苗木は勢いよく成長を続け…それ自身の probing 根を下の

茶色い土に広げている」となっている。辞書的には，probe は「～を調べる，探りを入れる」の意なので，B の investigating「～を調べる」が近いことになる。しかしここでは「木が地面に根を張る」という文脈における roots を修飾しているので，A の digging「～を掘る」のほうが適切。probe は探針（細長い器具）で対象を調べるという意味もあり，下線部の probing は「細長い根が探るように進んでいく」イメージで使われているものと思われる。C．parenting「親として行動する」 D．proving「～を証明する」 E．white「白い」

▶ 3．「ここでは rustle は…を意味している」

当該箇所は「その若葉は西方の地平線から吹く強い風に力強く rustle」となっている。葉が風に吹かれていることから，C の move「動く」が適切。rustle は「木の葉や紙などが，さらさらと音を立てる，音を立てて動く」の意。A．grow「成長する」 B．hassle「～を煩わす」 D．shine「輝く」 E．wrestle「格闘する」

▶ 4．「ここでは betrayal は…を意味している」

当該箇所は「作家は，地元の言語ではなく英語で書くことはなんらかの文化的 betrayal を表すのかどうか判断しなくてはならない」となっている。この直後に「もし英語で書くことにするのであれば，自分が使う英語の変種は自分自身の文化的経験や価値観を十分に反映できると確信していなくてはならない」とあり，自分の言語ではない英語で書くことが，自分の文化を正しく表すかどうかわからないことがうかがえる。言語と文化は切り離すことができないものであり，母語を使わないことは自分の文化を尊重していないことにもなりうる。C の disloyalty「不忠実」が適切。betrayal は「裏切り」の意。同段の引用（To write in English …）にある treason も同義の「反逆」の意であるが，betrayal よりもなじみが薄いと思われるこの語を根拠に解答するのは困難だろう。betray「～を裏切る」，betrayal「裏切り」自体の知識がほしいところである。A．adaptation「順応」 B．creation「創造」 D．expansion「拡大」 E．illusion「幻想」

▶ 5．「ここでは circumventing は…を意味している」

当該箇所は「将来に備えて私はこの裏切り（treason）を circumventing 方法を考えなくてはならなかった」となっている。直前の文に「英語で書くことは，一種の文化的反逆（treason）である」とあるが，前述のとおり，treason「裏切り」が難語である。したがって，当該箇所直後の「私は，自分の書くものを完全に背徳主義的で破壊的なものにすることでこれを行うつもりである」とその方法を述べていることをヒントにすることになる。英語で書くことを「破壊的なものにする」ということから，英語で書くことに反対しているとわかるので，下線部 5 は「この treason」が起こらないようにすることを表していると考えられる。A の avoiding「～を避ける」が適切。circumventing は「～を迂回する」の意。B．imagining「～を想像する」 C．liking「～を好む」 D．promoting「～を促進する」 E．situating「～の位置を定める」

▶ 6．「ここでは fashioning out は…を意味している」

当該箇所は「アフリカの作家は『普遍的であり自分自身の個人的経験を伝えることもできる英語を fashioning out を目指す』べきである」となっている。直前の文に「もしサハラ以南のアフリカに『国の』言語があるとするなら，その言語は，他のどの言語よりも多くの国で話されているから，英語である」とあり，この見解を持つ人物は，英語を使うことを避けるより，英語圏とは異なる文化をきちんと表現できる英語で執筆することを考えているのがわかる。C の creating「～を創り出すこと」が正解。fashioning out ～は「～をこしらえること」の意。A．brightening「～を輝かせること」 B．clothing「～を付与すること」 D．democratizing「～を民主化すること」 E．politicizing「～を政治化すること」

▶ 7．「ここでは pronouncements は…を意味している」

当該箇所は「hala は holler『叫び声』から来ており，ここでは（政府管轄の）ラジオから流れる，終わりのない pronouncements を表している」となっている。ラジオから絶え間なく政府の「叫び声」が聞こえてくるということから，A の announcements「声明」が適切。pronouncements は「宣言」の意。B．conversations「会話」 C．emphasis「強調」 D．pronunciation「発音」 E．sounds「音」

▶ 8．「ここでは verge on は…を意味している」

当該箇所は「英語の辺境は外国の領土 verge on」となっている。frontier「辺境」は「国ざかい」の意もあり，外国の領土と接しているという意味であると考えられる。各選択肢の意味を検討すると，そのまま同義のものは見当たらない。この文章では，本来の英語圏以外で多様な英語が生まれていることが論じられていることから，C の encroach upon ～「～を侵食する」が適切。verge on ～ は「～と隣接している」の意。A. avoid「～を避ける」 B. eliminate「～を除く」 D. prosper in ～「～で栄える」 E. sneak around ～「～のあたりをうろうろする」

●語句・構文●

(第①段) sapling「苗木，若木」 graft「～を接ぎ木する」 banyan「ボダイジュ」

(第③段) subjugate「～を支配する，てなずける」 beat *A* on *A*'s head「*A* の頭を叩く」

(第④段) at once ～ and…「～であり…でもある」

(第⑤段) vernacular「その土地固有の」 excerpt「抜粋」

(第⑥段) with regard(s) to ～「～に関しては」 semantic「意味論的」

◀Writing▶

I 解答例

〈解答例１〉 I do not think that dodgeball should be banned. This game does not require much skill, so even those children who think they are poor at sports may be willing to participate in it. Moreover, dodgeball can be played rather flexibly because it has no strict rules about the number of players or the playing time. Thus, the game is suitable for schoolchildren to enjoy together even during the lunch break.

〈解答例２〉 I think that dodgeball should be banned. It is true that this game may be played easily, but throwing a ball at others can be dangerous. If a child fails to avoid or catch the ball, it may hit him or her in the face. It must be frightening especially to children wearing glasses. In addition, there is a possibility that some children may be intentionally targeted, that is, bullied. So dodgeball may not be enjoyable for everyone.

◀解　説▶

「『ドッジボールは，２チームのプレイヤーが自身は当てられるのを避けながら，ボールを投げ，相手方に当てようとするゲームである。多くの日本の小学生にはかなり人気があるが，一部の学校では禁止されている。日本のすべての学校でドッジボールは禁止すべきだと思うか。なぜそう思うか，あるいはなぜそう思わないか』という問いに対して，自分の立場を裏づける適切な理由（複数）を挙げ，１段落の英語の文章を書け」

賛成または反対の意見を問う問題なので，まず自分の立場を表明し，理由を続けるという進め方になる。

〈解答例１〉はドッジボール禁止に反対する立場で，ドッジボールがあまり技術の要らないゲームで，スポーツが苦手と思っている子どもも参加しやすいこと，参加する人数や競技時間に厳格な規則がないため柔軟に遊べるので，お昼休みにでもみんなで遊ぶのに適していることを理由として挙げている。

〈解答例２〉はドッジボール禁止に賛成する立場で，簡単に遊べるゲームだが，人に向かってボールを投げることは，顔に当たるなど危険なこともあり，特に眼鏡をかけている子どもには怖いゲームに違いないこと，一部の子どもが意図的に標的にされるいじめの可能性もあることを理由として挙げている。

II 解答例

〈解答例１〉Both charts show world GDP per capita. But one graph shows the amount of GDP, and the other shows its percentage change. One advantage in displaying data in such different ways is that it is helpful in understanding the true picture of the economic situation of the regions. For example, the amount of GDP of the Western offshoots grew rapidly, but the rate of its growth is not so great. Therefore, people in the region might not feel the growth, and their societies might not have changed very much.

〈解答例２〉All the zigzag lines in both charts rise more or less steadily from left to right, but the two show different data. One is actual GDP per capita, and the other is its growth rate indicated in percentage. An advantage in displaying data in two such different ways is that we can grasp the situation more correctly. For instance, the amount of GDP of East Asia is not so large, but its growth rate is amazing. This implies that the region has been enjoying great economic development.

◀解　説▶

「『下の２つのグラフを比較し，類似点と相違点を説明せよ。このようなデータを異なる２つの示し方で示すのには，どのような利点があるか』という問いに対して，１段落の英語の文章を書け」

上のグラフは世界全体と各地域の1950年から2018年までの一人当たりのGDP（国内総生産）を，2011年の米ドルの価値に換算して示したもの，下のグラフは世界全体と各地域の1950年から2018年までの一人当たりのGDPの変化を，1950年の数値を基礎としてパーセンテージで示したものである。注に，地域の１つWestern offshoots「西洋の分家」がアメリカ合衆国，カナダ，オーストラリア，ニュージーランドであることが述べられている。

〈解答例１〉は，類似点としてどちらのグラフも一人当たりのGDPを表していること，相違点は一方が GDP の額を，他方はその変化率を表していることを挙げている。異なる示し方で示す利点は，該当地域の経済状況の実態を理解する手助けになることだとしている。その例として，Western offshoots の GDP の額は大きく増加しているが，成長率はそれほどでもないことを挙げ，この地域の人々は成長を感じていないかもしれず，彼らの社会もそれほど変わっていないかもしれないという推測をしている。

〈解答例 2〉は，類似点としていずれのグラフの折れ線もほぼ着実に右肩上がりであること，相違点としては示しているデータが異なっており，一方が実際の一人当たりの GDP を，他方はパーセンテージで示される一人当たりの GDP の成長率を表していることを挙げている。また，このように異なる示し方でデータを示す利点として，状況をより正しく把握できることを挙げている。例として，東アジアの GDP の額はそれほど大きくはないが，その成長率は目覚ましく，東アジアの人々は大きな経済成長を享受していると見られることを取り上げてある。

III　解答例

2022 年 1 月にトンガで起きた海底火山の噴火は，膨大な量の灰や岩石を噴出した，この 100 年以上の間で最大級のものである。付近の地域には，同様の噴火を起こす可能性のある海底火山が少なくとも 10 あり，今回の噴火はマグマと海水の接触による爆発を伴っていた。復興にはリゾート施設をより高地の内陸部に作ることや，津波の威力を減少させるために木を植えることが調査チームの報告書で提案された。

◆全　訳◆

≪トンガの海底火山噴火≫

研究者たちは，2022 年 1 月 15 日に 100 年以上の間で地球最大の大気爆発を起こしたトンガの海底火山の火口の調査を終えたばかりである。

この火山爆発で残された噴火口は現在幅 4 キロメートルで，海面下 850 メートルまで底が落ち込んでいる。途方もない噴火の前には，底はおよそ 150 メートルの深さにあった。これは，その火山が噴出した物質の量の規模を痛感させる。それは少なくとも 6.5 立方キロメートルの灰と岩石だった。

「もしトンガの本島であるトンガタプを全部海水面まで削り取って噴火

口に入れても，その3分の2しか埋まらないでしょう」と，ニュージーランドのオークランド大学から来たシェーン＝クローニン教授は言った。クローニン教授はこの2カ月半，トンガの地質学部局に派遣されて，当地で過ごしている。

彼の調査チームは，トンガの国土天然資源省に報告書を提出しており，それが昨日発表された。その報告書では今回の噴火を評価し，今後の復興力のための提案をしている。この特定の火山が再度噴火する可能性はこれから何百年もなさそうではあるものの，太平洋南西部のより広い海域には，ずっと近い将来に同様の噴火をする可能性のある海底火山が少なくとも10はある。

1月15日の豊富な観察データは，この事象が現地時間の17時以降の半時間で力を高めたことを示唆している。噴火口が裂けたとき，下から急速に引き上げられる減圧した熱いマグマと海水が接触できるようになった。

「大規模なマグマと水の接触があってソニックブームが起こりました」と，クローニン教授は言った。「それで，爆発のあとに再び水がどっと流れ込み，それからまた爆発と再度の水の流入，また爆発ーだから私たちは逃げ出す。それはまるで蒸気機関のようなものです」

この理解は，トンガの国土天然資源省への報告書を特徴づけるのに役立っている。たとえば，海抜の低い地域に以前と同じような観光リゾートを再建するより，リゾート施設はもっと海抜が高くより内陸の場所に設けて，宿泊せずに使える海岸や公園を開発することを，報告書は提案している。「マンゴーのような木を，もっと多く植えるべきです」と，クローニン教授は言った。なぜなら「津波が押し寄せてくると木は倒れますが，丸太のダムを作り，これが本当に波の流れ込む力を減らしてくれる」からである。

◀解　説▶

設問は「以下の文章を読み，日本語で簡潔に要約せよ」である。

各段の内容をまとめると以下のようになる。

第1段：2022年1月15日に起こった，この100年以上の間で地球最大規模であるトンガの海底火山噴火の火口調査が終わった。

第2段：火口は幅4キロメートルで，底はもとの高さから700メートルも落ち込み，吹き飛ばされた灰や岩石は少なくとも6.5立方キロメートルだった。

第 3 段：トンガに派遣されていたクローニン教授によると，トンガの本島を海面の位置まで削り取って火口に入れても 3 分の 2 しか埋まらないということである。

第 4 段：クローニン教授の調査チームは，付近に同じような噴火を起こしうる海底火山が少なくとも 10 あることを踏まえて，今回の噴火の評価と今後の復興力のための提案を記した報告書を提出した。

第 5 段：観察データから，火山が力を蓄えた時間がわかった。噴火口が開いたときに海水が流れ込んでマグマと接触した。

第 6 段：クローニン教授曰く，大規模なマグマと水の接触があると爆発が起こり，今回の噴火ではそれが繰り返された。

第 7 段：こうした理解から，報告書ではトンガの今後の復興計画として，より高い内陸部にリゾート施設を設けること，津波の力を弱める木を植えることなどが提案されている。

①第 1 ～ 3 段は 2022 年 1 月の海底火山の噴火の規模が非常に大きなものだったことを具体的に述べ，②第 4 段は調査にあたった教授のチームが噴火の評価と今後の復興力のための提案を記した報告書を出したことに言及し，③第 5・6 段はその噴火の評価，④第 7 段は復興力のための提案の内容を示している。解答欄がそれほど大きくはないので，具体的な数値などは省き，今回の噴火の規模が非常に大きかったことやその仕組みを簡潔に伝え，将来の同様の噴火を考慮した報告書の内容をまとめるのがよいだろう。

●語句・構文●

（第 2 段）drive *A* home「*A* を痛感させる」本文では目的語の the scale of … が後ろに置かれ drive home *A* の順になっている。

（第 3 段）be seconded to ～「～に派遣される，一時的に配置転換される」

（第 4 段）resilience「回復力，復元力」

（第 6 段）sonic boom「ソニックブーム」超音速で飛ぶ飛行機などの衝撃波が起こす爆発音。ここでは高温のマグマと海水が接触することで起きた爆発音のこと。

（第 7 段）like-for-like「同様の」 landward「陸のほうの」

❖講　評

2023年度はReading 3題，Writing 3題の計6題で，試験時間はReadingが90分，Writingが60分の別個の試験として行われ，2021・2022年度と同様であった。

Reading：

Ⅰ.「真実に迫るために必要な姿勢」は，物事が正しいとただ単純に信じているだけでは自分の信念すら理解しているとは言えず，対立する意見も同じようにその論拠を検討する必要があることを論じた文章。筆者の主張は明快だが，一文が長く，前半は論旨を追うのがやや難しい。設問は⑴段落の主題，⑵内容真偽，⑶空所補充の計3問。⑴や⑵の選択肢を内容理解の助けにしながら読み進めるとよいかもしれない。

Ⅱ.「環状染色体の働きの発見」は，ある細胞遺伝学者を紹介する伝記であるが，その研究内容や大発見の経緯が詳細に述べられており，科学論とも言える。染色体の両端で欠失が起き，その端と端がくっついてリング状になる環状染色体が，斑入りのトウモロコシができる原因であると直感したこの学者が，実際に環状染色体を観察する経緯が述べられている。設問は，⑴段落の主題，⑵同意表現，⑶内容真偽の計3問。内容が専門的であるため，この大問は英語による語注が与えられている。

Ⅲ.「多様な英語で書かれる文学の意味」は，世界各地で独自の英語を使った文学が見られ，現地の文化や概念，経験を，もともと現地の言語ではない英語で執筆することに対する賛否を，立場を異にする作家たちの言葉や創作を引用しながら紹介した文章。設問は⑴段落の主題，⑵内容真偽，⑶同意表現の計3問。

試験時間が90分なので，単純計算で1題30分である。一読で内容をつかみ，読みながら解答していけるだけの英語力が求められる。2023年度は上記のとおり大問Ⅰの難度が高く，時間との闘いが例年よりいっそう厳しかったかもしれない。いずれにしても，毎年内容の高度なものが使われており，文章を読んで理解するために，幅広い教養を培っておくという，英語以前の力も蓄えておきたい。

Writing：

Ⅰ．ドッジボールを日本のすべての学校で禁止すべきかどうかについて理由を挙げて自分の意見を英語で述べる問題。だれでもしたことがあると言えるゲームであり，比較的書きやすいテーマだろう。手早く，基本的なミスのない英文に仕上げたい。

Ⅱ．世界の各地域の一人当たりのGDPの額の変化のグラフとその増加・減少率のグラフの2つが示され，類似点と相違点，またデータをこのように異なる示し方で示すことの利点を英語で述べる問題。類似点と相違点は比較的容易にまとめられるだろう。利点は考えた内容を英語で適切に表現するのがやや難しいかもしれない。

Ⅲ．英文を読み，日本語で要約する問題。海底火山の噴火，その調査結果とそれを踏まえた提案が述べられている文章。細かい数値はそれが表す意味にまとめ直し，提案の理由や内容が正しく伝わるように考える必要がある。

試験時間が60分なので，1題約20分と時間的に厳しい。日本語・英語のいずれでも文章を書き慣れていることが求められる。意見論述やグラフの解釈は，書く内容を自ら考える必要があり，何らかのテーマに関して素早く考えをまとめる力をつけておかなくてはならない。

memo

2022年度

解答編

解答編

英語

◀Reading▶

I　**解答**　(1)1－C　2－E　3－A　4－D　5－K　6－G　7－J

(2)－B・F・G・H

(3)1－C　2－E　3－B　4－C　5－B　6－B　7－B　8－D　9－D

◆全　訳◆

≪翻案の価値≫

①　今日，翻案はテレビや映画の画面上，ミュージカルや劇の舞台上，インターネット上，小説や漫画の中，最寄りのテーマパークやゲームセンターの中など，至るところにある。翻案が遍在していることをある程度自ら意識したり，おそらく受け入れさえしたりしていることは，いずれも2002年の作品であるスパイク＝ジョーンズの『アダプテーション』やテリー＝ギリアムの『ロスト＝イン＝ラ＝マンチャ』のように，制作過程自体についての映画が作られているという事実に示されている。（アメリカのテレビネットワークである）ブラボーの11部から成るドキュメンタリー『ページ＝トゥ＝スクリーン』のようなテレビシリーズも，翻案という行為を探ってきた。しかし，翻案が現代になって新しく出てきたものではないのは明らかである。シェイクスピアは自身の文化の物語を本から舞台へと移し，まったく新しい鑑賞者が味わえるようにした。アイスキュロス，ラシーヌ，ゲーテ，ダ＝ポンテもおなじみの物語を新しい形式で語り直した。翻案はすっかり西洋文化の一部であるため，「物語を語ることは，常に物語を繰り返す術である」というウォルター＝ベンヤミンの洞察を裏づ

けているように思える。何世紀にもわたって存在してきた熱心な翻案家たちにとってはずっと当たり前だった「芸術は他の芸術から生じる。物語は他の物語から生まれる」ということを彼らに納得させるのに，T. S. エリオットやノースロップ＝フライの鑑識眼のある主張が不要だったのは間違いない。

② それでも，学問的な批評でもジャーナリズムの評論でも，現代においてよく見られる翻案は二次的で，独創性がない，「時期遅れの，そこそこの，あるいは文化的に劣った」ものとみなされることが非常に多い。これは，ルイス＝ベグリーの小説家兼翻案家が以前に表明したことである。しかし，文学から映画に翻案されたものを攻撃するために使われる，より強い，明確に道徳を振りかざす言葉がある。すなわち，不法な改変，干渉，権利侵害，裏切り，歪曲，悪用，不誠実，冒涜といったものである。文学から映画やテレビ放送への作り替えは「意図的に程度を下げた認識の形態」への作り替えとまで呼ばれている。翻案を中傷する人たちは世界中の監督作品を全部積み上げてもひとつの偉大な文学作品に匹敵するものにはならないと主張するのだが，『ロミオとジュリエット』をオペラやバレエのような立派な高等芸術に改作することは幾分受け入れられるように思われる。しかし，映画，とりわけバズ＝ラーマンの『ウィリアム＝シェイクスピアのロミオ＋ジュリエット』（1996 年）のような現代版に作り替えることは受け入れられないようだ。翻案が（媒体やジャンルにあると思われている序列を基準として）物語を「格下げする」こととみなされている場合は，反応は否定的になるだろう。批評家の評価の高かった，ジュリー＝テイモアによるシェイクスピアの『タイタス＝アンドロニカス』の映画版『タイタス』（1999 年）のようなものに対して表明された称賛の中でさえ，残っている疑念はそのままだ。私たちが生きている文化的再利用のポストモダン時代においても，何かが，おそらく翻案の商業的成功が，私たちを落ち着かない気持ちにさせるようである。

③ 早くも 1926 年に，ヴァージニア＝ウルフは映画という新興の芸術について論評して，新しい視覚媒体へと置き換える際に必ず起きる文学作品の単純化を非難し，映画を「寄生虫」，文学をその「餌食」あるいは「犠牲者」と呼んだ。それでも彼女は，映画は他のものから独立した固有の表現を開拓していく潜在力があるということも予見していた。すなわち，言

葉では「これまで表現できなかった感情を表す無数の記号を映画はその手に握っている」と述べている。そして，実際そのとおりだ。映画研究家のクリスチャン＝メッツの見解では，映画は「私たちに連続的な物語を語ってくれる。映画は言葉という伝達手段でも伝えられる物事を『語る』。それでも，映画はそれらを違ったふうに語るのだ。翻案の必要性だけでなく，翻案の可能性には理由がある」。しかし，同じことはミュージカル，オペラ，バレエ，歌という形式での翻案についても言える。こうした翻案物の制作者はすべて，それぞれ違った語り方で物語を語る。彼らは，物語を語る人たちがずっと使ってきたのと同じ道具を使っている。つまり，着想を実演したり具象化したりする。単純化のための取捨選択をするが，増幅し推測もする。類似物をいろいろと作る。批評したり敬意を示したりする，といった具合である。だが，翻案者が語る物語はどこか他から取られたものであり，新たに創作されたものではない。パロディーと同様に，翻案は通常あからさまに「原典」と呼ばれる，先行する原本との公然のはっきりとした関係をもっている。しかし，パロディーと違って，翻案は通常この関係を大っぴらに公表する。それは，明らかに翻案者と翻案物に対する中傷の出所である，原作と原作者である創造的天才をロマン主義的に高く評価する行為である。それでも，この否定的な見解は，実は，物語を借用し，盗み，あるいはもっと正確に言えば共有するという，西洋文化の長く平穏な歴史に最近付け加わったものである。

④　一部の人たちにとっては，ロバート＝スタムが主張するように，芸術形態としての歴史の長さから，文学が常にその翻案のどれよりも優れているのは自明である。しかし，この序列にもまた，彼が言うところのイコノフォビア（視覚的なものをうさん臭く思うこと）とロゴフィリア（言葉を神聖なものとして愛すること）が含まれている。もちろん，翻案に対する否定的な見解は，翻案された愛する原作への忠実さを望むファンの側や，文学を教えているため原本に近いことを必要としている人の側の期待が裏切られたことから生まれたものにすぎないかもしれない。

⑤　もし翻案が，この定義からして，それほど劣った二次的な創作物なのだとしたら，翻案が私たちの文化の至るところに見られ，それどころか数が着実に増えているのはなぜなのだろうか。1992 年の統計を参照しても，アカデミー賞作品賞すべての 85 パーセントが翻案なのはなぜなのだろう。

エミー賞を受賞するすべてのミニシリーズの 95 パーセント，一週間のテレビ映画すべての 70 パーセントを翻案が占めるのはなぜなのか。答えの一部は間違いなく，広範囲に及ぶ拡散の新しい媒体や新しい経路が絶えず出現していることと関係がある。これらは，あらゆる種類の物語に対する膨大な需要を明らかに煽っている。それでもやはり，翻案には翻案としての特別な魅力があるに違いない。

⑥ 私が主張したいのは，この楽しみの一部は単純に，変化を伴った繰り返し，つまり，驚きという刺激と結びついた習慣の心地よさから生まれるということだ。見覚えや追憶は，翻案を味わうことの喜び（そして危険）の一部である。変化もまたそうだ。主題や語りの永続性は重要な変化と結びつき，その結果翻案は決して単なる複製品ではないということになる。それどころか，翻案はある種の本物らしさを帯びる。しかし，ジョン＝エリスが示唆するように，この永続性への欲求は，目新しさに何より価値を置くポストロマン主義的で資本主義的な世界では，どこか直観に反するところがある。彼は「それゆえ翻案という過程は，特定の消費行為の繰り返しを拒む表現形式（この場合は映画）の範囲でそのような行為を繰り返したいという欲求への（金銭的，精神的な）大規模投資とみなされるべきである」と言っている。

⑦ 商業に関するエリスのレトリックが示しているとおり，翻案には明らかに金銭的な魅力もある。景気の低迷している時代に，翻案者たちが間違いのないものに頼っているというだけのことではない。あの費用がかかることで悪名高い芸術形態であるオペラの 19 世紀のイタリアの作曲家たちは，金銭的なリスクを回避するために，あてにできる，つまりすでに金銭的に成功した舞台劇や小説を選んで翻案するのがふつうだった。古典的な時代のハリウッド映画は，エリスが言うところの「試されて検証済みの」，大衆小説からの翻案に依存していた。一方で英国のテレビは，エリスが言うところの「試されて信頼されている」，文化的に広く認められた 18 世紀，19 世紀の小説を翻案することに専念してきた。だが，これは単なるリスク回避という問題ではない。稼がなくてはならないお金がある。ベストセラーの本は読者が 100 万人にも及ぶかもしれない。成功するブロードウェイの演劇は 100 万から 800 万の人々が見るだろう。しかし，映画やテレビの翻案は，それより何百万人も多くの視聴者が見ることになるのだ。

◀解　説▶

◆(1) 1 ～ 7 はいずれも「第～段で筆者は…」である。各選択肢を見ながら，どの段に相当するか検討する。

▶A.「翻案に対する否定的な見解は，比較的新しい現象だと主張している」

第③段最終文（Yet this negative view …）に「この否定的な見解（＝翻案を劣ったものとする見解）は…西洋文化の長く平穏な歴史に最近付け加わったものだ」とある。この選択肢は第③段の内容と一致する。

▶B.「翻案は道義的に間違っているという考えに反論している」

道義的な面からの批判については，第②段第 2 文（This is what …）に「文学から映画に翻案されたものを攻撃するために使われる…明確に道徳を振りかざす言葉がある」とあるが，これに対する筆者の反論は述べられていない。この選択肢はどの段にも当てはまらない。

▶C.「翻案は西洋文化の歴史を通じて至るところに見出されるという事実を述べている」

第①段第 1 文（Adaptations are …）に「今日，翻案は…至るところにある」，第 4 文（Adaptations, however, are …）に「しかし，翻案が現代になって新しく出てきたものではないのは明らかである」とあり，以下西洋の歴史上のさまざまな翻案について例を挙げている。この選択肢は第①段の内容と一致する。

▶D.「元の文学はそれの翻案よりも優れているという考えがあることについて，考えられる理由を論じている」

第④段第 1 文（For some, …）に「一部の人たちにとっては…芸術形態としての歴史の長さから，文学が常にその翻案のどれよりも優れているのは自明である」とある。この選択肢は第④段の内容と一致する。

▶E.「元の文学作品に対して翻案の地位が劣っているとされていることについて論じている」

第②段第 1 文（Nevertheless, in both …）に「学問的な批評でもジャーナリズムの評論でも，現代においてよく見られる翻案は二次的で，独創性がない，『…文化的に劣った』ものとみなされることが非常に多い」とある。この選択肢は第②段の内容と一致する。

▶F.「文学を映画に翻案することに対する文学者の批判と，映画が文学に取って代わることに関する彼らの懸念を重点的に扱っている」

第③段第 1 文（As early as 1926, …）に「ヴァージニア＝ウルフは映画という新興の芸術について論評して，新しい視覚媒体へと置き換える際に必ず起きる文学作品の単純化を非難した」とはあるが，続く第 2 文（Yet she also …）に「それでも彼女は，映画は他のものから独立した固有の表現を開拓していく潜在力があるということも予見していた」とあるだけで，映画が文学に取って代わるという懸念を表明してはいない。本文の他の箇所にもそうした懸念を述べている部分はないので，この選択肢はどの段にも当てはまらない。

▶G.「物語が再び語られるのを見たいという気持ちを私たちがもっていることに言及している」

第⑥段第 1・2 文（Part of this pleasure, …）に「この（＝翻案の作品を味わう）楽しみの一部は単純に，変化を伴った繰り返し，つまり，驚きという刺激と結びついた習慣の心地よさから生まれる。見覚えや追憶は，翻案を味わうことの喜び（そして危険）の一部である」とある。この選択肢は第⑥段の内容と一致する。

▶H.「制作者が翻案について後ろめたい気持ちを抱くのは，彼らが検証済みの方式を使っているからだと述べている」

第⑦段で，翻案が「検証済み（＝すでに成功を収めている）」作品を基にすることが述べられているが，翻案の制作者がそれを後ろめたいと感じているという記述はない。この選択肢はどの段にも当てはまらない。

▶I.「新しい媒体が激増していることが，アカデミー賞やエミー賞の受賞作品の中にあれほど多くの翻案がある理由を説明していると述べている」

第⑤段第 2 〜 4 文（Why, even according …）に「アカデミー賞作品賞すべての 85 パーセントが翻案なのはなぜなのだろう。エミー賞を受賞するすべてのミニシリーズの 95 パーセント，一週間のテレビ映画すべての 70 パーセントを翻案が占めるのはなぜなのか。答えの一部は間違いなく，広範囲に及ぶ拡散の新しい媒体や新しい経路が絶えず出現していることと関係がある」とある。「新しい媒体」は「絶えず出現している」だけで，「激増している」とは述べられていない。この選択肢はどの段にも当てはまらない。

▶J.「文化的に称賛されている物語の翻案は，ふつう金銭的に成功すると示唆している」

第⑦段第1文（As Ellis' commercial …）に「翻案には明らかに金銭的な魅力もある」とあり，以下現代だけでなく，19 世紀のイタリアのオペラ，初期のハリウッド映画やこれまでのイギリスのテレビ番組が，評価の高い作品を基にした手堅い翻案作品に頼ってきたことが述べられている。この選択肢は第⑦段の内容と一致する。

▶K.「翻案が人気であることには，新しい映画やテレビ番組の需要以外の理由があると示唆している」

第⑤段第4・5文（Part of the answer, …）に「(なぜ翻案が人気なのかという問いの）答えの一部は間違いなく，広範囲に及ぶ拡散の新しい媒体や新しい経路が絶えず出現していることと関係がある。これらは，あらゆる種類の物語に対する膨大な需要を明らかに煽っている」とある。これを受けて最終文が逆接の Nonetheless「それでもやはり」で始まっているので，筆者が第⑤段で最も言いたいのはその後の「翻案には翻案としての特別な魅力があるに違いない」だとわかる。「魅力」は「人気の理由」とも言えるから，第4～最終文では「翻案の人気には物語の需要の高まりが関係しているが，他の理由もあるに違いない」と述べていることになる。この選択肢は第⑤段と一致する。

◆⑵本文の内容と一致しないものを4つ選ぶ問題である。

▶A.「シェイクスピアを基にしたバレエ作品は，翻案の映画よりも批判を受ける可能性が低い」

第②段第4文（Although adaptation's …）後半の内容と一致する。

▶B.「クリスチャン＝メッツは，映画は他の芸術形態よりも物語をうまく語ると主張した」

クリスチャン＝メッツの言葉は第③段第4・5文（In the view of …）で取り上げられており，第4文に「映画は言葉という伝達手段でも伝えられる物事を『語る』。それでも，映画はそれらを違ったふうに語る」とある。「言葉という伝達手段とは違う」とあるだけで，「他の芸術形態よりうまい」とは言っていない。この選択肢が正解の一つ。

▶C.「学究的世界では，翻案は文学の美的複雑さを単純化するため，しばしば原作の侵害とみなされる」

第②段第1文（Nevertheless, in both…）に「学問的な批評でも…翻案は二次的で，独創性がない，『時期遅れの，そこそこの，あるいは文化的に劣った』ものとみなされることが非常に多い」とある。続く第2文（This is what…）後半でより強い批判に使われる言葉の中に「不法な改変（tampering），干渉（interference），権利侵害（violation）」などが含まれており，この選択肢は本文の内容と一致する。

▶D．「パロディーが翻案と似ているのは，どちらも原作との明らかな関係があるという点においてだが，パロディーは通常その出典は明らかにしない」

第③段第10・11文（Like parodies, …）の内容と一致する。

▶E．「翻案に人気がある理由の一部は，翻案が反復に何か予想外のものを付け加えることである」

第⑥段第1文（Part of this pleasure, …）の内容と一致する。

▶F．「映画やテレビドラマはかなりの投資を必要とするので，翻案は金銭的なリスクとみなされることが多い」

第⑦段第1文（As Ellis' commercial…）に「翻案には明らかに金銭的な魅力もある」とあり，このあと，すでに成功している作品の翻案が安全なものであることが述べられている。この選択肢が正解の一つ。

▶G．「ウォルター＝ベンヤミンは，物語を語ることが翻案と異なるのは，前者が独創性を必要とするからだと述べている」

ベンヤミンの言葉は第①段第6文（Adaptations are so much…）に引用されており，「『物語を語ることは，常に物語を繰り返す術である』というウォルター＝ベンヤミンの洞察」となっている。「物語を語ること」もすでにある物語を語り直すことだと述べている。この選択肢が正解の一つ。

▶H．「ヴァージニア＝ウルフは，翻案の象徴化を理由に，文学を映画に翻案することを批判し，文学は映画に寄生していると述べている」

第③段第1・2文（As early as 1926, …）に「ヴァージニア＝ウルフは映画という…新しい視覚媒体へと置き換える際に必ず起きる文学作品の単純化を非難し，映画を『寄生虫』…と呼んだ。それでも彼女は…言葉では『これまで表現できなかった感情を表す無数の記号を映画はその手に握っている』と述べている」とある。ウルフの考えでは映画が文学に寄生しているのであり，翻案の「象徴（記号）化」については批判の対象ではなく，映画の潜在力としている。この選択肢が正解の一つ。

◆(3)文中の下線部の語句と同意のものを選ぶ問題である。

▶ 1．「ここでは explored は…を意味している」

当該箇所は「テレビシリーズも，翻案という行為を explore してきた」となっている。直前の文では翻案物の制作自体をテーマとする映画が，下線部を含む文では，やはり翻案の過程を追うドキュメンタリー番組が例に挙げられている。翻案とはどういう行為かをテレビが明らかにしようとしているという文脈なので，C の looked into「～を調べて（きた）」が適切。explore は通常「探検する」の意で使われるが，「調査する」の意ももつ。A．developed from「～から発達して（きた）」 B．excluded from は文法的に不成立。他動詞の exclude が from を伴うなら exclude *A* from *B*「*A* を *B* から締め出す，追放する」となるが，下線部は have に続く過去分詞で能動態の現在完了。exclude の目的語がない。 D．researched on「～を研究して（きた）」 E．sought after「～を求めて（きた）」explore は「～を探る」，seek after ～ は「～を探す」と訳されることがある。似ている日本語に惑わされて意味を混同しないように注意。

▶ 2．「ここでは assertions は…を意味している」

文脈からの推測は難しい。語句の知識が試されている。assertion(s) は「主張，断言」の意。選択肢中最も意味が近いのは E の statements「発言，意見」である。A．acknowledgements「承認」 B．advertisements「宣伝」 C．announcements「発表，公表」 D．denunciations「非難，告発」

▶ 3．「ここでは attack は…を意味している」

当該箇所は「文学から映画に翻案されたものを attack するために使われる，より強い，明確に道徳を振りかざす言葉がある」となっており，その言葉とは「不法な改変，干渉，権利侵害，裏切り，歪曲，悪用，不誠実，冒瀆」である。B の criticize「～を批判する，非難する」が適切。attack は「～を攻撃する」の意で，比喩的に「～を非難する」の意になることは日本語でも同様である。A．bomb「～を爆撃する」 C．intervene「干渉〔仲裁〕する，妨害する」は文法的に不成立。intervene は自動詞で in や between などの前置詞なしに目的語をとることはできない。 D．threaten「～を脅かす」 E．underrate「～を過小評価する」

▶ 4.「ここでは willfully は…を意味している」

当該文は「文学から映画やテレビ放送への作り替えは『willfully 劣った認識の形態』への作り替えとまで呼ばれている」となっている。「作り替え」は端的には翻案のことであり，制作者は当然自らの意志で翻案を行っている。C の intentionally「意図的に，故意に」が適切。willfully も「わざと」の意。A．happily「幸福に」 B．helpfully「役立つように」 D．reluctantly「いやいやながら」 E．rightfully「正しく，正当に」

▶ 5.「ここでは infer は…を意味している」

当該箇所は「彼ら（翻案者）は，物語を語る人たちがずっと使ってきたのと同じ道具を使っている。つまり，着想を実演したり具象化したりする。単純化のための取捨選択をするが，増幅し infer もする。類似物をいろいろと作る」となっている。翻案は原作を基に，そこから新たなものを生み出すことだと述べていると考えると，B の draw from「～から引き出す，探り出す」が適切。A．abstain from「～を控える」 C．put up「～を掲げる」 D．rest on「～を当てにする」 E．tear down「～を取り壊す」

▶ 6.「ここでは thwarted は…を意味している」

当該箇所は「翻案に対する否定的な見解は，翻案された愛する原作への忠実さを望むファンの側…の thwarted 期待から生まれたものにすぎないかもしれない」となっている。「否定的な見解」が生まれるのは，「期待が裏切られた」からだと考えられる。B の frustrated「挫かれた，失望させられた」が適切。thwarted は「挫折させられた」の意。A．distracted「注意をそらされた」 C．opposed「対立する」 D．ruined「台なしにされた」は訳だけ見れば当てはまりそうだが，expectation との組み合わせがない。E．satisfied「満たされた」

▶ 7.「ここでは diffusion は…を意味している」

当該箇所は「広範囲に及ぶ（mass）diffusion の新しい媒体（media）や新しい経路が絶えず出現している」となっている。これは翻案作品が人気のある映画やテレビシリーズの多くを占める理由として挙げられている。「メディア」によって多くの人々の間に翻案物が広まったと考えれば，B の distribution「配給，分配」が適切。diffusion は「拡散，流布」の意。A．dissipation「消失」 C．emanation「発散，放射」 D．popularity

「人気，流行」 E．production「創作，生産」

▶8．「ここでは material は…を意味している」

当該箇所は「主題や語りの永続性は material 変化と結びつき，その結果翻案は決して単なる複製品ではないということになる」となっている。「二次的で独創性のないもの」とみなされることも多い翻案が，原典そのままではない変化を伴うことでただの複製品ではなくなると述べていることから，D の substantial「重要な，内容のある」が適切。material も「重要な」の意がある。A．affirmed「断言された」 B．beaten「打ち負かされた」 C．fleshy「肉づきのよい」 E．worldly「世俗的な」

▶9．「ここでは counterintuitive は…を意味している」

当該箇所は「この永続性への欲求は，目新しさに何より価値を置く…資本主義的な世界では，どこか counterintuitive なところがある」となっている。永続性と目新しさは相反するものであり，資本主義世界で永続性を求めるのは理にかなっていない，ということである。D の nonsensical「ばかげた」が適切。counterintuitive は「反直観的な」が文字どおりの訳だが，「直観的にわかることとは相容れない」，つまり「常識的に予測されることや明白なことと食い違う」ことを表す。A．analytical「分析的な」 B．determined「決然とした」 C．legitimate「妥当な」 E．objective「客観的な」

●語句・構文●

（第①段） ubiquity「遍在」 convince *A* of *B*「*A* に *B* を納得させる」 avid「熱心な」 truism「自明の理」

（第②段） put *A* down as *B*「*A* を *B* とみなす」 derivative「独創性のない」 middlebrow「中くらいの」 tamper「不法に手を加えて変える」 detractor「中傷者」 add up to ～「結局～になる，～に等しい」

（第③段） idiom「表現形式」 so far「これまでのところ」 find expression「現れる」 relate「～を述べる，物語る」 overt「公然の，隠し立てしない」 denigration「名誉を傷つけること，中傷すること」

（第④段） axiomatic「自明の」 on the part of ～「～の側の」 fidelity「正確さ」 proximity「近いこと」

（第⑤段） omnipresent「遍在する」

（第⑥段） piquancy「刺激，小気味よさ」 so V S（疑問文の語順の倒置）

「Sもまたそうだ」直前の肯定文の内容を受ける。…, with the result that S V「…して，その結果SはVする」
（第⑦段）downturn「下落，沈滞」 safe bet「間違いのないもの」 accredited「広く認められた」

II　解答　(1)1—H　2—F　3—C　4—E　5—J　6—G　7—B　8—I　9—A
(2)—B・C・F・I
(3)1—E　2—B　3—E　4—E　5—B　6—D
(4)—C

◆全　訳◆

≪昆虫に関する知られざる事実≫

①　昆虫が至るところにいるというのは否定できない事実である。実際，地球上のすべての生物をざっと観察すれば，避けられない結論は，自然はこの6本足の生き物を異常に好んでいるということになるだろう。これまでのところ，私たちは世界で約200万の生物種を発見し，記述し，名前を付けてきたが，その半数余りが昆虫なのである。何千もの新しい昆虫種が毎年この列に加わっているが，新種の鳥や哺乳類の発見は報道機関できちんと広く伝えられる一方で，多数の新種の昆虫が発見されていることはだいたい無視されている。

②　それでも，昆虫は他のどの生物種の集団にも劣らず私たちの生活と密接にからんでおり，多くの点で他のほとんどの集団よりも複雑に私たちの生活と結びつき，私たちの生活に欠かせないのである。昆虫はどこにでもいるので，私たちは自分の呼吸をめったに意識しないのと同じように，ほとんど彼らに注意を払わない。私たちが気づいていようといまいと，日々の暮らしを送るとき，毎日昆虫と混ざり合っている。彼らは常に足の下に，頭上に，家に，私たちが遊んだり仕事をしたりする場所に，そして考えたくはないかもしれないが，私たちの食べ物や排泄物の中にいるのである。

③　昆虫は私たちにとってなじみ深いものでもあり，なじみのないものでもある。そして，彼らの大半が私たちにとってもっと慕わしいものになるのを妨げているのは，彼らの多くの場合非常に小さい身体と，広く知られている文化的な汚名だ。人類が誕生したときから，私たちの成功も失敗も，

昆虫と関係してきた。たいていは目に見えない 6 本足の敵によって，戦争や領土拡大の行方が変えられたため，諸文明は昆虫の介入の結果として隆盛したり衰退したりしてきたのである。神話や宗教は，怒りに満ちた神から送り込まれた災いとしてであれ，「怠惰な者よ，アリのところへ行け。そしてそのやり方を見て賢くなれ」という聖書の助言などの，昆虫のような勤勉さのたとえ話を通じてであれ，昆虫への言及にあふれている。

④　群れ飛ぶチョウ，ハチのブンブンいう羽音，コオロギの協奏曲，ハエの大群のいずれとしてであれ，何らかの種類の昆虫は私たちを，恐怖，嫌悪，慰安，感嘆，さらには喜びの気持ちで満たす。私たちは昆虫と愛憎の関係にある。というのも，私たちは昆虫と作物をめぐって争うが，森林だけでなく同じ畑の受粉媒介者として昆虫は非常に重要だからである。昆虫は私たちの廃棄物を再利用し，土を耕すが，彼らはまた私たちの家に侵入し害を与えもする。昆虫は伝染病や疫病を広めることで悪名高いが，病気を治すこともある。さらに，昆虫は私たちの作る布や食べ物に色を付けたり，大気や地形を変えたり，工学や建築学上の取り組みにヒントを与えたり，優れた芸術作品のひらめきを与えたり，私たちの身の回りから他の害虫を取り除いたりするのにさえ使われる。

⑤　昆虫の数は他のすべての種を合わせた数を上回っており，個々の昆虫種の多くは，多さの点で人類を小さく見せる。この観点からすると，地球は私たちよりもむしろ昆虫のものである。私たちの進化は，身体的なものも文化的なものも，迷惑な存在として，また恩恵を施す存在としての両方の面で昆虫と不可分に結びついている。仮に明日人間が姿を消したとしたら，この地球は健やかにやっていくだろう。もし昆虫が荷造りをして旅立ってしまったら，地球は急速に力を失い，有毒なものになって滅びるだろう。こうしたことをすべて念頭に置くと，多数で多様な隣人に対して，私たちがもっと正当な評価を示さないのは不思議議である。

⑥　現在の昆虫種の合計の概算は，150 万から 3000 万に及ぶ。控えめで可能性の高い現実的な値は 500 万あたりである。500 万種だとすると，私たちは周りに存在する昆虫種への理解がまだ全く足りていないということになる。というのも，これまでのところ昆虫学者はこの多様な種の 5 分の 1 しか記述していないからである。この大変な作業は，昆虫が 4 億年以上前にさかのぼる歴史をもつ，地球上の生物で最も古い種族の一つでもある

ことを考えると，いっそう気力をくじくものになる。膨大な時間の流れと数多くの大異変をくぐりぬけて，昆虫は生き残ったり消え去ったりしてきたが，たいていは繁栄してきた。今日 500 万種の昆虫がいると考えることが信じがたく思えるのなら，昆虫の歴史を通じて存在した昆虫が累積で数億種に上るかもしれないというのは頭がくらくらするほどのことである。生物の歴史の始めからこれまでに存在してきたほとんどの種は現在絶滅しており，おそらく，かつて存在したすべての種の 95 パーセント以上が今はもういない。それでも，彼らは最初の祖先の昆虫種から今日私たちを取り巻く何百万もの昆虫種に及ぶ途切れることのない系統の連鎖の一部を成しているのである。その間に，進化の舞台には無数の演者が上がり，多くの演者の出し物の幕は閉じたものの，昆虫の集団としての勝利は，40 億年近くにわたる地球の生命の歴史においては他に類を見ない。

⑦　人類として，私たちは多くの業績を誇る（そして確かにその数は多い！）が，私たちは脆弱であり，おそらく最も適応の下手な種の一つだ。私たちは世界中を占拠しているが，その各地の環境で成功しているからではない。そうではなく，私たちは自分の必要に合わせて生息地を形作るのである。地球の極地で生きているが，ちゃんと生きていける微気候を創り出す住居で暮らしている。砂漠で生きているが，多くの場合，同様に私たちの比較的狭い範囲の耐性をまねた空調つきの建造物の中に暮らしている。確かに私たちは各地を好みに合わせて作り変える能力を自分たちの典型的な栄光の一つと考えることはできるが，成功を測る他の方法もあり，私たちが自身を地球の系統の中で最高位にあると考えるのは，度を越したうぬぼれのせいである。

⑧　昆虫はほとんどすべての場所，最も隔絶した場所にさえ存在する。凍りついた極地から赤道直下の砂漠や熱帯雨林まで，最も高い山々の頂上から地下の洞窟の底まで，海岸から草原，平野，池まで，昆虫はぞろぞろと見つかる。彼らがこれまでのところどうにもうまくいかなかった唯一の場所は海の中であり，特徴として海中には昆虫はいない。

⑨　昆虫は私たちすべてを数で上回っている。彼らの体節を形成したボディプランは非常に変化しやすく，種の繁殖速度が速いため自然に絶滅する率は低く，これがもっとなじみ深い恐竜と哺乳類両方の時代の成功をしのぐ成功の歴史につながっている。昆虫は，陸に上がった最初の動物，最初

に飛んだもの，最初に歌ったもの，最初にカモフラージュで擬態をしたもの，最初に社会を発達させたもの，最初に農業を始めたもの，最初に抽象的な言語を使ったものの一つだったのであり，彼らはこうしたことすべてを，人間がこれらの業績をまねたと思われるよりも，何億年とは言わないが，何千万年も前に行ったのだ。今日の昆虫たちは，生命の最も偉大な多様化のさまざまな子孫なのである。

編集部注：本文中の第⑤段第 5 文内の whither について，全訳では wither として訳している。

◀解　説▶

◆(1)1 ～ 9 はいずれも「第～段は…」である。各選択肢を順に見ながら，どの段に相当するか検討する。

▶A.「昆虫は恐竜や人間よりも進化に成功していると主張している」

第⑨段第 2 文（Their segmented body plan …）後半に「(昆虫は自然に絶滅する率が低く）恐竜と哺乳類両方の時代の成功をしのぐ成功の歴史につながっている」とあることと一致する。

▶B.「人間が地球上の他の種より優れていると考えるのは傲慢だと結論づけている」

第⑦段最終文（True, we can consider …）後半に「私たちが自身を地球の系統の中で最高位にあると考えるのは，度を越したうぬぼれのせいである」とあることと一致する。

▶C.「人間の歴史の最初から，昆虫が文明の栄枯盛衰にとって非常に重要だったと説明している」

第③段第 3 文（Civilizations have risen …）に「諸文明は昆虫の介入の結果として隆盛したり衰退したりしてきた」とあることと一致する。

▶D.「化石の証拠による昆虫の起源に関するさまざまな理論を紹介している」

本文にこのような記述はない。この選択肢はどの段にも当てはまらない。

▶E.「私たちが昆虫に関して相反する感情を抱くのは，昆虫が私たちにとって有害なこともあれば，恩恵をもたらすこともあるからだと述べている」

第④段第 2 文（We have a love-hate …）冒頭に「私たちは昆虫と愛憎の関係にある」とあり，続いて昆虫が作物を荒らすと同時に受粉媒介者として欠かせないなど，「愛憎の関係」が具体的に示されている。この選択肢は第④段の内容と一致する。

▶F.「私たちが気づいているかいないかにかかわらず，昆虫は私たちの身の回りの至るところにおり，私たちの日常生活と非常に密接に結びついていることを指摘している」

第②段第3文（Whether we are aware …）に「私たちが気づいていようといまいと，日々の暮らしを送るとき，毎日昆虫と混ざり合っている」とあることと一致する。

▶G.「正確に何種類の昆虫が地球上に存在してきたのか，専門家たちはまだ決定できていないことを明らかにしている」

第⑥段第1文（Estimates of the total …）に「現在の昆虫種の合計の概算は，150万から3000万に及ぶ」とある。現存するものでさえ概算の幅が非常に広い。同段第6文（If it seems incredible …）後半には「昆虫の歴史を通じて存在した昆虫が累積で数億種に上るかもしれないというのは頭がくらくらするほどのことだ」とある。この選択肢は第⑥段の内容と一致する。

▶H.「科学者が特定できている地球上の種の少なくとも50パーセントは昆虫であると述べている」

第①段第3文（To date, we have …）に「これまでのところ，私たちは世界で約200万種を発見し，記述し，名前を付けてきたが，その半数余りが昆虫である」とあることと一致する。

▶I.「昆虫は非常に幅広い環境で見つかるが，海中にはいないと述べている」

第⑧段最終文（The only place …）に「彼らがこれまでのところどうにもうまくいかなかった唯一の場所は海の中であり，特徴として海中には昆虫はいない」とあることと一致する。

▶J.「地球は昆虫がいなくては繁栄できないので，地球を所有しているのは昆虫種だと示唆している」

第⑤段第2文（From this perspective, …）に「この観点（＝多さの点）からすると，地球は私たちよりもむしろ昆虫のものである」，同段第5文（If insects packed up …）に「もし昆虫が荷造りをして旅立ってしまったら，地球は急速に力を失い，有毒なものになって滅びるだろう」とある。この選択肢は第⑤段の内容と一致する。

◆(2)本文の内容と一致するものを４つ選ぶ問題である。

▶A.「現在，約 50 万の昆虫種が絶滅の危機にある」

本文にこのような記述はない。

▶B.「人間は自分の暮らす状況を修正することによって厳しい環境に適応する」

第⑦段第３文（Instead, we shape …）に「私たちは自分の必要に合わせて生息地を形作る」とあることと一致する。この選択肢が正解の一つ。

▶C.「昆虫は社会を発達させた最も初期の種に含まれていた」

第⑨段第３文（Insects were among …）に「昆虫は…最初に社会を発達させたもの…の一つだった」とあることと一致する。この選択肢が正解の一つ。

▶D.「多くの昆虫の絶滅率が高いのは，彼らの生命周期が比較的短いからである」

第⑨段第２文（Their segmented body plan …）に「種の繁殖速度が速いため自然に絶滅する率は低い」とあることと一致しない。

▶E.「科学者たちは，人間にとって昆虫が食物として重要であることについてもっと知るために昆虫を研究している」

本文にこのような記述はない。

▶F.「人間の状態は，神話や寓話での昆虫への言及を通じて，よりよく理解できることもある」

第③段最終文（Our mythologies and religions …）に「神話や宗教は，怒りに満ちた神から送り込まれた災いとしてであれ…昆虫のような勤勉さのたとえ話を通じてであれ，昆虫への言及にあふれている」とあることと一致する。この選択肢が正解の一つ。

▶G.「地球上の昆虫種の数は最大で 3000 万種と考えられており，その３分の１が昆虫学者によって特定されている」

第⑥段第１～３文（Estimates of the total …）に「現在の昆虫種の合計の概算は，150 万から 3000 万に及ぶ。控えめで可能性の高い現実的な値は 500 万あたりで…これまでのところ昆虫学者はこの多様な種の５分の１しか記述していない」とあることと一致しない。

▶H.「私たちがミツバチから多くを学べるのは，彼らが勤勉で自然が生み出した究極のチームプレーを行うものだからである」

本文にこのような記述はない。

▶ I.「鳥や動物の完全な新種が発見されると，メディアの大きな見出しになることが多い」

第①段最終文（Thousands of new…）に「新種の鳥や哺乳類の発見は報道機関できちんと広く伝えられる」とあることと一致する。この選択肢が正解の一つ。

◆(3)文中の下線部の語句と同意のものを選ぶ問題である。

▶ 1.「ここでは perverse は…を意味している」

当該箇所は「自然はこの6本足の生き物に perverse 好みをもっている」となっている。直後の文で「世界で約200万の生物種…の半数余りが昆虫である」と述べられており，自然は昆虫を「偏愛」していると述べていると考えられる。E の odd「異常な」が適切。perverse は「御しがたい，強情な」の意。A．contrary「反対の」 B．difficult「困難な」 C．foolish「ばかげた」 D．harmful「有害な」

▶ 2.「ここでは cultural stigma は…を意味している」

当該箇所は「昆虫の大半が私たちにとってもっと慕わしいものになるのを妨げているのは…広く知られている cultural stigma だ」となっている。これのせいで昆虫が私たちにとって慕わしいものにならないということから，stigma は否定的な意味をもつと考えられる。また cultural「文化的」から，個人の好みではなく，一定の集団に関わるものであることを表している。B の collective unease「集団的な不安」が適切。stigma は「汚名，不名誉」の意。A．balanced opinion「釣り合いのとれた意見」 C．enriching contribution「豊かにする貢献」 D．human admiration「人間の称賛」 E．ultimate threat「究極的な脅威」

▶ 3.「ここでは wrathful は…を意味している」

当該箇所は「wrathful 神から送り込まれた災い」となっている。人間に災いを送り込むことから神は怒っていると考えられる。E の furious「怒り狂った」が適切。wrathful は「激怒した」の意。A．assured「自信に満ちた」 B．bold「大胆な」 C．confident「自信のある」 D．fearless「恐れを知らない」

▶ 4.「ここでは till は…を意味している」

当該箇所は「昆虫は私たちの廃棄物を再利用し，土を till するが，彼らはまた私たちの家に侵入し害を与えもする」となっている。同段は昆虫が人間にとって良いものでも悪いものでもあることを述べており，下線部は人間にとって良い点を述べている箇所。目的語が「土」であることから，Eの plow「耕す」が適切。till も「耕す」の意。A．calm「～を落ち着かせる」 B．capitalize「～を大文字で書く」 C．destroy「～を破壊する」 D．neglect「～を放置する」

▶5．「ここでは dwarf は…を意味している」

当該箇所は「昆虫の数は他のすべての種を合わせた数を上回っており，個々の昆虫種の多くは，多さの点で人類を dwarf する」となっている。昆虫の数が非常に多いことを述べており，Bの exceed「～を上回る」が適切。dwarf は「～を小さく見せる」の意。A．equal「～に匹敵する」 C．expose「～の正体を暴く」 D．fail「～の役に立たない」 E．highlight「～を目立たせる」

▶6．「ここでは eclipsing は…を意味している」

当該箇所は「（昆虫のボディプランや繁殖の速さが）もっとなじみ深い恐竜と哺乳類両方の時代の成功を eclipse する成功の歴史につながっている」となっている。直後の文で，昆虫が地球上の生物のうち，さまざまな新しい特徴を獲得した最初のものに含まれていることが述べられており，同文最後には「昆虫はこうしたことすべてを，人間がこれらの業績をまねたと思われるよりも…何千万年も前に行った」とある。恐竜は絶滅し，人間は現在地球上で繁栄してはいるが，昆虫と比べると劣ることを示している。Dの overshadowing「～を見劣りさせる，～にまさる」が適切。eclipse も「～の影を薄くする，～をしのぐ」の意。A．concealing「～を隠す」 B．equaling「～に匹敵する」 C．erasing「～をぬぐい去る」 E．underlining「～を強調する」

◆(4)第③段にある insectoid に使われている -oid の意味と異なるものを選ぶ問題である。

insectoid は -oid を外すと insect「昆虫」が残ることに注意。-oid は主に名詞に添えて「～のような（もの），～もどき」の意にする接尾辞。insectoid は「昆虫のような（もの）」を表す。わかりやすいものから説明すると，Dの humanoid「ヒューマノイド」は human＋oid で「人間のような（もの）」の意。Aの android「アンドロイド」は「ヒューマノイド」とほぼ同意で，日本語でも使われている（andr- は「男性」を表す)。Eの planetoid は planet＋oid で「惑星のような（もの)」というところから「小惑星」の意。Bの celluloid「セルロイド」は cellulose「セルロース」＋oid という合成語（もとは商標名)。Cの devoid「(～が）まったくない」のみ，このような構成を持っていない。Cが正解。devoid は de「分離」＋void「～をからにする」という成り立ちで「取り去り，からにする」が文字どおりの意。

●語句・構文●

（第①段）to date「これまでのところ」 herald「～を広く伝える」

（第②段）entwine「～をからみあわせる」 daily existence「日常生活」 pay *A* notice「*A* に注意を払う」

（第③段）diminutive「非常に小さい，ちっぽけな」 dawn「(時代などの）始まり，黎明期」 entomological「昆虫学の」 abound with ～「～で満ちている」

（第④段）revulsion「嫌悪」 pestilence「伝染病」 inform「(感情など）を吹き込む，～に影響を与える」

（第⑤段）outnumber「～より数が多い」 Were humans to disappear tomorrow＝If humans were to disappear tomorrow「仮に人間が明日姿を消したら」If S were to *do* はあり得ないことを想定する仮定法。仮定法の if 節は if を省略して疑問文と同じ語順の倒置で表すことがある。wither「衰える」 multitudinous「非常に多くの，多様な」

（第⑥段）be short of ～「～が足りない」 all the more daunting「それだけいっそう気力をくじく（ような)」all the＋比較級は「(何かの理由で）それだけいっそう…」の意。この文では，続く when 節の内容が〈理由〉にあたる。 lineage「血統，種族」あとに出てくる descent もほぼ同意。 cumulatively「累積的に」

（第⑦段）environs「環境，周囲の状況」 domicile「住居」 to *one's* liking「～の好みに合わせて」 paramount「最高（位）の」

（第⑧段）in droves「群れをなして」

（第⑨段）body plan「ボディプラン，体制」生物が発育するにつれてとる体の構造のことを表す。

Ⅲ **解答** ⑴1－K　2－B　3－G　4－D　5－J　6－F
7－H　8－A　9－I

⑵－B・D・F・G

⑶1－C　2－D　3－A　4－E

⑷1－E　2－B　3－A　4－D

◆全　訳◆

≪知覚のしくみ≫

①　知覚表象の電気生理学的研究は，私の指導教官であるウェイド＝マーシャルが先鞭をつけた。彼は，触覚，視覚，聴覚が大脳皮質にどのように表象されるかを初めて研究した人である。マーシャルは触覚の表象を研究することから始めた。1936 年，彼はネコの体性感覚野には体表面の地図が含まれていることを発見した。その後，彼はフィリップ＝バード，クリントン＝ウルシーと共同研究し，サルの脳内にある体表面全体の表象を非常に詳細に地図化した。数年後，ワイルダー＝ペンフィールドが人間の体性感覚野の配置図を作成した。

②　これらの生理学的研究は，感覚地図に関する 2 つの原理を明らかにした。まず，ヒトでもサルでも体の各部分が大脳皮質に体系的に表象されていることである。もう一つは，感覚地図は，単に体表面の特徴を脳内でそのまま複写したものではないということだ。むしろ，感覚地図は体形を著しくゆがめたものだ。体の各部分は，その大きさではなく，感覚認識における重要性に比例して表象されているのである。したがって，触覚に対してきわめて敏感な場所である指先や口は，より広範囲を占めてはいるものの接触にはそれほど敏感ではない背中の皮膚に比べると不釣り合いに大きな表象をもっている。このゆがみは体の異なる場所の感覚神経の密度を反映している。ウルシーはのちに他の実験用動物で同様のゆがみを発見した。たとえば，ウサギでは，顔と鼻が脳内で最も大きな表象をもっているが，これは，顔と鼻はウサギが自分を取り巻く環境を探る主要な手段だからである。これらの地図は経験によっても修正されうる。

③　1950 年代初期，ジョンズ・ホプキンス大学のバーノン＝マウントキャッスルは，細胞一つ一つからの記録をとることで，知覚表象の分析を拡張させた。マウントキャッスルは，彼がニューロンの受容野と呼ぶ皮膚の限られた場所からの信号だけに体性感覚野の個々のニューロンが反応する

ことを発見した。たとえば，左脳の体性感覚野の手の領域にある一つの細胞は，右手中指の先端の刺激にだけ反応し，他の何にも反応しないかもしれないのだ。

④ マウントキャッスルはまた，触覚がいくつかの異なるサブモダリティーから構成されていることも発見した。たとえば，触覚には，皮膚を軽くなでることによって生み出される感覚だけでなく，皮膚にかかる強い圧力によって生み出される感覚も含まれている。彼は，個々の異なったサブモダリティーには，脳内にそれぞれ独自の経路があり，この分離は脳幹と視床内でそれぞれにリレーされるときにも保たれていることを発見したのである。この分離の最も魅力的な例は，体性感覚野に明らかに見られる。体性感覚野は，その上部表面から下部表面まで広がる神経細胞の柱へと編成されているのである。各々の柱は一つのサブモダリティーと皮膚の一つの領域に割り当てられている。したがって，ある柱の内部のすべての細胞は，人差し指の先からくる表面接触の情報を受け取るかもしれない。別の柱の細胞は人差し指からくる強い圧力の情報を受け取るかもしれない。マウントキャッスルの研究は，接触に関する感覚的メッセージがどの程度分解されているかを明らかにした。各サブモダリティーは別々に分析され，再構築され，情報処理のあとのほうの段階になってやっと一つにまとめられる。マウントキャッスルはまた，こうした柱が大脳皮質の基本的な情報処理モジュールを形成しているという，今では一般に認められている考えを提唱した。

⑤ 他の感覚モダリティーも同様に編成されている。知覚の分析は，他のどの感覚よりも視覚で進んでいる。視覚では，視覚情報も網膜から大脳皮質までの経路に沿って，ある点から別の点へと次々にリレーされ，まず分解，次に再構築されて，正確に変換されることがわかっているが，こうしたことはすべて，私たちがまったくあずかり知らぬうちに行われている。1950年代初期に，スティーブン＝カフラーは網膜の個々の細胞から記録をとり，それらの細胞は光の絶対量を信号で伝えているのではないという驚くべき発見をした。そうではなく，光と影のコントラストを信号で伝えているのである。彼は，網膜細胞を興奮させる最も効果的な刺激は，明るい光の小さな点だということに気づいた。デイビッド＝ヒューベルとトルステン＝ウィーゼルは視床に位置する，次の段階のリレーで作用している

同様の原理を発見した。しかし彼らは，一旦信号が皮質に到達すると，それが変換されるという驚くべき発見をしたのだ。皮質のほとんどの細胞は，小さな光の点に活発に反応することはない。そうではなく，細胞は線状の輪郭，つまり，たとえば私たちの環境の中にある物体の輪郭線のような，比較的明るい部分と比較的暗い部分の間の細長い縁に反応するのである。

⑥　最も驚くべきことは，一次視覚野の各細胞は，そのような明暗の輪郭線の特定の方向にだけ反応するということだ。したがって，もし四角いブロックが私たちの目の前でゆっくりと回されて，各々の縁の角度がゆっくりと変化すると，こうした異なる角度に反応して異なる細胞が興奮するということになる。線状の縁が垂直の向きになるときに最もよく反応する細胞もあれば，縁が水平になるときに最もよく反応するものもあり，さらに軸が傾いているときに最もよく反応するものもある。視覚的な対象を異なる方向を向いた線の部分に分解することは，私たちの環境にある物体の形をコード化する最初の段階のようだ。ヒューベルとウィーゼルは次に，視覚システムにおいては体性感覚野システムと同様に，似たような特性をもつ細胞（この場合，類似の方向軸をもつ細胞）が，柱の中でグループにまとめられているということを発見した。

⑦　私はこの研究を魅力的なものだと思った。脳科学への科学的貢献として，この研究は，前世紀の変わり目に行われたサンティアゴ＝ラモン＝イ＝カハールの研究以来，大脳皮質の編成の理解における最も根本的な進歩を表している。カハールは，個々の神経細胞の集合間の連結の正確さを明らかにした。マウントキャッスル，ヒューベル，ウィーゼルは，こうした連結のパターンの機能上の重要性を明らかにした。彼らは，その連結が，皮質までの，そして皮質内部の経路上で感覚情報をふるいにかけ変換すること，皮質は機能上の区画，つまりモジュールに編成されていることを示した。

⑧　マウントキャッスル，ヒューベル，ウィーゼルの研究の結果，私たちは認知心理学の原理を細胞レベルで認識し始められる。この科学者たちは，私たちの知覚が正確で直接的なものだという考えが幻想――錯覚――であることを示して，ゲシュタルト心理学の推論を確証したのだ。脳は，感覚機能を通して受け取る生のデータをただ受け入れ，それを忠実に再現しているのではない。そうではなく，各感覚システムがまず分析と分解を行い，

次に生の，入ってくる情報をそれぞれに内蔵された連結と規則にしたがって再構築しているのだ――イマニュエル＝カントを思わせるではないか！

⑨　感覚システムは憶測を生み出すものである。私たちは世界に直接的に相対しているのでも正確に相対しているのでもない。マウントキャッスルが指摘しているように，

…私たちの唯一の情報入手手段であり，現実とつながる命綱である，数百万のもろい感覚神経線維で「そこにある」ものとつながれている脳から，相対しているのだ。神経線維はまた生命そのものにとって欠かせないもの，つまり意識のある状態，自己認識を保つ，内に向かう刺激を与えてもくれる。感覚は，感覚神経末端のコード化機能と中枢神経系の統合を行う神経の機構によって定められる。神経線維は忠実度の高い記録者ではない。それらは特定の刺激の特徴を強調し，他のものは無視するからである。中枢ニューロンは，神経線維に関しては物語を語るものであり，質と寸法のゆがみを許しているため，決して完全に信頼できるものではない。…「感覚は現実世界を抽象化したものであり，複製ではない」。

◀解　説▶

◆(1) 1～9はいずれも「第～段で筆者は…」である。各選択肢を順に見ながら，どの段に相当するか検討する。

▶A.「神経細胞，脳細胞に関する数多くの科学者の研究は，感覚が直接的なものではなく，脳内で構築されるものであることを示していると主張している」

第⑧段第2文（These scientists confirmed …）に「科学者たちは，私たちの知覚が正確で直接的なものだという考えが幻想…であることを示し」，続く第3・4文（The brain does not …）に「脳は，感覚機能を通して受け取る生のデータをただ受け入れ，それを忠実に再現しているのでは…なく，各感覚システムがまず分析と分解を行い，次に…再構築している」とあることと一致する。

▶B.「体の各部分は脳の特定の場所に表象されており，その大きさは知覚にとっての重要性に比例すると主張している」

第②段第2文（First, in both …）に「体の各部分が大脳皮質に体系的に表象されている」，同段第5文（Each part of …）に「体の各部分は，

その大きさではなく，感覚認識における重要性に比例して表象されている」とあることと一致する。

▶C.「異なる感覚機能から得られる情報のサブモダリティーが，大脳皮質内で相互作用するさまざまな様子を論じている」

本文にこのような記述はない。

▶D.「触覚のさまざまなサブモダリティーは，異なる神経経路によって脳に伝達され，異なる柱の内部にある脳細胞とつながると説明している」

第④段第 2 文（He found that each …）に「個々の異なったサブモダリティーには，脳内にそれぞれ独自の経路があり，この分離は脳幹と視床内でそれぞれにリレーされるときにも保たれている」，同段第 4 ～ 6 文（Each column is …）に「各々の柱は一つのサブモダリティーと皮膚の一つの領域に割り当てられている。したがって，ある柱の内部のすべての細胞は，人差し指の先からくる表面接触の情報を受け取るかもしれない。別の柱の細胞は人差し指からくる強い圧力の情報を受け取るかもしれない」とあることと一致する。

▶E.「脳は生まれたときから，前もって決定されている独自の種類を感覚データに課すように構成されているという事実に焦点を当てている」

本文にこのような記述はない。

▶F.「脳内の個々の細胞は柱状に編成されており，光と影のコントラストの角度の異なりを明確に知覚することを引き続き主張している」

第⑥段第 1 文（Most amazingly, …）に「一次視覚野の各細胞は，そのような明暗の輪郭線の特定の方向にだけ反応する」，同段最終文（Hubel and Wiesel next …）に「似たような特性をもつ細胞…が，柱の中でグループにまとめられている」とあることと一致する。

▶G.「脳内の特定の細胞は，体の特定の領域と結びついているという発見を紹介している」

第③段第 2 文（Mountcastle found that …）に「皮膚の限られた場所からの信号だけに体性感覚野の個々のニューロンが反応する」とあることと一致する。

▶H.「数多くの異なる研究者たちが，神経系の相互連結と脳の編成に関する知識に貢献してきたと主張している」

第⑦段第 3 文（Cajal revealed …）に「カハールは，個々の神経細胞の集合間の連結の正確さを明らかにした」，続く第4・5文（Mountcastle, Hubel, and Wiesel …）に「マウントキャッスル，ヒューベル，ウィーゼルは…その連結が，皮質までの，そして皮質内部の経路上で感覚情報をふるいにかけ変換すること，皮質は…モジュールに編成されていることを示した」とあることと一致する。

▶ I．「感覚情報は常に不完全であり，脳内での感覚の再現は一種の虚構であることを詳しく述べている」

第⑨段第5文（Nerve fibers are not …）に「神経線維は…特定の刺激の特徴を強調し，他のものは無視する」，同段最終文（*Sensation is an abstraction,* …）に「感覚は現実世界を抽象化したものであり，複製ではない」とある。感覚情報は一部が無視されており不完全であること，感覚が現実世界を忠実に再現したものではないことがわかる。この選択肢は第⑨段と一致する。

▶ J．「目の内部の細胞は光の点を最もよく知覚するが，脳内ではこれは光と影の対比をきわだたせる輪郭線として処理されると述べている」

第⑤段第5文（He found that …）に「網膜細胞を興奮させる最も効果的な刺激は，明るい光の小さな点だ」，同段第8・9文（Most cells in the cortex …）に「皮質のほとんどの細胞は，小さな光の点に活発に反応することは…なく，細胞は…比較的明るい部分と比較的暗い部分の間の細長い縁に反応する」とあることと一致する。

▶ K．「ネコ，サル，ヒトの脳内の感覚地図に関する最初の研究について述べている」

第①段の内容と一致する。

◆(2)本文の内容と一致するものを4つ選ぶ問題である。

▶ A．「脳内の細胞の相当多数が，視覚のために使われている」

本文にこのような記述はない。

▶ B．「目の網膜内の細胞は，光の絶対量ではなく，光と影のコントラストの信号を送る」

第⑤段第4文（In the early 1950s, …）に「網膜の個々の細胞…は光の絶対量を信号で伝えているのでは…なく，光と影のコントラストを信号で伝えている」とあることと一致する。この選択肢が正解の一つ。

▶ C．「体の個々の場所は，同じ神経経路に沿って，異なる種類の触覚を伝達する」

第④段第 2 文（He found that …）に「個々の異なったサブモダリティーには，脳内にそれぞれ独自の経路があり，この分離は脳幹と視床内でそれぞれにリレーされるときにも保たれている」とあることと一致しない。

▶D.「神経細胞は，個々の感覚機能の一部の特徴にしか反応しない」

第④段第 1 文（Mountcastle also discovered …）に「触覚がいくつかの異なるサブモダリティーから構成されている…たとえば，触覚には，皮膚を軽くなでることによって生み出される感覚だけでなく，皮膚にかかる強い圧力によって生み出される感覚も含まれている」，同段第 4 文（Each column is …）に「各々の柱は一つのサブモダリティーと皮膚の一つの領域に割り当てられている」とあることと一致する。この選択肢が正解の一つ。

▶E.「一旦視覚信号が脳に到達すると，それは異なるパケットに分解され，制御された処理のための皮質の特定の領域に異なった経路で送られる」

第⑤段第 3 文（Here we see that …）に「視覚情報も網膜から大脳皮質までの経路に沿って，ある点から別の点へと次々にリレーされ，まず分解，次に再構築されて，正確に変換される」，同段第 7 文（However, they made …）に「一旦信号が皮質に到達すると，それが変換される」とあるが，分解後に別の経路で転送されるといった過程については本文では述べられていない。この選択肢は本文の内容と一致しない。

▶F.「感覚情報は神経によって伝達されるが，脳内で分解され，その後再構築される」

第⑤段第 3 文（Here we see that …）に「視覚情報も網膜から大脳皮質までの経路に沿って…リレーされ，…まず分解，次に再構築される」とあることと一致する。これが正解の一つ。

▶G.「体の同じ領域からくる異なる触覚に関する信号を受け取るニューロンは，脳内の柱にまとめられている」

第④段第 5・6 文（Thus, all the cells …）に「ある柱の内部のすべての細胞は，人差し指の先からくる表面接触の情報を受け取るかもしれない。別の柱の細胞は人差し指からくる強い圧力の情報を受け取るかもしれない」とあることと一致する。これが正解の一つ。

▶H.「バーノン＝マウントキャッスルは，個々の神経細胞の集団が相互に連結されている正確さを最初に発見した人物である」

第⑦段第3文（Cajal revealed the precision …）に「カハールは，個々の神経細胞の集合間の連結の正確さを明らかにした」とあることと一致しない。

▶I.「私たちの目の前で四角いブロックが回転しているとき，視覚情報は脳内の一つのニューロンで処理されている」

第⑥段第2文（Thus, if a square block …）に「もし四角いブロックが私たちの目の前でゆっくりと回され…ると…異なる細胞（cells）が興奮する」，同段最終文（Hubel and Wiesel next found …）に「視覚システムにおいては…似たような特性をもつ細胞…が，柱の中でグループにまとめられている」とあることと一致しない。

▶J.「ワイルダー＝ペンフィールドは，ネコの体性感覚野の配置図を作成した」

第①段最終文（A few years later …）に「ワイルダー＝ペンフィールドが人間の体性感覚野の配置図を作成した」とあることと一致しない。

◆(3)本文の内容と一致する文を完成する問題である。

▶1.「私たちの知覚が正確で直接的なものであるという考えは（　）である」

第⑧段第2文（These scientists confirmed …）に「私たちの知覚が正確で直接的なものだという考えは幻想――錯覚――である」とある。Cの illusory「錯覚に基づく」が正解。

▶2.「バーノン＝マウントキャッスルは，大脳皮質内の単一のニューロンが，皮膚の（　）領域だけからの情報を受け取ることを発見した」

第③段第2文（Mountcastle found that …）に「マウントキャッスルは…皮膚の限られた場所からの信号だけに体性感覚野の個々のニューロンが反応することを発見した」とある。Dの restricted「限られた」が正解。

▶3.「筆者は，視覚野の個々のニューロンが対照を示す線の特定の向きに反応するという事実を（　）と見なしている」

第⑥段第1文（Most amazingly, …）に「最も驚くべきことは，一次視覚野の各細胞は，そのような明暗の輪郭線の特定の方向にだけ反応するということだ」とある。Aの amazing「驚くべき」が正解。

▶4．「体の異なる部分の脳内の表象は（　）である」

第②段第2文（First, in both …）に「ヒトでもサルでも体の各部分が大脳皮質に体系的に表象されている」とある。Eの systematic「体系的な」が適切。

◆(4)本文の内容と一致する文を完成する問題である。

▶1．「バーノン＝マウントキャッスルは，脳内のニューロンの機能を説明するのに（　）の比喩を用いている」

第⑨段最後から2番目の文（The central neuron is …）に「中枢ニューロンは，神経線維に関しては物語を語るものである」とある。Eの story-teller「物語を語るもの」が正解。

▶2．「脳内の触覚地図は，体表面の特徴，つまり形の正確な（　）ではない」

第②段第3文（Second, sensory maps …）に「感覚地図は，単に体表面の特徴を脳内でそのまま複写したものではない」とある。Bの copy「複写」が正解。

▶3．「カハールは，大脳皮質の編成に関する私たちの理解に相当な（　）をした」

第⑦段第2文（As a scientific …）に「脳科学への科学的貢献として，この研究は…カハールの研究以来，大脳皮質の編成の理解における最も根本的な進歩を表している」とある。Aの contribution「貢献」が正解。

▶4．「ウェイド＝マーシャル，フィリップ＝バード，クリントン＝ウルシーは，体表面の脳の（　）を研究した」

第①段第4文（He then collaborated with …）に「彼（＝マーシャル）はフィリップ＝バード，クリントン＝ウルシーと共同研究し，サルの脳内にある体表面全体の表象を非常に詳細に地図化した」とある。Dの map「地図」が正解。

●語句・構文●

（第①段）electrophysiological「電気生理学的な」 representation「表象，心像」 mentor「指導教官」

（第②段）topography「表面的特徴」 in proportion to ～「～に比例して」 disproportionately「不釣り合いに」 the skin of the back, which although more extensive is less sensitive to touch「背中の皮膚は，よ

り広範囲に及ぶが，接触にはそれほど敏感ではない」本来は which is less sensitive to touch というつながり。そこに副詞節 although (it is) more extensive が主語と be 動詞を省略した形で挿入されている。

（第④段） tactile「触覚の」 segregation「分離」 brain stem「脳幹」 module「モジュール」全体の一部をなすが，それぞれ独立した機能をもつ単位のこと。「ユニット」という日本語のほうがイメージしやすいかもしれない。

（第⑤段） contour「輪郭線」

（第⑦段） enthralling「魅了するような」 stand as ～「～を表す，意味する」 population「個体群，集団」

（第⑧段） discern「～に気づく，認める」 inference「推論」

（第⑨段） excitation「刺激（作用）」 ending「末端」 accentuate「～を強調する」 with regard to ～「～に関しては」

◀Writing▶

I 解答例 〈解答例 1〉 I don't think that high schools in Japan should do the same. When schools require students to volunteer, it is no longer volunteer work and doesn't live up to the ideal of volunteerism. Additionally, if some people temporarily join a volunteer group without much enthusiasm, it will only disturb the other members who need to spare the time to show them what to do. What schools should do is introduce good examples of volunteer activities and people engaged in them and teach students the importance of a spirit of service. It should be up to students themselves to decide whether they want to participate in such activities.

〈解答例 2〉 I think that high schools in Japan should do something similar. Probably many high school students understand that it is good to do volunteer activities, but they don't know how to take part in them. So, if schools require them to volunteer and tell them where and how they can, it will surely benefit young people. Once students actually work in some organization or charity, they will find another opportunity on their own more easily. By making it easier to volunteer, high schools can help address the problem of volunteer shortage, which many NPOs and NGOs face in Japan.

◀解　説▶

「『合衆国のますます多くの高校が，卒業するためには，非営利団体（NPO），非政府組織（NGO），さまざまな慈善団体でおよそ 40 時間ボランティアをすることを生徒に求めている。日本の高校は何か同様のことをすべきだと思うか』という問いに対して，自分の立場を裏づける適切な理由（複数）を挙げ，1 段落の英語の文章を書け」 解答欄は約 15 cm×10 行。

賛成または反対の意見を問う問題なので，まず自分の立場を表明し，理由を続けるという進め方になる。

〈解答例１〉はボランティア活動を高校が必須とすることに反対の立場で，強制すればそれはボランティアではなく，この種の活動の精神に反することを主たる理由としている。学校がすべきことはボランティア活動の例を示し，奉仕の精神の大切さを教えることであり，参加するかどうかは生徒に任せるべきだと述べている。

〈解答例２〉は賛成の立場で，多くの高校生はボランティア活動が良いことだと知っていても，どのように参加すればよいかわかっていないので，高校がボランティア活動を求め，活動ができる場所や参加の仕方を示すことが生徒の役に立つとしている。一度実際に経験すれば，生徒は別の機会を自分で見つけるのが容易になり，これがボランティア団体の人手不足を解決する一助になるとまとめている。

Ⅱ 解答例

〈解答例１〉According to the graph, the countries with the highest levels of income generate the least plastic waste, but it is not the countries with the lowest levels of income that produce the most plastic waste. Rather, those with "moderate" income do. This pattern is probably due to the following reasons. The richest countries have good methods for disposal or processing of plastic, and the poorest countries do not use so much of it as to produce waste from it. Countries with a "moderate" level of income may use considerable amounts of plastic but may not have effective ways to recycle or process it, nor is their level of awareness concerning environmental issues high.

〈解答例２〉The graph resembles a parabola. It means that countries with medium income levels, such as Sri Lanka, show the highest level of mismanaged plastic waste. Countries with lower levels of income, such as Congo and Liberia, generate less plastic waste and those with the highest income, like Japan, South Korea, and Sweden, have the lowest rate of plastic waste generation. A probable reason for this pattern is that in the poorest countries plastic is not freely available and that the richest countries, though they use considerable amounts of plastic, have effective ways of managing plastic waste. On the other hand, countries with medium income levels use as much plastic as the richest countries but do not succeed in disposing of it.

◀解　説▶

「下のグラフを見て，示されている主な傾向を説明せよ。このグラフに基づいて，環境汚染物質となるプラスチックの廃棄量と個々の国の収入レベルの間に，どのような種類の関係が特定できるだろうか。このパターンを説明するどのような理由が考えられるだろうか。

間違った処理をされたプラスチックの一人当たりの1日の廃棄量のキログラム数（kg/p/d）の自然対数（ln）を，一人当たりの国民総所得の自然対数に対してプロットしており，個々のデータポイントは個々の国を表している。たとえば，最も高いプラスチック汚染率を表している点は，0.229 kg/p/d の自然対数 −1.2 と 2,420 ドルの自然対数 7.79 でスリランカを表しており，一方最も低いプラスチック汚染率を表している点は，0.001 kg/p/d の自然対数 −6.9 と 53,810 ドルの自然対数 10.89 でスウェーデンを表している」 解答欄は約 15 cm×12 行。

※グラフ縦軸：間違った処理をされたプラスチックの一人当たりの廃棄量（1日当たりのキログラム数）（自然対数）

※グラフ横軸：一人当たりの収入（自然対数）

グラフの説明がやや専門的になってはいるが，グラフ自体は直観的にわかるものである。どのようなことを述べればよいかも設問文に示されており，内容を考える手助けになる。

〈解答例1〉では，収入レベルの最も高い国々ではプラスチックの廃棄量が最も少ないが，プラスチックの廃棄量が最も多いのは収入レベルの最も低い国々ではなく中くらいの収入レベルの国々である，とグラフが示す事実を述べ，その理由として，収入レベルの高い国々はプラスチックの廃棄や処理の良い方法があること，収入レベルの低い国々では，利用されているプラスチックの量がもともと少ないかもしれないこと，中くらいの収入レベルの国々はプラスチックを多く使う一方で，効果的な処理法や環境問題に対する高い意識がないことが考えられるとしている。

〈解答例2〉も内容的には類似したものになるが，放物線のように見えるグラフから読み取れるパターンを具体的な国名にも言及しながらまとめ，続いてその理由として考えられることを述べている。

III **解答例**　狩猟採集社会は，現代的な意味での物質的豊かさや技術はなかったが，生活に必要なもの，つまり十分な食事，生計の手段，余暇があるという点で，現代の産業社会に劣らず満ち足りていた。また，社会階級や性差別もなく，個人の自由を享受していた。こうした暮らし方や集団での意思決定の方法のおかげで，狩猟採集民は資源を破壊することなく環境との均衡を取ることができ，何万年も繁栄することができたのである。

◆全　訳◆

≪狩猟採集社会の豊かさ≫

マルクスは「原始的な社会の活力は，現代の資本主義社会…よりも比較にならないほど大きかった」と主張した。この主張はそれ以来，有名な『ケンブリッジ狩猟採集民事典』のこの項目にきちんとまとめられた数多くの研究によって，正しいと立証されてきた。同事典は「狩猟採集は，人類の最初にして最も成功した適応だったのであり，人類史の少なくとも90パーセントを占めている。1万2000年前まで，人類はみなこのように暮らしていた」と述べている。現代生活の皮肉な事態は，物質的な豊かさが目を見張るほど増し，何世紀にもわたって技術が進歩してきたにもかかわらず，物質的な所有物はほぼ何も持たずに暮らしていた狩猟採集民が，産業化の進んだ北半球で営まれている生活と多くの点で同じくらい満ち足りた価値のある暮らしを享受していたということである。多くの狩猟採集社会は，自分に必要なものをすべて持っているという意味で豊かだった。たとえば，アフリカ南部のジュホアンシ族の民族誌学の記述は，その社会の人々は十分な食事をし，生計を立てる手段があり，余暇も十分あったことを示している。彼らは余暇を，食べたり，飲んだり，遊んだり，人と交流したり，つまり，まさに豊かさに関わることをして過ごしていた。多くの狩猟採集社会は，個人の自由も大いに享受してきた。たとえば，クン族やタンザニアのハヅァ族には，リーダーはまったくいないか，権限が厳しく制限された一時的なリーダーがいただけだった。これらの社会には社会階級はなく，ジェンダーに基づいた差別はおそらくなかった。その暮らし方や集団での意思決定の方法のおかげで，こうした社会はその経済を支えている資源を破壊することなく環境と均衡を保ち，何万年にもわたって生き延び繁栄することができたのである。

◀解　説▶

設問は「以下の文章を読み，要点を日本語で簡潔にまとめよ」というものである。解答欄は約 15 cm × 8 行。

各文の内容をまとめると以下のようになる。

第 1 文：マルクスは原始的な社会の活力は現代の資本主義社会よりはるかに大きかったと主張した。

第 2 文：この主張は多くの研究で正しさが立証されてきた。

第 3 文：「狩猟採集は人類の最も成功した適応であり，人類史の 90 パーセントを占める」

第 4 文：「1 万 2000 年前まで人類はみな狩猟採集で暮らしていた」

第 5 文：物質的には何も持たずに暮らしていた狩猟採集民は，物質的に豊かで技術の進歩した現代の富裕国と同じくらい満ち足りていた。

第 6 文：狩猟採集社会が豊かだというのは，必要なものをすべて持っているという意味においてである。

第 7 文：一例はアフリカ南部の部族で，彼らには十分な食事，生計の手段，余暇があった。

第 8 文：彼らは余暇を豊かに過ごしていた。

第 9 文：多くの狩猟採集社会には個人の自由もあった。

第 10 文：一部の部族ではリーダーがおらず，いても権限が著しく制限されていた。

第 11 文：こうした社会には社会階級や性差別もなかった。

第 12 文：その暮らし方や集団での意思決定の方法が，こうした社会が環境との均衡を保ち，長く繁栄できた理由である。

①第 1 ～ 5 文では，狩猟採集社会が，現代的な意味での物質的な豊かさなしに満ち足りていたことを述べ，②第 6 ～ 8 文では，その豊かさとは，食料，生計の手段，余暇など必要なものがすべてあったという意味であることが示されている。さらに，③第 9 ～11 文では社会階級や性差別もなく，個人の自由があったことが述べられ，④第 12 文はこうした社会の在り方，人々の暮らし方が，その社会が資源を破壊せず環境とのバランスを保って何万年も続くことができた理由だとまとめている。文章の主旨は①「狩猟採集社会は豊かだった」ことであり，それがどのような点においてなのかを②，③の 2 点を使って示し，④で締めくくるというまとめ方にな

るだろう。

●語句・構文●

vindicate「～の正当さを立証する」 entry「(事典などの) 項目，見出し」 spectacular「目を見張るような」 affluent「豊かな」 ethnographic「民族誌学の」 arguably「ほぼ間違いなく」 in equilibrium with ～「～と均衡を保って」

❖講　評

2022 年度は Reading 3 題，Writing 3 題の計 6 題で，試験時間は Reading が 90 分，Writing が 60 分で別個の試験として行われた。

Reading：

Ⅰ.「翻案の価値」は，翻案の歴史や評価，現代においてとりわけ映画やテレビ番組で翻案の数が増えている理由などを多方面から論じたもの。設問は⑴段落の主題，⑵内容真偽，⑶同意表現の計 3 問。⑶でやや見慣れないものや推測しづらいものが含まれているが，時間をかけすぎないように判断したい。

Ⅱ.「昆虫に関する知られざる事実」は，身近にいながらあまり注意を払われていない昆虫が，実は人間の生活と密接に関係しており，多様性や歴史の長さなどの点で偉大な存在であることを論じている。設問は⑴段落の主題，⑵内容真偽，⑶同意表現，⑷接尾辞の意味の計 4 問。⑷は新傾向。-oid という接尾辞について，本文中の語のそれと意味が異なるものを選ぶ問題である。これまでにない問題だが，判断するのは困難ではない。

Ⅲ.「知覚のしくみ」は，外部世界からの刺激を私たちの感覚器官と脳がどのように処理しているのかを論じたもの。設問は⑴段落の主題，⑵内容真偽，⑶・⑷内容説明（空所補充）の計 4 問。文章が特に専門的で，この大問のみ英語による語注が与えられている。こういったテーマに慣れていなければ，読解には苦労するだろう。

試験時間が 90 分なので，単純計算で 1 題 30 分である。一読で内容をつかみ，読みながら解答していけるだけの英語力が求められる。文章の内容が高度なものなので，文章を読んで理解するという英語以前の力も蓄えておきたい。

Writing：

Ⅰ.「ボランティア活動」を高校が必須のものとすべきかどうかについて，理由を挙げて自分の意見を英語で述べる問題。なじみのあるテーマで，同様のことをこれまでに考えたことがある受験生も少なくないだろう。比較的書きやすいテーマであり，基本的なミスのない英文を手早く仕上げたい。

Ⅱ．各国の収入レベルとプラスチックの廃棄量の相関関係を示したグラフを見て，そこから読み取れるパターンと考えられる理由を英語で述べる問題。グラフの解釈は困難ではないが，読み取れたことを英語で表現するのがやや難しい。同様の問題は 2021 年度にも新傾向の問題として出題された。今後どうなるか即断はできないが，資料説明の英語表現をある程度覚えておくとよいかもしれない。

Ⅲ．英文を読み，日本語で要約する問題。狩猟採集社会が現代の社会に劣らず豊かであったことを論じた文章。どのような点で豊かであったのかをわかりやすくまとめることがポイントだった。

試験時間が 60 分なので，1 題約 20 分である。時間的に厳しく，日本語・英語いずれでも文章を書き慣れていることが前提であろう。特に意見論述やグラフの解釈は内容を自ら考える必要があるので，何らかのテーマに対して素早く考えをまとめる力をつけておくことが求められる。かなりの準備を要する問題である。

//////////////////// ·memo· ////////////////////

2021年度

解答編

解答編

英語

◀Reading▶

I **解答** ⑴1－E　2－I　3－B　4－D　5－F　6－J　7－H　8－C

⑵1－C　2－A　3－C　4－A　5－C　6－B　7－D　8－C　9－B　10－A

⑶－E・G・H・J

◆全　訳◆

≪レゴ社の歴史と今後の展望≫

①　レゴ関連の大騒ぎのピースを踏みつけずにどこかへ行くのはなかなか難しい。『レゴムービー』が 3 週連続アメリカの興行売り上げ第 1 位になったのはそれほど前のことではない。その映画に関連するモデルキットが店頭に山積みされ，出回っているただでさえ膨大なレゴの山に加わった。地球上のすべての人 1 人につき 86 個という数である。その玩具メーカーは，10 年にわたって目を見張るような成長を享受し，収益はほぼ 4 倍になった。2012 年には，ハズブロを抜いて世界第 2 位の玩具メーカーになり，一方，玩具メーカー第 1 位のマテルは，レゴからの挑戦をかわすのに役立つよう，新たな買収を探っている。

②　このことは，多くの理由で注目に値する。レゴの本拠地，デンマークの田舎にあるビルンは，たいへん小さな町なので，驚くにはあたらないが，同企業はホテル，それも格調高いホテルを提供しなくてはならなかった。玩具業は世界で最も油断のならない事業の一つである。絶えず流行を追い求め，最近では技術革新で勢いを増している。子どもたちはだんだんと成長するのが早くなり，ますますモノの世界を捨ててバーチャルの世界を求

めている。揚句の果てに，あまりにも多くの分野に手を広げ，あまりにも多くの製品を作り，何年もの間ふらふらしたために，この企業は 2003 年と 2004 年につぶれかけた。破れかぶれになって，レゴブランドの衣類や時計を作って「ライフスタイル」企業になるという考えに手を出しさえした。

③　レゴの 10 年にわたる成功は，同社がヨアン＝ヴィー＝クヌッドストープを最高責任者に任命したときに始まった。これはリスクを伴う行為だった。この役職を引き受けたとき，クヌッドストープ氏は弱冠 35 歳で，玩具企業を経営することや，あるいはどんな企業であれその先頭に立つことで，というよりむしろ経営コンサルタントとして経験を積んできていた。しかし，それは素晴らしい決定だったことがわかった。クヌッドストープ氏は，レゴ社はその基幹製品に集中し，ブランドを拡張することについて忘れ，そのテーマパークを売却さえして，「もとのブロックに」戻らなくてはならないと判断を下した。彼はまた，たとえば会社が製造していた形の異なるピースの数を 12,900 から 7,000 とほぼ半分に減らすなど，より厳しい経営管理を導入した。

④　クヌッドストープ氏のもとで，レゴは革新と伝統のバランスをうまくとっている。同社は，売り上げを増加させ続ける新しいアイデアを生み出さなければならない。顧客は，手持ちのブロックを増やし，もっと値段の安いライバル社よりレゴ社からそれを買う理由を必要としているからである。同時に，会社をつぶしかけたような規律のない刷新に抵抗しなくてはならない。レゴ社は，子どもたちに作品見本を提供するために，砦や宇宙船のような既成のデザインの一連のキットを製造している。しかし，そのピースは子どもが持っているブロックのコレクションに加えたり，あらゆる種類の違うものを作るために再利用したりすることができるとも，同社は主張している。

⑤　レゴ社は，関係管理に長けてきている。『レゴムービー』は，レゴ社がバーチャルの世界に進出しつつ，いかにレゴブロックに重点的に取り組めるかを実証している。ワーナーブラザーズが映画を作り，一方レゴ社は模型を提供した。その漂流の時代には，レゴ社はハリー＝ポッターやスターウォーズといった，他企業の大ヒット作とのフランチャイズに頼りすぎた。今回は，他の誰かのではなく，レゴ社の知的財産が映画のスターであ

る。同社はまた，多数のファン，とりわけ大人のレゴファン，AFOL から新しいアイデアを引き出すのもうまくなっている。

⑥　レゴ社はその連勝を続けることができるだろうか？　成長は減速しており，クヌッドストープ氏は，これまでより厳しい時期が待ち受けていると示唆している。「企業が大きくなって市場が成長していないときには，成長率がより持続可能なレベルに達しなければならないというのは，純粋に数学的な帰結です」と，彼は述べている。レゴ社は今，新しい成長の源を見つけようと，組織の能力を構築し，グローバル化に対応しようとしている。同社は，新しい製造施設や，新規の労働者を雇い入れたり訓練したりするのに多額の投資をしている。チェコ共和国のクラドノとメキシコのモンテレイにある既存の２つの工場を拡張しており，ハンガリーのニーレジハーザと，これが最も重要なのだが，中国の嘉興市に新しく２つの工場を建設中である。その経営もグローバル化が進められており，（ロンドンだけでなく）シンガポールと上海にも支社が設けられている。その目的は２つある。西洋でのレゴの成功を急速に成長しつつある東洋で再現することと，たまたまグローバル化する地域企業を，たまたまビルンに本社をもつグローバル企業に変えることである。

⑦　グローバル化は，困難に満ちている。レゴは，中国での活動を始めたのが比較的遅い。他の西洋の企業の一部が，中国での営業は後悔以外に何の成果もなく撤退しようとしているときに，中国に飛び込んでいる。レゴはまた，アイデンティティがそのルーツであるデンマークの小さな町にある。創業者のオーレ＝キアク＝クリスチャンセンは，「よく遊べ」を意味するデンマーク語 *leg godt* の最初の２文字ずつから社名を考え，自分の会社は「私たち一人一人の中の子どもを育てる」のだと誓った。製品デザインの責任の一部をミラノにあるオフィスに移すという以前の試みは大失敗だった。しかし，グローバル化を取り入れるという主張は，それにもかかわらず，納得できるものである。中国の中産階級は爆発的に増加しつつあり，西洋での玩具業は停滞しており，グローバル市場の必要を満たそうというのであれば，レゴはグローバルな労働力が必要だ。

⑧　レゴはまた，グローバル化するための戦いにおいて，ある重要な力を味方につけている。新興市場における親たちは，富裕な世界における親たちとちょうど同じように，同社の製品が子どもにとって良いものだと確信

している。あらゆるところの大人たちは，そうでなければ自分の子どもたちが消費するビデオやデジタルゲームの無限の習慣からの小休止として，レゴを歓迎している。中国の大人たちは，政府の大臣の役職にある非常に成熟した人たちも含めて，中国の教育制度に唯一欠けているもの，すなわち創造性という秘密の要素を，レゴが与えてくれることを望んでいる。『レゴムービー』は，玩具産業のクリスマス後の停滞の間，歓迎すべき景気づけを与えたかもしれないが，レゴの長期的な成功は，ビデオゲームやモバイルアプリ，おもちゃをテーマにした映画以前の時代にそのルーツがある，おもちゃを買うことに安心を感じる大人たちにかかっている。

◀解　説▶

◆(1) 1 ～ 8 はいずれも「第～段で筆者は…」である。各選択肢を順に見ながら，どの段に相当するか検討する。

▶A.「プラスチック製造に伴う化学処理も含めて，レゴのブロックがどのように製造されているか論じている」

本文にレゴブロックの製造過程を述べた部分はない。この選択肢はどの段にも当てはまらない。

▶B.「ヨアン＝ヴィー＝クヌッドストープの最高責任者への任命を論じ，企業戦略への彼の初期の主な変更のいくつかの概要を述べている」

第③段第 1 文（Lego's decade of success …）にクヌッドストープが最高責任者に任命されたことが述べられており，同段第 5 ～最終文（Mr. Knudstorp decreed … from 12,900 to 7,000.）に，彼が決めた経営方針が述べられている。この選択肢は第③段の内容と一致する。

▶C.「市場シェアを拡大するために，レゴ社がどのように親たち，とりわけ発展途上世界の親たちに影響を及ぼしうるか，また実際に及ぼしているか説明している」

第⑧段第 1 文（Lego also has one …）に「レゴはまた，グローバル化するための戦いにおいて，ある重要な力を味方につけている。新興市場における親たちは…同社の製品が子どもにとって良いものだと確信している」，同段第 3 文（Chinese adults, including …）「中国の大人たちは，政府の大臣の役職にある非常に成熟した人たちも含めて，中国の教育制度に唯一欠けているもの，すなわち創造性という秘密の要素を，レゴが与えてくれることを望んでいる」とある。この選択肢は第⑧段の内容と一致する。

▶D.「クヌッドストープ氏のもとで，レゴ社がいかに昔ながらの習慣を維持することと新しいものを作り出すことのバランスを上手にとっているかということに焦点を当てている」

第④段第1文（Under Mr. Knudstorp, …）に「クヌッドストープ氏のもとで，レゴは革新と伝統のバランスをうまくとっている」，第2文（The company has …）に「同社は，売り上げを増加させ続ける新しいアイデアを生み出さなければならない」，第3文（At the same …）に「同時に，会社をつぶしかけたような規律のない刷新に抵抗しなくてはならない」とある。この選択肢は第④段の内容と一致する。

▶E.「執筆時点で，レゴにどれほど人気があるか説明している」

第①段第1文（It is a challenge …）に「レゴ関連の大騒ぎのピースを踏みつけずにどこかへ行くのはなかなか難しい」とあり，続いて，『レゴムービー』の大当たりとそれに関連するレゴのキットが店頭で山積みになっていること，レゴ社の売り上げが急激に伸びたことなどが述べられている。この選択肢は第①段の内容と一致する。

▶F.「レゴ社が新しいアイデアを求めてファンに頼るのがはるかにうまくなっていることに言及している」

第⑤段最終文（It has also become …）に「同社はまた，多数のファン…から新しいアイデアを引き出すのもうまくなっている」とある。この選択肢は第⑤段の内容と一致する。

▶G.「レゴ社の本部を中国の大都市に移転する計画を述べている」

第⑥段第6文（Its management is being …）に「その経営もグローバル化が進められており，（ロンドンだけでなく）シンガポールと上海にも支社が設けられている」とはあるが，本社移転については本文では言及されていない。この選択肢はどの段にも当てはまらない。

▶H.「グローバル化が今生み出しており，今後も生み出し続ける，レゴ社にとっての可能性と課題について述べている」

第⑦段第1文（Globalization is fraught …）に「グローバル化は，困難に満ちている」とあり，同段第4文（An earlier attempt …）には，グローバル化を目指したレゴ社の失敗が述べられている。続く第5文（But the case for …）に「しかし，グローバル化を取り入れるという主張は，それにもかかわらず，納得できるものである」，最終文（The Chinese middle class …）後半には「グローバル市場の必要を満たそうというのであれば，レゴはグローバルな労働力が必要だ」とある。この選択肢は第⑦段の内容と一致する。

▶ I．「レゴの始まりと 2004 年までに同社が味わった困難について述べている」

第②段第 2 文（Lego's hometown, Billund …）に「レゴの本拠地，デンマークの田舎にあるビルンは，たいへん小さな町なので，驚くにはあたらないが，同企業はホテル…を提供しなくてはならなかった」，同段第 4 文（Children are growing up …）に「子どもたちは…ますますモノの世界を捨ててバーチャルの世界を求めている」，第 5 文（To cap it all, …）に「この企業は 2003 年と 2004 年につぶれかけた」とある。この選択肢は第②段の内容と一致する。

▶ J．「現在の工場を拡大したり，成長する市場に新しい工場を開いたりすることを含めて，成長を回復し，新しい市場を築くためのレゴ社の戦略について述べている」

第⑥段第 1 文（Can the company …）に「レゴ社はその連勝を続けることができるだろうか？」とあり，その後同社の企業努力が述べられており，第 5 文（It is expanding …）に「既存の 2 つの工場を拡大しており，ハンガリーのニーレジハーザと…中国の嘉興市に新しく 2 つの工場を建設中である」とある。この選択肢は第⑥段の内容と一致する。

◆(2)文中の下線部の語句と同意のものを選ぶ問題である。

▶ 1．「ここでは hype は…を意味している」

当該文は「レゴ関連の hype のピースを踏まずにどこかへ行くのはなかなか難しい」となっている。あとに続く同段第 2・3 文（*The Lego Movie* spent … on the planet.）で「『レゴムービー』が 3 週間でアメリカの興行売り上げ第 1 位になった」，「その映画に関連するモデルキットが店頭に山積みされ，出回っているただでさえ膨大なレゴの山に加わった」とあることから，レゴが世間で大いに話題になっていることがわかる。C の excitement「興奮」が適切。hype は「大げさな報道，誇大な宣伝」の意。A．anger「怒り」　B．damage「損害」　D．lies「嘘」　E．quiet「静けさ」

▶ 2．「ここでは perennially は…を意味している」

当該文は「玩具業は世界で最も油断のならない事業の一つである。perennially 流行を追い求め，最近では技術革新で勢いを増している」となっている。流行を追い求め，技術革新にも積極的であるということから，A の always「いつも」の意と考えるのが文意に合う。perennially は「絶えず」の意。B．eventually「ついに」 C．needlessly「無駄に」 D．possibly「ひょっとすると」 E．unhappily「みじめに，不適切に」

▶ 3．「ここでは cut his teeth は…を意味している」

当該文は「クヌッドストープ氏は…玩具企業を経営すること，あるいはどんな企業であれその先頭に立つことで，というよりむしろ経営コンサルタントとして，(had) cut his teeth」となっている。下線部 3 は過去完了の一部であり，クヌッドストープ氏が最高責任者に任命される前に経営コンサルタントだったことがわかる。C の gained experience「経験をしていた」が文意に合う。cut *one's* teeth は「(最初の) 経験を積む，若いときに～を学ぶ」の意。A．collaborated「共同研究した」 B．conspired「共謀した」 D．injured himself「けがをした」 E．suffered a loss「損害を被った」

▶ 4．「ここでは drift は…を意味している」

当該文は「その drift の時代には，レゴ社は…他企業の大ヒット作とのフランチャイズに頼りすぎた」となっている。第②段第 5 文（To cap it all, …）に「揚句の果てに，あまりにも多くの分野に手を広げ，あまりにも多くの製品を作り，何年もの間ふらふらした（having drifted)」とあり，動詞の drift が手を広げすぎて経営が安定しない様子を表している。drift は「漂流」の意。A の aimlessness「目的のなさ」が正解。B．consolidation「統合」 C．contraction「縮小」 D．expansion「拡大」 E．success「成功」

▶ 5．「ここでは legion は…を意味している」

当該文は「同社はまた … legion のファン，とりわけ大人のレゴファン…から新しい考えを引き出すのもうまくなっている」となっている。企業の成功のために依存しているファン層のことを述べており，具体的な切りのよい数字や少数とは考えにくい。C の countless「無数の」の意と考えるのが妥当。legion は「多数，大群」の意。D．handful「一握りの」 E．oldest「最も高齢の」

▶ 6.「ここでは recruiting は…を意味している」

当該文は「同社は，新しい製造施設や，新規の労働者を recruiting，訓練したりするのに多額の投資をしている」となっている。新規の労働者を訓練する前に，まず雇わなくてはならない。B の employing「雇うこと」を補うと文意に合う。recruit は「～を新しく入れる，新人を補充する」の意。A．asking「～を求めること」 C．guiding「～を導くこと」 D．proposing「～を推薦すること」 E．studying「～を調べること」

▶ 7.「ここでは replicate は…を意味している」

第⑥段最終文（The aim is …）の当該箇所は「目的は…西洋でのレゴの成功を急速に成長しつつある東洋で replicate こと」となっている。西洋で成功したので，東洋でも同じように成功させることを目的としたと考えられる。D の reproduce「～を再現する，繰り返す」が適切。replicate も「再現する」の意。なお，当該箇所は，replicate の目的語 Lego's success in the west「西洋でのレゴの成功を」の前に，in the rapidly growing east「急速に成長する東洋で」が置かれている。A．rally「～を回復する」 B．reduce「～を減らす」 C．remove「～を取り除く」 E．restore「～を復活させる」

▶ 8.「ここでは fraught は…を意味している」

当該文は「グローバル化は，困難… fraught である」となっている。直後の第⑦段第 2 文（Lego is relatively …）後半に「他の西洋の企業の一部が，中国での営業は後悔以外に何の成果もなく撤退をしようとしている」，同段第 4 文（An earlier attempt …）に「製品デザインの責任の一部をミラノにあるオフィスに移すという以前の試みは大失敗だった」とあり，他国にからむ営業や会社運営にはいろいろと問題があることが述べられている。C の filled「満ちて（いる）」が適切。fraught は「（～に）満ちた，（～を）はらんだ」の意。A．cautious「（～に）注意深い，慎重な」 B．equipped「（～を）装備している」 D．frightened「（～を）怖がっている」 E．unequipped「（～の）装備が整っていない」

▶ 9.「ここでは compelling は…を意味している」

当該文は「しかし，グローバル化を取り入れるという主張は，それにもかかわらず，compelling である」となっている。8 で見たように，この前にはグローバル化に伴う問題が述べられている。「しかし，それにもかかわらず」とあることから，問題はあってもやるべきことだといった内容にするのが適切。直後の第⑦段最終文（The Chinese middle …）でも「中国の中産階級は爆発的に増加しつつあり，西洋での玩具業は停滞しており，グローバル市場の必要を満たそうというのであれば，レゴはグローバルな労働力が必要だ」とあり，グローバル化が理にかなっていると述べている。Bの convincing「納得させる，信じられる」が正解。compelling は「やむにやまれぬ」の意もあるが，同時に「説得力のある，納得できる」のニュアンスももつ。A．bad quality「質の悪い」 C．debatable「議論の余地のある」 D．forcing「強制する」 E．unclear「はっきりしない」

▶10.「ここでは respite は…を意味している」

当該箇所は「子どもたちが消費するビデオやデジタルゲームの無限の習慣からの respite」となっている。レゴで遊べば，ビデオやデジタルゲームから子どもが離れることになる。Aの break「中断，小休止」が適切。respite は「一時的中断，小休止」の意。B．despite「悪意」 C．outcome「結果」 D．reasoning「推論」 E．result「結果」

◆(3)本文の内容と一致しないものを4つ選ぶ問題である。

▶A.「クヌッドストープ氏は，玩具会社で働いていたというより，コンサルタントの職歴の出身だったにもかかわらず，非常に成功している最高経営責任者である」

第③段第1～3文（Lego's decade of success … heading up any business.）の内容と一致する。

▶B.「レゴ社が，クヌッドストープ氏が最高経営責任者の役職を引き受ける前に実行しかけた『ライフスタイル』企業になるというのは，ほぼ間違いなくまずい着想だった」

第②段最終2文（To cap it all … clothes and watches.），第③段第1文（Lego's decade of success …）の内容と一致する。

▶C.「レゴ社は，約10年にわたって好調な業績をあげたが，その後は成長率が落ちているようだ」

第③段第1文（Lego's decade of success …）および第⑥段第2文（Its growth is slowing, …）の内容と一致する。

▶D.「レゴは子どものためだけのおもちゃではない。多くのいわゆる

AFOL つまり大人のレゴファンがいる」

第⑤段最終文（It has also become …）の内容と一致する。

▶E.「レゴはたいへん人気があるので，今日では今生きているすべての人 1 人につき 86 のレゴキットがある」

第①段第 3 文（Model kits related to …）に「地球上のすべての人 1 人につき 86 個という数である」とある。「キット」は複数のピースがセットになったものである。本文では，ピースが 1 人につき 86 個と述べている。この選択肢が正解の一つ。

▶F.「レゴ社のアジアでの拡大戦略は，十分に筋の通ったものに思える」

第⑦段最終 2 文（But the case for … a global market.）の内容と一致する。

▶G.「クヌッドストープ氏は，レゴ社の人気のある最高責任者であることがわかったが，企業のために彼が敷いた戦略においてはあまりにも先見の明がない」

第③段第 1 文（Lego's decade of success …）に「レゴの 10 年にわたる成功は，同社がヨアン＝ヴィー＝クヌッドストープを最高責任者に任命したときに始まった」，第④段第 1 文（Under Mr. Knudstorp, …）に「クヌッドストープ氏のもとで，レゴは革新と伝統のバランスをうまくとっている」などとあることと一致しない。これが正解の一つ。

▶H.「レゴ社の創業者オーレ＝キアク＝クリスチャンセンは，2004 年に会社の経営をクヌッドストープ氏に渡した」

第③段第 1 文（Lego's decade of success …）に「レゴの 10 年にわたる成功は，同社がヨアン＝ヴィー＝クヌッドストープを最高責任者に任命したときに始まった」とはあるが，任命が何年のことか，クリスチャンセンが直接委譲したかは述べられていない。これが正解の一つ。

▶I.「レゴ社は，2 つの工場を拡大しているだけでなく，新しい工場を 2 つ建設中である」

第⑥段第 5 文（It is expanding …）の内容と一致する。

▶J.「『レゴムービー』は，特にヨーロッパと比べて，合衆国でとりわけ人気があることがわかった」

第①段第 2 文（*The Lego Movie* spent …）に「『レゴムービー』が 3 週連続アメリカの興行売り上げ第 1 位になった」とはあるが，ヨーロッパとの比較については述べられていない。これが正解の一つ。

●語句・構文●

（第①段）box office「（映画や演劇などの）大当たり」 fish for～「～を得ようとする」 fend off～「～をかわす」

（第②段）faddish「流行を追いたがる」 to cap it all「揚句の果てに」 in a fit of desperation「破れかぶれになって，やけになって」 fit は「発作，一時的興奮」の意。

（第④段）strike a balance between *A* and *B*「*A* と *B* のバランスをとる」 template「ひな型」

（第⑤段）blockbuster「大ヒット作」 tap *A* for *B*「*A* から *B* を引き出す」

（第⑥段）in a bid to *do*「～しようとして」

（第⑦段）with nothing but regrets to show for it「それに対して後悔以外の明白な成果がなく」 もとになるのは，have nothing to show for～「～に明白な成果がない」という表現。nothing but～は「～以外何もない，～だけ（しかない）」の意。the case for～「～に賛成の主張」 if *A* is to *do*「もし *A* が～しようというのなら，～したいなら」 if 節中の be to *do* は意図や願望を表す。

（第⑧段）the endless diet of～「無限の～の習慣，繰り返し」 a diet of～で「習慣的～，あきあきするほどの～」の意。doldrums「停滞状態」

II 解答

(1) 1－J　2－B　3－H　4－I　5－G　6－F　7－D　8－C　9－A

(2)－A・D・E・H

(3) 1－C　2－D　3－A　4－D　5－A　6－E　7－C　8－E　9－A　10－B

◆全　訳◆

≪普遍言語とは何か≫

① 普遍言語とは何だろうか？　それは，文字言語と口頭言語との違いを最も明確に定義する言語だと私は思う。話された語は，それが発せられた瞬間に薄い空気の中に消えてしまう。対照的に，書かれた語は残り，書き写すことができる。書き写せるだけでなく，拡散することもできる。古代

の3種類の文字が刻まれたロゼッタストーンは，約760キロ（1,675ポンド）の重さがあり，最も力の強い人たちでも動かせない。もし後に続く幾世代もの人たちが，それに何が刻まれているのか読むために，常に海を渡り，山を越えてエジプトまで旅しなければならなかったとしたら，ロゼッタストーンは，人類にほとんど何の影響も与えることはなかっただろう。羊皮紙（文字を書くのに使われたヒツジやヤギの皮）や紙の出現で，文字言語は何度も繰り返し書き写して遠くまで拡散できるものとなった。それは遠く離れた土地の異なる言語の話し手の元に届き，中にはその「外部の言語」，つまり普遍言語を読めるように，そして書けるようになった者もいるだろう。人間が何世紀にもわたって知という財産を蓄積する手段をもち続けているのは，文字言語に特有のこうした特徴のおかげなのである。

②「ホモ＝サピエンス」は「賢人」を意味する。そして私たち人間が賢いのは，他の動物より知的であるからというだけではなく，私たちが知識を求め，得た知識を続く世代へと，言葉によって，伝えることができるからでもある。文字言語の発明は私たちをより知的にしたのではなく，そのおかげで私たちは知識を急激に蓄積できるようになったのであり，それは私たちを次のような結論に導く。すなわち，もし世界中のすべての人々が，自らが話す言語にかかわらずただ1つの文字言語を読み書きするなら，私たちの知の蓄積は，最も効率よく拡大するだろう，という結論である。私はここで，あらゆる種類の知のことを言っているのではなく，程度の差こそあれ，普遍的な応用可能性をもつ知のことを言っている。実際，知識がより普遍的に応用可能であればあるほど，それを単一の文字言語で広めることが，より効果的になるだろう。諸科学の中で最も純粋なものである数学における私たちの知の追究は，数学の言語という単一の共通言語で行われている。この文字言語は，人が何語を話すとしても，世界中どこでも理解される。数学的言語は，誰の母国語でもなく，普遍言語の最も純粋な形態なのである。

③　文字言語の起源は誰にもはっきりとはわからない。取引を記録するために発明されたのかもしれないし，魔法の儀式にその起源があるのかもしれない。それでも，一つはっきりしていることがある。文字の誕生は極めてまれだということだ。今日存在している文字のほとんどは，将来の変化形のひな型になった何らかの文字に起源がある。人間社会の圧倒的多数に

とっては，文字言語は自力で発明したものではなく，近隣からその社会にやってきたものだった。

④ すべての文化は口述文化として始まり，ある時点でその文化の一部が文字と，変化をもたらす最初の遭遇をする。それでも，口述文化から記述文化への変化は，ある日近隣から文字がやってくるというだけで起こるのではない。人々は，「さて，ここにこうした素晴らしいものがあるから，今から試しにこれを使って私たち自身の言語を書いてみよう」と即座に言って，突如として記述文化を創り出したりはしない。鋤と鍬を持っていることが，人を一夜にして農夫に変えたりはしないのである。農夫になるためには，農耕の意味を理解する必要がある。この原理は，文字のような複雑なものとなると，いっそう当てはまる。さらに，近隣の共同体から最初にやってくるものは，抽象的な実体としての文字ではなく，文字の書かれた巻物のような具体的なモノである。そして，ある文化が口述から記述へと変化するには，少数の人たちが「外部の言語」で書かれたそうした巻物を読めるようになることが必要だ。これには，2言語を使える集団の出現がなくてはならない。

⑤ そうした巻物は，違った仕方でやってくるかもしれない。戦時に敵から，交易で取引相手から，あるいは続々と押し寄せる難民からもたらされるかもしれない。巻物は，皇帝からの賜物として使者の頭上に恭しく掲げて運ばれるかもしれない。あるいは布教活動の一部として修道士によって，あるいはまた，追放者のポケットの奥深くに隠された言づてとして，もたらされるかもしれない。それでも，巻物は，たとえ金の箱に納められていても，決定的な点で他の宝物とは違う。それは確かに物理的なモノとして存在する必要はあるが，読むという行為なくしては，点や，のたくる線で飾られた羊皮紙や紙に過ぎない。書かれた言葉の本質は書かれた言葉そのものにではなく，「読む」という行為にあるのだ。

⑥ 2言語使用の集団が外から持ち込まれた巻物を読めるようになったとき，ある重大なことが起こる。彼らは「図書館」に入れるようになるのだ。私は「図書館」という言葉を，物理的な建物ではなく，もっと広く，蓄積された文書の集合のことを指すのに使っている。戦争や火災，洪水，あるいは焚書さえあったが，そうした歴史的な影響にもかかわらず，人間は増加する一方の文書の蓄えをもっており，その総体が，私が図書館と呼ぶも

のである。口述文化から記述文化への移行は，何よりも，2 言語使用者が図書館に入る可能性を意味する。

⑦　図書館を利用できることの重要性は，いくら強調してもしすぎということはない。というのも，文字を知るようになったあと，ホモ＝サピエンスがまったく違った水準で「賢人」になったのなら，この変化は，人が読んだものをすべて記憶できるから生じたのではないことが確かだからだ。口述文化の年老いた賢者の記憶力は，きっと記述文化のどんな 2 言語使用者の記憶力よりも勝っているだろう。そういうことではなく，ホモ＝サピエンスをより高い水準での知識をもったホモ＝サピエンスに変えたのは，読むという行為を通じて，蓄積された人間の知識という図書館に入る，人の新たに見つかった能力だったのだ。そして，そうすることは，通常，普遍言語を読むことを意味したのであり，読者は 2 言語使用者であることを必要としたのだ。

⑧　この意見に対して，たとえば，古代ローマ人は話していたのと同じラテン語を読み書きしたことを指摘して，反対する人もいるかもしれない。そのような反対は，文字言語がただ口頭言語を書き記したものだという，なじみのある，まちがった前提に基づいている。それは，そんなローマ人がラテン語で読み書きし始める以前は，異なる方言がアテネの方言であったアッティカ＝ギリシア語と合わさった言語であるコイネー＝ギリシア語で読み書きしていたという事実を無視している。コイネーは当時，東地中海地域の普遍言語だった。もし大カトー（紀元前 234-149 年）がラテン語で散文を書き始めていなかったら，ローマ人はたぶんギリシア語で書き続けていただろう。教養あるローマ人は，ラテン文学の黄金時代でも，当然，2 言語使用者だったのだ。キケロ（紀元前 106-43 年）やセネカ（紀元前約 4 年-紀元 65 年）の「文学」としての散文の記述はどれもまた，文字言語は口頭言語を直接書き記したものだという前提に基づいている。この前提は，近代以前までは誰も自分自身の言語についてさえ受け入れていなかったものだ。

⑨　言うまでもなく，ただ一つの図書館があったのではなく，優勢な普遍言語によって，異なる地域にはさまざまな図書館があった。そして，こうしたすべてのさまざまな図書館は，最初は各地域で最も重要な書かれた言葉，すなわち，神聖な文書に集中していた。そうした文書とは，仏陀や孔

子，ソクラテス，キリスト，ムハンマドといった，通常の人間には到達不能なたぐいの知識を得たと信じられている人たちによって発せられたり書かれたりした言葉の記録である。より高い知識を求めた人たちにとって，神聖な文書は「読むべき文書」だったのである。

◀解　説▶

◆(1) 1～9はいずれも「第～段は…」である。各選択肢を順に見ながら，どの段に相当するか検討する。

▶A.「異なる地域のさまざまな図書館に保存されている賢者の神聖な文書は，知識を求める人たちにとって，最も重要な文書だったと主張している」

第⑨段第2文（And all these various …）に「こうしたすべてのさまざまな図書館は，最初は各地域で最も重要な書かれた言葉，すなわち，神聖な文書に集中していた」，同段最終文（For those who sought …）に「より高い知識を求めた人たちにとって，神聖な文書は『読むべき文書』だった」とある。この選択肢は第⑨段の内容と一致する。

▶B.「数学のような普遍言語を使うことは，人間の知の発展に貢献するだろうと主張している」

第②段第3文（The invention of written …）に「もし世界中のすべての人々が，自らが話す言語にかかわらずただ1つの文字言語を読み書きするなら，私たちの知の蓄積は，最も効率よく拡大するだろう」とあり，同段最終文（Mathematical language, …）に「数学的言語は，誰の母国語でもなく，普遍言語の最も純粋な形態である」とある。この選択肢は第②段の内容と一致する。

▶C.「文字言語はただ口頭言語を書き記したものだという考えに異議を唱えている」

第⑧段第2文（Such an objection is …）に「文字言語がただ口頭言語を書き記したものだという，なじみのある，まちがった前提」とある。この選択肢は第⑧段の内容と一致する。

▶D.「まとめられた人間の知識を利用できることが記憶だけに頼ることはもう重要ではないことを意味するようになったときに，どのようにホモ＝サピエンスが『賢人』になったかを説明している」

第⑦段第1・2文（The importance of access … all they read.）・第

4 文（No, what transformed …）に「図書館を利用できることの重要性は，いくら強調してもしすぎということはない…文字を知るようになったあと，ホモ＝サピエンスがまったく違った水準で『賢人』になったの…は，人が読んだものをすべて記憶できるから…ではないことは確かだ」「ホモ＝サピエンスをより高い水準での知識をもったホモ＝サピエンスに変えたのは，読むという行為を通じて，蓄積された人間の知識という図書館に入る，人の新たに見つかった能力」とある。この選択肢は第⑦段の内容と一致する。

▶E.「普遍言語は便利だったので，交易で普及したと説明している」

本文にこのような記述はない。この選択肢はどの段にも当てはまらない。

▶F.「2 言語使用者が自由に入れる，人間の知識の集積としての図書館の概念を紹介している」

第⑥段第 1・2 文（Something critical happens … of accumulated writing.）に「2 言語使用の集団が外から持ち込まれた巻物を読めるようになったとき…彼らは『図書館』に入れるようになる。私は『図書館』という言葉を…蓄積された文書の集合のことを指すのに使っている」とある。この選択肢は第⑥段の内容と一致する

▶G.「外から持ち込まれた巻物は，もし誰もそれを読めなければ結局価値がないことを指摘している」

第⑤段第 4 〜最終文（They surely need to … act of *reading*.）に「それ（＝巻物）は…読むという行為なくしては，点や，のたくる線で飾られた羊皮紙や紙に過ぎない。書かれた言葉の本質は…『読む』という行為にある」とある。この選択肢は第⑤段の内容と一致する。

▶H.「大多数の社会は，近隣文化から持ち込まれたものとして初めて文字言語に出合ったと述べている」

第③段最終文（For the overwhelming majority …）に「人間社会の圧倒的多数にとっては，文字言語は自力で発明したものではなく，近隣から彼らのところにやってきたものだった」とある。この選択肢は第③段の内容と一致する。

▶I.「外から持ち込まれた言語の文書を読むことができる人々の出現が，口述文化から記述文化への移行にとって重要な要素であると示唆している」

第④段最終から2文目（And the transformation …）に「ある文化が口述から記述へと変化するには，少数の人たちが『外部の言語』で書かれたそうした巻物を読めるようになることが必要だ」とある。この選択肢は第④段の内容と一致する。

▶J．「『普遍言語』という言葉を定義するために，口頭言語と文字言語の本質的な違いを使っている」

第①段第1文（What is a universal …）で「普遍言語とは何だろうか？」と問いかけ，続く第2文（I consider it …）で「それは，文字言語と口頭言語との違いを最も明確に定義する言語だと私は思う」と自ら答え，さらに第3～5文（A spoken word … can be spread.）で「話された語は，それが発せられた瞬間に薄い空気の中に消えてしまう。対照的に，書かれた語は残り，書き写すことができる。書き写せるだけでなく，拡散することもできる」と，その違いを具体的に示している。この選択肢は第①段の内容と一致する。

◆(2)本文の内容と一致するものを4つ選ぶ問題である。

▶A．「古代ローマ人は，ラテン語で読み書きする以前は，その地域の普遍言語であるコイネー＝ギリシア語を使っていた」

第⑧段第3文（It ignores the fact …）の「ローマ人がラテン語で読み書きし始める以前は…コイネー＝ギリシア語で読み書きしていた…当時，東地中海地域の普遍言語だった」と一致する。これが正解の一つ。

▶B．「大カトーは，古代ギリシアにおいて重要人物だった」

第⑧段第4文（If Cato the Elder …）に「もし大カトー…がラテン語で散文を書き始めていなかったら，ローマ人はたぶんギリシア語で書き続けていただろう」とあることから，大カトーはローマ人だと考えられる。この選択肢は本文の内容と一致しない。

▶C．「何世代にもわたる学者たちは，ロゼッタストーンに刻まれた古代語を読むために，エジプトまで旅した」

第①段第7文（If successive generations …）に「もし後に続く幾世代もの人たちが，それに何が刻まれているのか読むために…いつもエジプトまで旅しなければならなかったとしたら，ロゼッタストーンは，人類にほとんど何の影響も与えることはなかっただろう」とあるが，仮定法で書かれており，実際にはいちいちエジプトまで行く必要はなかったことになる。

この選択肢は本文の内容と一致しない。

▶D.「歴史的には，普遍言語は一般に，ある文明が文字言語を近隣文化に広めることによって影響力を行使したときに形成された」

第①段第８文（The advent of parchment …）に「文字言語は…遠く離れた土地の異なる言語の話し手の元に届き，中にはその『外部の言語』，つまり普遍言語を読めるように，そして書けるようになった者もいるだろう」，第③段最終文（For the overwhelming majority …）に「人間社会の圧倒的多数にとっては，文字言語は…近隣からその社会にやってきたものだった」，第④段第１文（All cultures begin …）といった箇所から，この選択肢は本文の内容と一致していると言える。これが正解の一つ。

▶E.「人間の文化は，いったん文字を発明したり採用したりすると知識を蓄積できた」

第②段第３文（The invention of written language …）前半に「文字言語の発明…のおかげで私たちは知識を急激に蓄積できるようになった」とあることと一致する。これが正解の一つ。

▶F.「ほとんどすべての口述文化においては，人々は彼ら自身の文字を作り上げようとした」

第③段最終文（For the overwhelming …）の内容と一致しない。

▶G.「物理的な図書館の建物は，知識や知恵を集積するのに欠かせなかった」

本文にこのような記述はない。第⑥段第２文（I use the word …）に「私は『図書館』という言葉を，物理的な建物ではなく，もっと広く，蓄積された文書の集合のことを指すのに使っている」とあるように，この文章での「図書館」は建物のことではない。

▶H.「数学の言語は，普遍言語の最も純粋な形態の好例である」

第②段最終文（Mathematical language …）の内容と一致する。これが正解の一つ。

▶I.「キケロやセネカの文学的文章は，彼らの口頭言語をそのまま書き記したものである」

第⑧段最終文（Any description of the prose …）に「キケロ…やセネカ…の『文学』としての散文の記述はどれもまた，文字言語は口頭言語を直接書き記したものだという前提に基づいている」とあるが，同段第２文

(Such an objection is …) に「文字言語がただ口頭言語を書き記したものだという…まちがった前提」とあることと一致しない。

◆(3)文中の下線部の語句と同意のものを選ぶ問題である。

▶ 1.「ここでは advent は…という意味である」

当該箇所は「羊皮紙…や紙の advent で，文字言語は何度も繰り返し書き写して遠くまで拡散できるものとなった」となっている。「羊皮紙や紙が発明されたこと」を述べていると考えられる。C の arrival「出現」が適切。advent は「到来，出現」の意。A. advertisement「宣伝」 B. advice「助言」 D. betterment「改良」 E. improvement「向上」

▶ 2.「ここでは accumulate は…という意味である」

当該箇所は「人間が何世紀にもわたって知という財産を accumulate 手段をもち続けているのは，文字言語に特有のこうした特徴のおかげだ」となっている。「こうした特徴」とは，直前の第①段第 8 文（The advent of …）にある「文字言語は何度も繰り返し書き写して遠くまで拡散でき…遠く離れた土地の異なる言語の話し手の元に届き，中にはその…言語を読めるように，そして書けるようになった者もいるだろう」，第②段第 2 文（And we humans …）には「私たち人間が賢いのは…得た知識を続く世代へと，言葉によって，伝えることができるからだ」とある。文字言語のおかげで，人間が知識を増やしてきたことが述べられている。D の gather「～を集める，増す」が適切。accumulate は「～を蓄積する」の意。A. circulate「～を流通させる」 B. deliver「～を届ける」 C. distribute「～を分配する」 E. scatter「～をばらまく」

▶ 3.「ここでは rituals は…という意味である」

当該箇所は「それ（文字言語）は，取引を記録するために発明されたのかもしれないし，魔法の rituals にその起源があるのかもしれない」となっている。文意から推測することは難しく，消去法で最も自然なものを残すことになるだろう。語の知識そのものが問われていると考えられる。ritual は「儀式」の意。A の ceremonies「儀式」が同意。B. favors「親切な行為」 C. forms「形式」 D. policies「政策」 E. styles「様式」

▶ 4.「ここでは template は…という意味である」

当該文は「今日存在している文字のほとんどは，将来の変化形の template になった何らかの文字に起源がある」となっている。そこからさまざまなバリエーションが生まれたということなので，Dの model「手本，ひな型」が正解。template は「ひな型」の意。A．category「範疇」 B．function「機能」 C．look「外見」 E．temperament「気質」

▶ 5．「ここでは transformation は…という意味である」

当該箇所は「口述文化から記述文化への transformation」となっている。第④段第1文（All cultures begin …）に「すべての文化は口述文化として始まる」とあり，その後文字をもつようになることが述べられている。Aの change「変化」が適切。transformation は「変化」の意。B．discarding「放棄」 C．preservation「保存」 D．protection「保護」 E．understanding「理解」

▶ 6．「ここでは entity は…という意味である」

当該文は「近隣の共同体から最初にやってくるものは，抽象的な entity としての文字ではなく，文字の書かれた巻物のような具体的なモノである」となっている。主語に what「もの」，not *A* but *B*「*A* ではなく *B*」の *B* に concrete items「具体的な（品）物」とあり，*A* も「抽象的なもの」となると考えられる。Eの thing「もの」が適切。entity は「実体」の意。A．character「特徴，文字」 B．factor「要因」 C．quality「質」 D．supplement「補給物」

▶ 7．「ここでは critical は…という意味である」

当該箇所は「巻物は，たとえ金の箱に納められていても，critical 点で他の宝物とは違う」となっている。巻物は文字が書かれたものであり，ただの貴金属や宝石とはもつ意味が異なる。他の宝物とまったく違うといった内容になると考えられる。Cの crucial「決定的な」が適切。critical は「決定的な，重大な」の意。A．analytical「分析的な」 B．complimentary「称賛を表す」 D．disapproving「不賛成の」 E．fault-finding「あらさがしの」

▶ 8．「ここでは trump は…という意味である」

当該箇所は「口述文化の年老いた賢者の記憶力は，きっと記述文化のどんな2言語使用者の記憶力に trump だろう」となっている。文字がなければ，あらゆることは記憶に頼らざるを得ないので，口述文化の賢者は記憶力が優れていると考えられる。Eの surpass「〜に勝る」が正解。trump は「〜よりも勝る」の意。A．equal「〜に匹敵する」 B．fail

「～の役に立たない」 C．go below「～を下回る」 D．neglect「～を無視する」

▶9．「ここでは premise は…という意味である」

当該箇所は「そのような反対は，文字言語がただ口頭言語を書き記したものだという… premise に基づいている」となっている。発言のもとになっている考えのことを指しており，A の claim「主張」が適切。premise は「前提」の意。B．disbelief「不信」 C．law「法則」 D．proof「証拠」 E．reality「現実」

▶10．「ここでは reigning は…という意味である」

当該箇所は「reigning 普遍言語によって，異なる地域にはさまざまな図書館があった」となっている。普遍言語はいわゆる共通語であり，多くの人に使われていなくてはならない。B の dominant「優勢な，最も有力な」が適切。reigning は「君臨している」の意。A．dependent「従属している」 C．inferior「より劣った」 D．lesser「より劣った」 E．subordinate「下位の」

●語句・構文●

（第②段）hand down *A* to *B*「*A* を *B* に伝える，伝承する」
（第③段）be derived from ～「～に由来する，起源がある」
（第④段）when it comes to ～「（事が，話が）～ということになると」
（第⑤段）in waves「次から次へと」 nothing more than ～「～にすぎない」 squiggle「なぐり書き，のたくるもの」
（第⑦段）cannot be overemphasized「いくら強調してもしすぎということはない」 cannot ～ too…「いくら～してもしすぎではない」の構文の変型。接頭辞 over- が「過度に」を表し，too と同じ意味をもつ。come about「生じる，起こる」
（第⑧段）might well have *done*「たぶん～しただろう，～してもおかしくなかっただろう」

III 解答 ⑴1－E 2－F 3－G 4－H 5－J 6－A
⑵－A・C・D・I
⑶1－E 2－B 3－A 4－A 5－A 6－D 7－D

◆全　訳◆

≪時間の真相≫

単純な事実から始めよう。海水面（の高さ）よりも山の中の方が時間は速く進む。その違いは小さいが，今日インターネットで数千ドルで買える正確な時計で測定できる。練習すれば，だれでも時間がゆっくりになるのを目撃できる。専門の研究所にある時計なら，時間のこの速度低下は，ほんの数センチ離れた高さの間で検知できる。床の上に置いた時計は，テーブルの上の時計よりも少し遅く進むのだ。ゆっくりになるのは時計だけではない。下に下がるほど，あらゆる過程は遅くなる。2 人の友人が別れて，一人が平地で暮らし，もう一人が山間部で暮らそうとしている。何年か後に彼らが再会する。低い所にとどまっていた方は生きた時間が少なく，年の取り方も少なく，彼のはと時計の機構が振動した回数は少ない。彼は，物事を行う時間がより少なく，彼の植えた植物は成長がより小さく，彼の思考が展開する時間はより少ない。下にいるほど，高所にいるより単純に時間が少ないのである。

私はずっとアナクシマンドロスが非常に大好きなのだが，彼は 2,600 年前に生きたギリシアの哲学者で，地球はどうやら何にも支えられず宇宙に浮いていると理解していた。アナクシマンドロスの思想は，他の著者（が書いたもの）からわかっている。彼の書いた原文の小さな一片が残っている。たった一つだ。

事物は必然にしたがって一つのものから別のものに変えられ，
時の秩序にしたがって，互いに裁きを与え合う。

「時の秩序にしたがって」だ。自然科学の決定的な原初の瞬間の一つから現在残っているのが，このあいまいでわかりにくい言葉だけ，この「時の秩序」への訴えなのである。

天文学や物理学はそれ以降，アナクシマンドロスによって与えられた独創的な文句にしたがうことによって，すなわち，「時の秩序にしたがって」諸現象がいかに起こるかを理解することによって，発達してきた。古代において，天文学は「時間の中での」星の動きを記述した。物理学の方程式は，事物が「時間の中で」どのように変化するかを説明する。力学の基礎を築くニュートンの方程式からマクスウェルの電磁気学的現象の方程式まで，量子現象がどのように展開するかを説明するシュレディンガーの方程式から亜原子粒子の力学のための場の量子論の方程式まで，今ある物理学の全体，そして科学一般は，事物が「時の秩序にしたがって」どのように展開するかに関するものなのである。

方程式でこの時間を t の文字で示すのは長い間の慣行である（イタリア語，フランス語，スペイン語では「時間」を表す語は t で始まるが，ドイツ語，アラビア語，ロシア語，北京語では違う）。この t は何を表しているのだろうか？　それは，時計で測定された数を表している。方程式は，事物が時計で測られた時間が経過するにつれてどのように変化するかを教えてくれる。

しかし，上で見たように，異なる時計が異なる時間を示すとしたら，t は何を表しているのだろうか？　2人の友人が，一方は山間部で暮らし，他方は海水面の高さのところで暮らした後に再会したとき，彼らが手首に着けている時計は異なる時間を示しているだろう。その2つのどちらが t なのか？　物理学の研究所で，テーブルの上の時計と地面に置かれた時計は，異なる速度で進む。その2つのどちらが時間を示しているのだろう？　その違いをどのように説明するのだろう？　地面の上の時計はテーブルの上で記録された本当の時間と比べて遅れていると言うべきなのだろうか？　あるいは，テーブルの上の時計は地面の上で測定された本当の時間よりも速く進んでいると言うべきなのだろうか？

この問いは意味がない。ドルにおける英貨と英貨におけるドルの価値で，何が「最も」本当か問うのと同じだ。「より本当の」価値などない。ドルと英貨は「互いに相対的な」価値をもつ2つの通貨である。「より本当の」時間などない。2つの時間があり，「互いに相対的に」変化する。どちらも他方より本当だということはないのである。しかし，時間は2つだけではない。時間は多数ある。空間のすべての地点に異なる時間が一つずつある。たった一つの時間があるのではない。膨大な数の時間があるのだ。

ある特定の現象を測定するある特定の時計が示した時間は，物理学では「固有時」と呼ばれる。どの時計もその固有時をもっている。起こる現象のどれにもその固有時があり，それ自身のリズムがある。アインシュタインは，固有時が「互いに相対的に」どのように展開するかを説明する方程式を私たちに与えてくれた。彼は，2つの時間の違いをどのように計算すればよいかを示してくれたのである。単一の量の「時間」は，複数の時間のクモの巣の中に溶け込んでしまう。私たちは，時間の中で世界がどのように展開するか記述しているのではない。私たちは，局所的な時間で事物がどのように展開するか，局所的な時間が「互いに相対的に」どのように展開するかを記述しているのである。世界は，たった一人の司令官の歩調で進む小隊のようではない。互いに影響し合う出来事のネットワークなのである。

このように，時間はアインシュタインの一般相対性理論で描かれている。彼の方程式には単一の「時間」はない。無数の時間がある。２つの出来事の間では，ちょうど別々のところに置かれ，それから再び同じところに持ってこられる２つの時計のように，経過時間は一つではない。物理学は，事物が「一つの時間の中で」どのように展開するかではなく，事物がそれ自身の時間の中でどのように展開するか，そして「複数の時間」が互いに相対的にどのように展開するかを説明するのである。時間はその最初の側面，あるいは層，つまりその単一性を失った。時間は，異なるすべての場所で異なるリズムをもっており，あちらとこちらでは進み方が異なるのだ。この世界の事物は，異なるリズムに合わせて行われるダンスを織り合わせる。もし世界が踊るシバ神に支えられているとしたら，マチスの描いた踊る人々のような，１万もの踊るシバ神たちがいるに違いない。

◀解　説▶

◆(1)本文の内容と一致する文を完成させる問題である。

▶１．「『たった一人の司令官の歩調で進む小隊』は，この議論における（　）の比喩と対照をなしている」

引用されている表現は第７段最終から２文目（The world is not …）にあり，「世界は，たった一人の司令官の歩調で進む小隊のようではない」となっている。直後の同段最終文（It's a network …）に「(そうではなくて）互いに影響し合う出来事のネットワークなのである」と続いている。Eのnetwork「ネットワーク」が正解。

▶２．「アナクシマンドロスの思想は，天文学や物理学が世界をどのように記述してきたか，その方法の起源である。彼の思想は（　）という概念に基づいている」

第３段第１文（Astronomy and physics …）に「天文学や物理学は…アナクシマンドロスによって与えられた独創的な文句…『時の秩序にした

がって』諸現象がいかに起こるかを理解することによって，発達してきた」とある。Fのorder「秩序」が正解。

▶3.「この文章では，単一の量の時間は（　）時間と等しいものと見なされている」

「単一の量の時間」という表現は第7段第6文（The single quantity "time" …）で使われており，同文は「単一の量の『時間』は，複数の時間のクモの巣の中に溶け込んでしまう」となっている。直後の第7文（We do not …）の後半に「私たちは…局所的な時間が『互いに相対的に』どのように展開するかを記述している」とあり，これと同意のことが同段第4文（Einstein has given us …）で「固有時が『互いに相対的に』どのように展開するかを説明する」と述べられている。「単一の量の時間」とは「固有時」のことであり，Gのproperが正解。

▶4.「筆者が，方程式で時間を表すのに t が使われている場合，それは何を表すのか問うているのは，彼が時間の（　）を論じたいと思っているからである」

第5段第1文（But if different clocks mark …）に「異なる時計が異なる時間を示すとしたら，t は何を表しているのだろうか？」と問いかけがあり，第6段第1文（The question …）で「この問いは意味がない」と自答し，同段第4文（There is no "truer" time; …）で「『より本当の』時間などなく…（2つの時間が）『互いに相対的に』変化する」と理由を述べている。Hのrelativity「相対性」が正解。

▶5.「2つの通貨の例は，時間には絶対的な（　）はないという考えを説明するために使われている」

「2つの通貨の例」は，第6段第2文（We might just as well …）で述べられており，続く第3文（There is no …）と合わせると，「ドルにおける英貨と英貨におけるドルの価値で…『より本当の』価値などない」となっている。Jのvalue「価，価値」が正解。

▶6.「この文章は，時間が場所の（　）によって異なるという考えを支持している」

第1段第1文（Let's begin with …）に「海水面（の高さ）よりも山の中の方が時間は速く進む」とあり，同段（Let's begin with … than at altitude.）では例を挙げながらこのことを説明している。第5段第1・2

文（But if different clocks … show different times.）でも，この考えを前提に話を進めている。Aの altitude「高さ，標高」が正解。

◆(2)本文の内容と一致しないものを4つ選ぶ問題である。

▶A.「ある高度に置かれた時計は，他の高度のところに置かれた時計よりも正確に時間を表す」

第6段第4文（There is no “truer” time; …）に「『より本当の』時間などない」とあることと一致しない。これが正解の一つ。

▶B.「出来事が一定の時間にわたってどのように展開するかを記述することは，局所的な時間を説明することに基づいた2段階の過程を必要とする」

第7段第1～4文（The time indicated … *to each other*.）および第7文（We do not describe …）の内容と一致する。

▶C.「出来事の展開を説明するためには，『固有時』であらゆる現象を測定できる単一の時計が必要である」

第7段第2・3文（Every clock has … its own rhythm.）に「どの時計もその固有時をもっている。起こる現象のどれにもその固有時があり，それ自身のリズムがある」とあることと一致しない。これが正解の一つ。

▶D.「科学は，事物は互いに相関的に変化はしないという前提に基づいている」

第7段第7文（We do not describe …）後半に「私たちは，局所的な時間で事物がどのように展開するか，局所的な時間が『互いに相対的に』どのように展開するかを記述している」とあることと一致しない。これが正解の一つ。

▶E.「世界を支えている1万の踊るシバ神は，アインシュタインの一般相対性理論における時間をうまく表す比喩だろう」

最終段第1・2文（This is how … innumerable times.）に「アインシュタインの一般相対性理論で描かれている…方程式には単一の『時間』はない。無数の時間がある」，同段最終から2文目（The things of this …）に「この世界の事物は，異なるリズムに合わせて行われるダンスを織り合わせる」と述べたあと，最終文（If the world …）で「もし世界が踊るシバ神に支えられているとしたら…1万もの踊るシバ神たちがいるに違いない」と締めくくられている。この世界の事物一つ一つがそれぞれの時間，リズムをもって展開していることを，１万の踊るシバ神に喩えており，この選択肢は本文の内容と一致すると言える。

▶F.「ギリシャの哲学者アナクシマンドロスの言葉の引用は，出来事は必然にしたがっていることを示唆している」

アナクシマンドロスの言葉は，第２段第３文のコロン以下（*Things are transformed* …）に引用されており，「事物は必然にしたがって一つのものから別のものに変えられ，時の秩序にしたがって，互いに裁きを与え合う」となっている。第３段最終文（From the equations of Newton, …）には，物理学をはじめとして，科学一般は「事物が『時の秩序にしたがって』どのように展開するかに関するものだ」とある。科学は法則性，つまり，ある条件のもとでは必ずそうなるパターンを見出すものである。この選択肢は本文の内容と一致すると言える。

▶G.「この文章は，通貨の評価と時間の評価の類似性を示している」

第６段第２～最終文（We might just as well … multitude of them.）の内容と一致する。

▶H.「異なる高度にある２つの時計は，異なる時間を測定する」

第１段第４文（With the timepieces …）などの内容と一致する。

▶I.「*t* という文字が方程式における時間を表すのに使われている場合，それは，『固有時』として知られている普遍的な時間を表している」

第７段第１・２文（The time indicated by … proper time.）に「ある特定の現象を測定するある特定の時計が示した時間は，物理学では『固有時』と呼ばれる。どの時計もその固有時をもっている」とあるように，「固有時」とは，個々の場所，時計で異なるものであり，「普遍的な時間」ではない。この選択肢が正解の一つ。

◆(3)文中の空所を補うのに適切な語句を選ぶ問題である。

▶1．当該箇所は「練習すれば，だれでも時間がゆっくりになるのを（　）できる」となっている。直前の第１段第２文（The difference is …）で「違いは小さいが，今日インターネットで数千ドルで買える正確な時計で測定できる」とあり，「だれにでも違いが見て取れる」という内容にするとよい。Eの witness「～を目撃する」が適切。A．describe「～を描写する」 B．enforce「～を強要する」 C．erode「～を侵食する」 D．prevent「～を防ぐ」

▶2．当該箇所は「低い所にとどまっていた方は生きた時間が少なく，年の取り方も少なく，彼のはと時計の機構が振動した回数は（　）」となっている。第1段第1文（Let's begin with …）に「海水面（の高さ）よりも山の中の方が時間は速く進む」とあり，回数は「より少ない」と考えられる。Bのfewerが正解。A．equal「等しい」 C．more「より多い」 D．numerous「数多い」 E．several「かなり多い」

▶3．当該箇所は「アナクシマンドロスは，26（　）前に生きたギリシアの哲学者だ」となっている。ギリシアの哲学者なので，Aのcenturiesを補えば「2,600年前」の意になり適切。centuryは「世紀」だが，「20世紀」といった暦上の区切り以外に，「100年」を表すのに使える。twenty-sixをつけた他の選択肢の意味は以下のとおり。B．decades「260年」 decadeは「10年」 C．millennia「26,000年」 単数形はmillenniumで「1,000年」 D．scores「520」 scoreは「20」あるいは「多数」の意。「年」の意味はもたない。E．years「26年」

▶4．当該文は「（　）において，天文学は『時間の中での』星の動きを記述した」となっている。述語動詞が過去形であり，Aのantiquity「古代」を補うのが適切。B．infinity「無限」 C．modernity「現代性」 D．mythology「神話」 E．rarity「希少性」

▶5．当該文は「時間は多数ある。空間のすべての地点に（　）時間が一つずつある」となっている。第1段第1文（Let's begin with …）に「海水面（の高さ）よりも山の中の方が時間は速く進む」とあり，同じことが第5段第2文（When the two friends …）でも述べられている。場所が異なれば時間の進み方が違うことは他の箇所でも述べられており，Aのdifferent「異なる」が正解。B．diminishing「縮小する」 C．fluctuating「変動する」 D．misleading「誤解を招く」 E．same「同じ」

▶6．当該箇所は「私たちは，（　）世界がどのように展開するか記述しているのではない。私たちは，局所的な時間で事物がどのように展開するか…記述しているのである」となっている。同段第3文（Every phenomenon that …）に「起こる現象はどれにもその固有時（its proper time）が…ある」などとあるように，アインシュタインが，時間は一つではないことを示したことがこの段では述べられている。これは，第3段第3文（The equations of physics …）で「物理学の方程式は，事物が『時間の中で』(in time) どのように変化するかを説明する」と対照的である。Dのin time「(一つの) 時間の中で」が適切。A. in local time「局所的な時間の中で」 B. in relativity「相対性 (理論) において」 C. in science「科学において」 E. in variation「さまざまに」

▶7. 当該箇所は「時間は…その単一性を（　）」となっている。直後の最終段第6文 (It has a…) で「時間は，異なるすべての場所で異なるリズムをもっており，あちらとこちらでは進み方が異なる」とあり，ここまでの文章でも，時間は一つではないことが述べられている。Dのlost「失った」を補えば文脈に合う。A. created「作り出した」 B. found「見出した」 C. ignored「無視した」 E. shown「示した」

●語句・構文●

(第1段) timepiece「計時器具，時計」

(第2段) render justice to ～「～に裁きを与える」

(第3段) subatomic particle「亜原子粒子」 原子よりも小さい粒子のこと。

(第6段) might just as well *do*「～するのとちょうど同じだ」 legion「多数」

(最終段) depict「～を描く」 dances made to different rhythms「異なるリズムに合わせて行われるダンス」 toは「一致」を表す。dance to the music「音楽に合わせて踊る」やaccording to ～「～によると，～にしがたって」，to *one's* liking「人の好みに合った，合わせて」などで使われている。

◀Writing▶

I 解答例

〈解答例 1〉I agree with this statement. As it says, it helps increase labor mobility. If you find your current job to be boring, you'll probably think of a career change. But you're not sure when you will find another job and are worried that you'll have to do without a stable income. So a UBI is very helpful. Besides, after you get a good job, your country will also benefit. It can utilize its human resources and secure tax revenue. Then it can continue to provide its citizens with a UBI.

〈解答例 2〉I disagree with this idea. It is meaningless to provide a modest sum of money for rich people. They don't need it. On the other hand, some people may stop working as they can live on a UBI anyway. Providing a UBI is not only a waste of the nation's money but can also be a cause of decreasing tax revenue, which may result in the elimination of the UBI. Government money should be spent on those in great need, such as the unemployed and mothers who are raising their children on their own.

◀解　説▶

「『最低所得保障（UBI）は，一国（あるいは他の地理的地域）の全市民に，その収入や就業状況，資産に関係なく，基本的に毎月，特定の額のお金を与えるという案である。UBI は，たとえば，福祉関係支出に代わるものであり，労働力の可動性を増し，オートメーションによる失職の危険を埋め合わせるだろう』という発言について，自分の立場を裏づける適切な理由（複数）を挙げて，自分の意見を述べよ」 解答欄は約 15 cm×10 行。

賛否を述べよとは書かれていないが，結局は UBI に賛成か反対かを論じることになるだろう。例として挙がっているように，最低所得保障で労働力の可動性が増したり，失業の危機を埋め合わせたりできるかどうかを考えるとよい。

〈解答例 1〉は，UBI に賛成の立場である。より良い仕事を求めて転職しようとしても，新しい仕事が見つかるまで収入がなく，必ず働き口が見つかることが保証されているわけでもない。その場合に UBI があれば助かる。その上，個人に良い仕事が見つかると，国も人材を生かして，税収を確保でき，UBI を払い続けることができるというメリットがあるというのが理由である。

〈解答例 2〉は，UBI に反対の立場である。裕福な人にわずかなお金を与えることには意味がなく，他方で，ともかく UBI で生活できるので，仕事をやめる人もいるかもしれない。UBI は国費の無駄遣いであるだけでなく，税収が減る原因にもなりかねず，この計画（UBI）自体が頓挫するかもしれない。人々の生活を安定させるためには，失業者や一人で子どもを育てている母親といった，本当に困っている人たちに使われるべきだというのがその理由である。

II 解答例

〈解答例 1〉In 1800, the gap between the longest and the shortest average life expectancies was only about fifteen years. This is probably because, in nutritional or hygienic terms, people's lives around the world were more or less the same. The gap in 1950 was the biggest, about forty-five years, and in 2012, it was smaller, about thirty-five years, but it is still quite large. What is noticeable about the data of 2012 is that most of the countries with the shortest life expectancies are those that have suffered from civil war and political instability. Peace and safety may well be essential for people to enjoy their long life.

〈解答例 2〉Global average life expectancy has increased with the progress of time, but the increase in the length of life expectancy differs from country to country. I have paid attention to recent trends in Brazil, China, and India. For Brazil and China, the differences in the life span between 1950 and 2012 are about twenty-five and thirty-five years respectively. Although India was still below the average in 2012, its life expectancy in the year was about thirty years longer than that in 1950. These gaps are larger than those of most of the other countries. These countries are newly emerging nations. Thus, I think that life expectancy reflects the economic development of a country.

◀解　説▶

「次のページの図から，どのような傾向やその他の重要な情報がつかめるか？　たとえば，3 つの異なる線の動き，時間の経過の中で目立つ国，あるいは，自分が特定できる他のどのような点にでも焦点を当てることができる」　解答欄は約 15 cm × 12 行。

※グラフのタイトル：1800 年，1950 年，2012 年の世界人口の平均余命

※グラフ下：世界人口の累積的シェア

※グラフ左：誕生時の平均余命

※グラフ右：2012 年　全世界の平均余命；70 年
1950 年　全世界の平均余命；48 年
1800 年　全世界の平均余命；32 年

やや特殊なグラフだが，何を表しているかよく確認して，見て取れる傾向，特徴を 1 つか 2 つに絞って論じるとよいだろう。たとえば，3 つの線の傾きは，同じ年で国による平均余命の長さがどれだけ違うかを表す。グラフ左に示されている，それぞれの年の全世界の平均余命にも言及できる。グラフ内に示されている国は 3 つの年ですべて同じではないが，どのような地域の平均余命が長いか，または短いかの傾向をまとめることもできるだろう。「どのような傾向や情報がつかめるか」が問われているので，グラフに示されている事実の単なる列挙にならないように注意したい。

〈解答例 1〉では，それぞれの年での，最長と最短の平均余命の差に注目し，その差の理由を推測している。

〈解答例 2〉では，新興国のブラジル，中国，インドの 1950 年と 2012 年の平均余命に注目し，その伸び方が大きいことから，平均余命が経済発展を反映していると述べている。

Ⅲ　解答例

古代ギリシアと中国の哲学は，それぞれ特有の社会習慣を反映していた。古代ギリシアの哲学は，人を互いに独立した個人と見なし，世界は単純で理解可能なものであると考え，個々の物の特徴を知ることで真理の追究をしようと，議論に没頭した。対照的に中国の哲学では，真理の発見ではなく道が目標であり，自由ではな

く調和が優先された。世界は複雑で，事物も人も相互に関係しあうものと見なされており，状況から切り離して対象を理解しようとすることは破滅につながると考えられた。

◆全　訳◆

≪古代のギリシアと中国の哲学の違い≫

古代のギリシアと中国の哲学は，その特有の社会習慣を反映していた。ギリシア人はそれぞれが独自であり，人々が真理だと考えるものを発見しようと言葉による議論や討論に没頭した。彼らは自分自身を，社会内部の他の人とは別の単位としての個人であり，自分の運命を自分で握っていると考えていた。同様に，ギリシア哲学は，個人，すなわち分析の単位としての人格，これ以上分割できないもの，家から始まり，個々の対象の特徴を扱った。世界は原則的に単純で理解可能なものだった。対象の重要な類概念を特定し，諸規則をこうした概念に適用するためには，人は対象の他と異なる特徴が何であるかを理解しさえすればよかった。

中国の社会生活は相互依存的であり，優先事項は自由ではなく調和だった。道家にとっては人間と自然の調和であり，儒者にとっては人間と他の人間の調和だった。同様に，真理の発見ではなく，道（どう／タオ）が哲学の目標だった。世界は複雑で，出来事は相互に関連しており，物は（そして人も）パイの一切れとしてではなく，網をなす縄としてつながっていた。ギリシアの哲学者が，他の人の特徴とは無関係な特徴をもった個人の集まりを見ていたところに，中国の哲学者は互いに関係ある複数の成員をもつ一つの家族を見ただろう。中国人にとって複雑さと相互関係は，対象の状況の評価をせずに対象を理解しようとすることが破滅につながることを意味していた。最高の状況でも，結果を制御することは困難だった。

◀解　説▶

設問は「以下の文章を読み，要点を日本語で簡潔にまとめよ」というものである。解答欄は約 15 cm × 8 行。

各文の内容は以下のようになる。

〈第 1 段〉

①第 1 文：古代のギリシア，中国の哲学はそれぞれの社会習慣を反映している。

②第 2 文：ギリシア人は自立しており，真理発見のための議論をした。

③第３文：ギリシア人は自分を他の人と完全に別の単位の個人と見ていた。

④第４文：同様に，ギリシア哲学は，個人から始まり，個々の対象の特徴を扱った。

⑤第５文：（ギリシア哲学では）世界は単純で理解可能だった。

⑥第６文：（ギリシア哲学では）類概念を知り，諸規則を適用するには，対象の特徴を理解すればよかった。

〈第２段〉

⑦第１文：中国の社会は相互依存的であり，優先事項は調和だった。

⑧第２文：哲学の目標は，真理の発見ではなく道だった。

⑨第３文：世界は複雑で，出来事，物，人は，網を構成する縄のように相互に絡まり合うものだった。

⑩第４文：ギリシアの哲学者は家族を個々に独立した特徴をもつ個人の集まりと見ただろうが，中国の哲学者は互いに関係しあう一つの家族と見ただろう。

⑪第５文：中国人には，状況を見ずに対象を理解しようとしても無駄だと思うほど，複雑さと相互関係は重要な意味をもっていた。

⑫第６文：（物事が複雑に絡まり合っているので）結果を制御するのは困難だった。

第１段では古代ギリシア哲学が，物事や人を個々に独立したものと見ており，世界の原理は単純で理解可能なものだと考えていたことを述べ，第２段では対照的に中国の哲学では出来事，物事，人は互いに絡まり合って不可分であり，最高の状況でも結果を制御することは困難だと考えていたことを述べている。２つの思想の要点をそれぞれ押さえて，違いがわかるようにまとめる。

●語句・構文●

（第１段）contention「議論」 take *A* to be *B*「*A* を *B* と見なす，思う」
All *A* have to do is to *do*「*A* は～しさえすればよい」
（第２段）be doomed「破滅を運命づけられている」

❖講　評

2021 年度は Reading 3 題，Writing 3 題の計 6 題で，試験時間は Reading が 90 分，Writing が 60 分で別個の試験として行われた。

Reading：

Ⅰ.「レゴ社の歴史と今後の展望」は，玩具会社のレゴ社が倒産の危機を乗り越えて経営を盛り返した経緯と，グローバル化に適応しながら取っている戦略と今後の展望を説明している。設問は⑴段落の主題，⑵同意表現，⑶内容真偽の計 3 問。文章の内容はわかりやすいが，⑵の設問になっているものも含めて，語句レベルでやや見慣れぬものがあるので，文脈をよく考えて判断したい。

Ⅱ.「普遍言語とは何か」は，普遍言語（共通語）はどのような条件があって成立するのか，独特な視点で論じている。興味深い内容で緻密に論じているが，それだけにしっかり議論についていきたい。設問は⑴段落の主題，⑵内容真偽，⑶同意表現の計 3 問で，**Ⅰ**と同じである。

Ⅲ.「時間の真相」は，日常的にはどこでも共通で一定の速度で進んでいると考えられている時間が，実は場所によって進む速度が違うと述べることから始めて，ニュートンの古典物理学の「絶対時間」とは異なる「固有時」というアインシュタインの相対性理論での時間を説明した文章。専門的な難しい文章に思えるかもしれないが，具体的な状況を描いたり，適切な比喩を用いたりしてわかりやすく説明されている。設問は⑴内容説明（単語の空所補充），⑵内容真偽，⑶文章中の空所補充の計 3 問。⑴がこれまでにない種類の問題だが，紛らわしいものはなく，解答しやすい。

試験時間が 90 分なので，単純計算で 1 題 30 分である。一読で内容をつかみ，読みながら解答していくという手際のよさが必要だろう。英語力をしっかり身につけるだけでなく，内容把握が素早くできる理解力を磨いておきたい。

Writing：

Ⅰ.「最低所得保障」について理由を挙げて自分の意見を英語で述べ

る問題。社会的な問題であり，ある程度の知識を必要とする。日頃から，世の中の仕組みなどについて関心をもち，何を問われても語れるだけの知識は蓄えておきたい。

Ⅱ．世界の平均余命のグラフを見て，そこから読み取れる傾向や情報を英語で述べる新傾向の問題。資料の解釈力が問われる問題であり，分析力が必要とされる。

Ⅲ．英文を読み，日本語で要約する問題。古代ギリシアと中国の哲学を対比しながら述べた文章であり，違いを押さえながらわかりやすくまとめる力が求められる。

試験時間が 60 分なので，1 題 20 分である。時間的にはとても厳しいと思われる。**Ⅰ**・**Ⅱ**の英作文は書く内容についても自ら考えなくてはならないので，かなりの準備を要する。**Ⅲ**の要約は比較的取り組みやすいが，文章の内容をつかむことと，理解した内容を文章にまとめることは同じではない。これも，書く練習を十分に積んでおく必要があるだろう。

サンプル問題

解答編

解答編

英語

◀ Reading ▶

READING TEST

1 **解答** (1)1－C　2－F　3－D　4－B　5－G　6－A　7－A　8－H　9－E　10－C

(2)－B・E・H・K・M

(3)1－B　2－D　3－D　4－B　5－D　6－A　7－D　8－B　9－A　10－E

◆全　訳◆

≪欧州の国々に伝わる橋と宝にまつわる類話≫

物語A．スワファムの伝説（イングランド）

15世紀半ばに増築された立派な塔で有名な，スワファムにある聖ピーター＆聖ポール教会には，記録に値するある伝説についての語り草がある。地元の言い伝えによると，この壮麗な建築物を改装する費用は全額，その教会区に住むジョン＝チャップマンという名の行商人が出したというのだ。

その行商人は，ロンドン橋に行けば富を成す，という夢を見たと言われている。駅馬車さえ考案されていなかった5世紀以上も前の長旅の困難にひるむことなく，その行商人は自分の良き聖霊の声を聞き入れ，飼い犬とともにロンドンへ向かったのである。橋の上を3日間うろついた後，一人の男が近づいてきて，行商人に目的を教えてくれと言ってきた。チャップマンは信仰にも等しい正直さで『夢で見た根拠のない用事』でそこにやって来たのだと答えた。

さて，その見知らぬ男もどうやら夢を見た者であったようだが，行商人と違って迷信を信じてもいなければ，軽率でもなかった。「ああ！　友よ，僕が自分の見た夢を信じていたならば，自分が君と同じく大馬鹿者だと証明するところだったよ。というのも，ついこの間，ノーフォーク州のスワファムという場所に一人の行商人が住んでいて，彼の家の裏に１本の木があり，その木の下に大金があるって夢を見たばかりなんだよ」と男は言った。

チャップマンは自宅へと急ぎ，木の下を掘ると，すぐにその宝を見つけた。しかしそれで全部ではなかった。彼が見つけたその箱の蓋にはラテン語の文字が刻まれていたが，もちろんチャップマンには解読できなかった。だが，彼は無学ではあるものの，ある種の知恵がないわけではなかったので，誰か旅人が彼に聞こえるところでその文字を読んでくれることを期待して，その箱を窓のところに置いておいた。

間もなくすると，数人の若者たちがそのラテン語の文を英語の二行連句へと訳すのが聞こえた。

我より深きに眠るもの
我よりはるかに豊かなるもの

またもや彼は発掘作業にかかり，前よりさらに深く掘り進め，さらにすばらしい財宝を発見した。

自らの幸運への感謝の気持ちで心が満たされ，行商人はそれから間もなくして，スワファムの住人たちが教会の改築を希望した折に，すべての費用を支払って町中を驚嘆させたのである。

現在でも，教会の説教壇に一番近い位置にあるオーク製のベンチの両端のうち一方には行商の品が入った包みを持ったチャップマンの，もう一方には彼の飼っていた犬の彫像が見受けられる。

物語Ｂ．ダンドナルド城（スコットランド）

エアシャイアでは次の押韻詩が今なお広く知られており，おそらくは大変古いものである。

ドナルド＝ディン
ピン（留め具）一つ使わず家建てた

これはダンドナルドの城のことを詠っているのだが，この城はこの城を建てたことにより爵位を与えられた貴族の，エアシャイアに残る最後の資産である。言い伝えによると，この城はドナルド＝ディンという名の英雄により建てられたもので，完全な石造りで，木材は一切使われていないという。

建造者のドナルドは，元は貧しい男だったが，縁起の良い夢を見る能力があった。ある時，ロンドン橋に行けば裕福な男になれるという夢を一晩に3回見た。彼は夢に従って（ロンドン橋に）行くと，一人の男が橋の欄干を点検しているのを見かけ，彼はその男に礼儀正しく話しかけた。少し会話を交わした後，自分がロンドン橋にやって来た理由の秘密を彼に明かした。

その見ず知らずの男は彼に，自分は取るに足らない用事で来たと言った。というのも，彼自身がかつて似たような幻想を見たことがあるからだ。その幻想は，スコットランドのある場所に行けば，そこで莫大な財宝を見つけるというものだった。その見ず知らずの男としては，その指示に従おうとはただの一度も思わなかったのだ。

その場所に関する彼の説明から，そのずるがしこいスコットランド人はすぐに，お目当ての財宝が隠されている場所は他ならぬ自分のキャベツ畑にちがいないと気づき，その財宝が見つかることを大いに期待しながら即座にそこに向かった。そして彼の期待が裏切られることもなかった。というのも，食べごろの野菜やこれから大きくなろうとしている野菜を大量にだめにし，彼のことを狂ったと思った妻の信用を完全に失った後，彼は大量の金貨が埋まっているのを見つけ，その金貨を使って頑丈な城を自力で建て，栄華を極めた一族の祖となったからである。

物語C．小さなやつら（マン島）

かつて，『小さなやつら』の一人に出会ったマン島の男がいた。敬意を払ってか恐怖心からか，妖精たちはよくそのように呼ばれている。その小さなやつは彼に，ロンドン橋に行って土を掘り返せば，裕福な男になれると言った。なので，彼はそこに向かい，到着すると土を掘り起こし始めた。すると，男がもう一人彼のところにやって来て，「何をしているんだ？」と言った。

「小さなやつらの一人が，ロンドン橋に来るよう言ったのさ。そうすれば大金が見つかるんだと」と彼は答える。

もう一人の男はこう言った。「僕も夢を見たんだが，自分がマン島に戻って，煙突の近くに棘のある木がある一軒の家にいるんだ。そこを掘り起こせば大金が見つかるのさ。でも，僕は行かないよ。そんなことするなんてただの愚行だからね」

その時，彼はその家の様子についてかなりはっきりと説明したので，最初の男はそれが自分の家だと気づき，ポートエリンにある自宅へと帰った。到着後，煙突の近くに立つ棘のある小さな木の下を掘ると鉄製の箱を見つけた。その箱を開けると，中には金が詰まっていた。中にはメモが入っていたが，外国語で書かれていたものだったので彼には読めなかった。なので，そのメモを鍛冶場の窓のところに置き，通りすがりのどの学生にもそれを読めるかと挑んでみた。誰も読めなかったが，ついにある青年が，それはラテン語で「もう一度掘ればもう１つ見つかる」という意味だと言った。

なので，男は再び棘のある木の下を掘った。そしてもう１つの金の詰まった鉄製の箱以外の何を見つけたというのだろうか（＝彼が見つけたのはそれ以外の何物でもなかった）！　その日から死ぬ日まで，男は寝る前に玄関のドアを開けては「小さなやつらに幸あれ！」と叫んだのだった。

物語Ｄ．リムリックの橋（アイルランド）

私はリムリックに行き，そこで橋を２，３回歩いて渡ったというメイヨー州出身の農夫の話を聞いたことがある。橋の上に座って靴を修理していた靴修理職人が彼に気づき，何を探しているのかと彼に尋ねた。農夫はリムリックの橋の下で宝を見つける夢を見たと言った。

「なるほど。僕も自分が宝を見つける夢を見たけど，ここ とはちょっと別の場所だったな」と靴修理職人は言った。そして彼が夢に見た場所について説明をすると，そこはまさにメイヨー州の男所有の畑だったのである。

それで，農夫はまた家に帰り，そこで案の定，中に途方もない富の入った金の壺を発見した。しかし，靴修理職人の方がリムリックの橋の下で何かを見つけたという話は耳にしたことが全くない。

物語Ｅ．レーゲンスブルクの橋（ドイツ）

昔，ある男が，レーゲンスブルクにある橋に行けばそこで金持ちになれる夢を見た。彼がレーゲンスブルクに行き，そこで２週間過ごした後，ある裕福な商人が，なぜ橋の上でそんなに多くの時間を過ごしているのだろうかと思い，男に近づき，何をしているのかと尋ねた。

「レーゲンスブルクの橋に行くことになって金持ちになるという夢を見

たんだ」と男は答えた。

「なんだって？」と商人は言った。「夢のためにここへ来たっていうのか？　なんとまあ，私自身も向こうに見えるあの大きな木の下に金の入った大きな壺が埋められている夢を見たんだよ」　彼はその木を指さした。「でも，私は気にも留めなかったよ。だって，夢ってのはただの空想や嘘にすぎないからね」

それから，よそからやって来たその男がその木のところに行き，その下を掘ってみると，そこでものすごい宝を発見し，そのおかげで彼は金持ちになれた。こうして彼の夢は正夢であったということがはっきりしたのである。

この言い伝えは，例えばリューベックといった他の街についても語られている。そこではパン屋の使用人が橋の上で宝を見つける夢を見るというものとなっている。そこに行って，行ったり来たりしているとすぐに物乞いが彼に話しかけてきて，メルンの教会の庭にある菩提樹の木の下に宝があるという夢をどんなふうに見たかを語ったが，自分はそこに行くつもりはないと言う。パン屋の使用人は，「そうだね，夢というのはたいてい愚かなものにすぎないからね。僕の橋の宝は君にくれてやるよ」と答えた。そう言って，彼はその場を離れ，菩提樹の木の下から宝を掘り出すのである。

物語Ｆ．ヤプニヒの夢（オーストリア）

ヴォプニッツ近くのチロルの州境に，ヤプニヒという名の小作農が住んでいた。彼の生活は大変厳しい状況にまで落ち込んでしまっていたので，彼の手元に残っているわずかな家財さえも官憲に差し押さえられるのではなかろうかと恐れていた。

ある夜，彼はメル谷のシュタルに行くとよいという夢を見た。その夢によると，そこに向かう途中で宝を見つけるというのだ。ヤプニヒはこの夢が大変印象深いものだと感じたため，すぐに出発した。道中，彼は橋の上で年老いた傷病兵に出会い，その兵士はお決まりの通り，彼にどこまで行くのかと尋ねた。

「シュタルですよ」と小作農は答え，こう付け加えた。「あなたは？」

「自分でもわからないよ。帰る家も金もないからね」と傷病兵は答えた。

この話題は２人の共通点だったので，彼らは長い時間，自分たちのつらい時期について愚痴を言い合った。最後に，小作農は年老いた兵士に彼の見た夢について語った。

兵士は面と向かって小作農を笑い飛ばし，こう言った。「宝の夢を見ることなんて誰にでもあることさ。私自身だってヤプニヒってやつの暖炉の中に宝がある夢を３度見たことがあるよ。この夢が私にとって何の足しになるっていうんだ？　そんなやつが実在するのさえ私にわかるってのか？夢なんざ泡のようなものなのさ」

ヤプニヒは自分の名前を聞いてとても驚いた。彼は黙りこくり，それから兵士に別れを告げた。彼はシュタルへは行かず，少し遠回りをした後すぐさまヴォプニッツにある自宅へと戻り，急いで暖炉を分解し始めた。妻は彼の気が狂ってしまったのだと思ったが，金貨の詰まった壺が暖炉の中に塗り固められているのを見つけた。その金貨のおかげでヤプニヒの問題はすべて解消されたのである。

別の説によると，ヤプニヒははるばるプラハにある橋まで歩いて行き，そこで老兵士に出会ったとなっている。それはかなりの距離だったであろうが，語られることの多いこういった類の物語には，インスブルックであれ，レーゲンスブルクであれ，プラハであれ，いつも橋が登場するのである。

物語G．エアリトスーの教会（デンマーク）

昔々，フレデリシア付近のエアリトスーに大変貧しい男が住んでおり，ある日彼はこう言った。「大金があれば，教区民のために教会を建てるのになあ」

次の日の夜，彼は，ヴァイレの北の橋に行くと何も見つからないが，南の橋を訪れると財を成すという夢を見た。彼はその暗示に従い，指定された橋の上を遅くなるまで行ったり来たりしたが，自分に幸運が訪れそうな兆候は全く見えなかった。まさに帰ろうとしたその時，一人の将校が近づいてきて，なぜ一日中橋の上を歩いて過ごしていたのかと尋ねてきた。

貧しい男はそれで自分の見た夢について説明した。その話を聞くや否や，将校は男にお返しとして自分も前の晩に夢を見たと話した。エアリトスーにある男が所有する納屋があり，その納屋の中に宝が埋められているというもので，その納屋の持ち主の男の名前について触れた。しかし，彼が口にしたその名前は貧しい男自身の名前だったので，彼は用心して自分の思ったことは胸に秘め，自宅へと急ぎ，自身の納屋にある宝を見つけた。その男は自分の言った言葉通り，教会を建てたのであった。

◀解　説▶

◆(1)「以下の10の文それぞれを完成させるのに最も適切な言葉（物語）を下の枠内から選べ。いずれの言葉も2回以上使用して構わない」

▶1．「男が夢以外のものに促されてから宝探しに行くのは…である」

物語C第1段第2文（The Little Fellow told…）に「The Little Fellow（小さなやつ）がロンドン橋に行って土を掘り返せば，裕福になれると男に言った」とある。The Little Fellow は同段第1文（There was a…）後半に as the fairies are often referred to「妖精たちがそう呼ばれている」とあるので，夢の話ではないと確認できる。

▶2．「宝を探して橋へ向かった男と橋で出会った男が2人ともかなり貧しい人物なのは…である」

物語F第1段第2文（His situation had…）に，主人公の男が家財の差し押さえを恐れるほど経済状況が厳しかったことが述べられている。さらに，その男が橋で出会った年老いた兵士による第4段の発言“I have neither home nor money.”「家も金もない」より，「2人とも極端に貧しい」に当てはまる。

▶3．「橋の（上ではなく）下で宝を探すと記されているのは…である」

物語D第1段最終文（The farmer said…）に under the bridge of Limerick he'd find treasure と明記されている。

▶4．「宝の発見により貴族家系の土台を築くことになったのは…である」

4の文にある an aristocratic family に近い表現の，物語B第1段第2文（It alludes to…）中の the noble family「貴族」および最終段第2文（Nor was he…）の最後 and became the founder of a flourishing family「栄華を極めた一族の祖となった」から判断できる。

▶5．「同じ町か都市に2つ以上の橋があることについて言及しているのは…である」

物語G第2段第1文に The following night… if he went to the north bridge at Veile… if he visited the south bridge, he…と2つの橋が登場する。

▶6．「出来事が起こった歴史上の時期が具体的に示されているのは…である」

物語A第1段第1文に Noted for … added in the mid-fifteenth century, the church … とある。

▶ 7.「宝探しに行く男が飼っている動物を同伴しているのは…である」

物語A第2段第1文（It is said …）に，if he went to London Bridge he would make his fortune「ロンドン橋に行けば富を成す」という夢を見たとあり，続く第2文（Undaunted by the …）文末に，and went to London with his dog「犬を連れてロンドンに向かった」とある。

▶ 8.「宝探しに行く男が若い女性を同伴しているのは…である」

女性が登場するのは，物語B最終段第2文（Nor was he …）中盤の and completely losing credit with his wife と，物語F第7段最終文の His wife thought that he had gone mad の部分であるが，どちらも宝を探す夫にあきれている様子は描かれているものの，宝探しに一緒に行ったとは述べられていない。よって，Hの「7つの物語のどれにも当てはまらない」が正解。

▶ 9.「橋で出会った人物が裕福な男だったのは…である」

物語E第1段第1文（Some time ago …）でレーゲンスブルクの橋に行けば裕福になれるという夢を見た男が，続く第2文で He went to Regensburg, … a wealthy merchant, … approached him「レーゲンスブルクに行き…ある裕福な商人が…（橋の上にいる）男に近づいた」とある。

▶10.「橋で出会った人物と橋まで旅してきた人物の故郷が同じ地域であったのは…である」

橋で出会った人物の出身地について言及しているのは物語Cのみ。物語C第1段第1文の There was a man once in the Isle of Man より「かつてマン島に住んでいた男」が主人公で出身地は the Isle of Man。橋で出会った男の出身地については男が見た夢について語る第3段第1文に The other man said, "I dreamed I was back in the Isle of Man and …「男が言うには，『僕も夢を見たんだが，自分がマン島に戻って…」とあり，この男もまたマン島出身であると判断できる。よって，Cが正解。

その他の物語中に登場する，橋で出会った男に関する情報は以下の通り。

物語A：第2段第3文（After he had … three days, a man approached him and …）「男」

物語B：第２段最終文（He went accordingly, saw a man looking over the parapet of the bridge, …）「橋の欄干を点検している男」

物語D：第１段第２文（A cobbler who was sitting on the bridge mending shoes noticed him …）「靴修理職人」

物語E：第１段第２文（He went to … a wealthy merchant, …, approached him …）「ある裕福な商人」

物語F：第２段最終文（On the way … met an old invalid soldier on a bridge, …）「年老いた傷病兵」

物語G：第２段最終文（When just on …, he was accosted by an officer, who asked …）「将校」

◆(2)「物語に書かれている内容に合わないものを以下の文から５つ選べ。６つ以上の文を選んではいけない」

▶A.「すべての物語が，富を探しに橋を訪れる男に関するものである」

物語A（第２段第１文，It is said …），物語B（第２段第２文，Upon one occasion …），物語C（第１段第２文，The Little Fellow …）はLondon Bridge，物語D（題名および第１段第１文，I heard of …）はthe bridge at Limerick，物語E（題名および第１段第１文，Some time ago …）はthe bridge at Regensburg，物語G（第２段第１文，The following night …）はthe south bridgeをそれぞれ目指している。物語Fは第２段第１文（One night he …）のhe should go to Stall in the Möll Valleyだけで判断すると目的地はStall（地名）なので当てはまっていないように思えるが，同段第３文にOn the way he met an old invalid soldier on a bridge「道中，橋の上で年老いた傷病兵に出会った」とあることから，選択肢Aのtravelling to a bridge in search of a fortuneに当てはまると言える。

▶B.「すべての物語で，富を探す男の出身地の名前が挙げられている」

物語Eは，出身地に関する情報を含まない。よって，これが正解の１つ。

その他の物語で出身地に関する情報を含む部分は以下の通り。

物語A：第１段第１文（Noted for … St Paul at Swaffham offers …）および第３段第２文（“Alas! … at a place called Swaffham in Norfolk lives a peddler, …）

物語B：第１段第１文（In Ayrshire, …）および同段第２文（It alludes

… the last remaining property in Ayrshire of …）
物語C：第1段第1文（There was a man once in the Isle of Man …）
物語D：第1段第1文（I heard of a farmer from Mayo …）
物語F：第1段第1文（On the Tyrolean border near Wopnitz there lived a peasant …）
物語G：第1段第1文（Many years ago there lived at Erritsø, …）

▶C.「物語Aと物語Cでは，2つの宝が同じ場所で見つかったと述べられている」

物語A第5段最終文（Again he went …）の digging deeper than before, and found an even greater treasure および物語C最終段第1文 So the man dug again …, and what did he find but another iron box full of gold! に，それぞれ同じ場所を再び掘り，もう1つ宝を見つけたという記述がある。

▶D.「物語Eと物語Fでは，語られている伝説の別バージョンが複数存在すると述べられている」

物語E最終段第1文（This legend is also told about other cities, …）および物語F最終段第1文（According to another version, …）に，それぞれ物語の別バージョンがあることが述べられている。

▶E.「物語Bの中でのみ，夢を通して宝を見つける男の妻について触れられている」

主人公の妻が登場するのは，物語B最終段第2文（Nor was he …）中盤の and completely losing credit with his wife と，物語F第7段最終文の His wife thought that he had gone mad の部分である。よって，これが正解の1つ。

▶F.「物語Eの中でのみ，宝を探す男の家の中でも家の周りでも宝が見つかっていない」

物語E第3段第1文 the merchant の発言2つ目～第2文（“You came here … there is a large pot of gold buried beneath that large tree over there.” He pointed to the tree.）参照。この会話が交わされている場所は主人公の男が裕福な商人と出会ったレーゲンスブルクの橋の上であるため，商人が指さす先にある木は橋の近くにあるということになる。第4段（Then the visitor …）で，男はその木の下を掘り，宝を見つけていることから，宝のありかは男の自宅内でも自宅周辺でもない。

その他の物語中の宝の発見場所は以下の通り。

物語A：第4段第1文（Chapman hastened home, …）（男の家の裏にある木の下）

物語B：最終段第1文（From his description …）（男のキャベツ畑）

物語C：第4段第1・2文（Then he gave … an iron box.）（男の家の木の下）

物語D：第2段第2文（And he described …）および最終段第1文（So the farmer …）（男の所有する畑）

物語F：第6段第2文（I myself have …）および第7段最終文（His wife thought …）（男の家の暖炉の中）

物語G：最終段第2・3文（On hearing it, … his own barn.）（男の所有する納屋の中）

▶G．「物語の1つでは城の建設に，2つでは教会の建設もしくは修復に，夢を通じて得られた富が使われている」

物語B最終段第2文（Nor was he …）に gold coin, with which he built a stout castle for himself「その金貨を使って頑丈な城を自力で建て」，物語A第6段（With a heart …）に when the inhabitants of Swaffham wished to rebuild their church, astonished the whole town by paying for everything「スワファムの住人たちが教会の改築を希望した折に，すべての費用を支払って町中を驚嘆させた」，物語G最終段最終文（The man was …）に「その男は自分の言った言葉通り，教会を建てた」とある。

▶H．「物語の2つではロンドン橋について，3つではレーゲンスブルクの橋について言及されている」

ロンドン橋が登場するのは物語A第2段第1文（It is said …），物語B第2段第2文（Upon one occasion …），物語C第1段第2文（The Little Fellow …）である。また，レーゲンスブルクの橋については物語E題名および第1段第1文（Some time ago …）でしか述べられていない。よって，これが正解の1つ。

▶I．「ヨーロッパ以外が舞台となっている物語は1つもない」

各物語の題名の（　）内の国名で確認できる。物語CのIsle of Man

「マン島」の判断は難しいかもしれないが，第１段第２文（The Little Fellow …）の London Bridge からヨーロッパと判断できる。

▶ J．「物語Ｂと物語Ｆでのみ，見つかった宝が金貨であると具体的に述べられている」

物語Ｂは最終段第２文（Nor was he …）の後半に，物語Ｆは第７段最終文（His wife thought …）の後半に，それぞれ金貨の描写がある。

その他の物語の宝に関する情報は以下の通り。

物語Ａ：第３段第２文（"Alas! good friend," … a pot of money."）および第５段最終文（Again he went … an even greater treasure.）

物語Ｃ：第４段第３文（He opened the box, … full of gold, …）

物語Ｄ：最終段第１文（So the farmer … a pot of gold with no end of riches in it.）

物語Ｅ：第３段第１・２文（"What?" said the … a large pot of gold …）および第４段（Then the visitor … a great treasure …）

物語Ｇ：最終段第２文（On hearing it, … a treasure lay buried.）および同段第３文（But the name … the treasure …）

▶ K.「これらの物語のうち２つ（物語Ａと物語Ｂ）だけが，宝を見つける男の名前を述べている」

物語Ｆの題名（Japnig's Dream）および第１段第１文（On the Tyrolean …）にも男の名前がある。よって，これが正解の１つ。

▶ L.「物語Ａ，物語Ｃ，物語Ｅのすべてで，最終的に宝が木の根元に埋まっているのが見つかると述べられている」

物語Ａは第４段第１文（Chapman hastened home, …），物語Ｃは第４段第２文（When he got …），物語Ｅは第４段（Then the visitor …）に，それぞれ，木の下を掘ったとある。その他の物語の宝のありかは(2)Ｆの〔解説〕参照。

▶M.「これらの物語の初めの４つ（物語Ａ～Ｄ）では，橋で出会った男の職業について触れられていない」

物語Ｄは第１段第２文の A cobbler who was sitting on the bridge mending shoes の部分が橋で出会った男の描写であるが，cobbler とは「靴修理職人」のこと。mending shoes も手がかりになる。本文内容に一致しないので，これが正解の１つ。なお，物語Ｂ第２段第３文の He went accordingly, saw a man looking over the parapet of the bridge「橋の欄干を点検している男に出会った」も職業を説明したものと解釈しうる。

◆(3)「各物語中の空所1～10に入れるのに最も適切なものを選べ」

▶1．空所を含む文は橋で出会った男の発言。この男については，直前の第3段第1文（Now it appears…）に unlike the peddler（＝主人公 Chapman), he was neither superstitious「行商人と違って迷信を信じていなかった」とある。また，空所を含む文が“If I had believed my dreams, …と仮定法過去完了を用いていることから，夢を信じない人物であるとわかる。I might have proved myself as big a [1] as you are「君と同じくらいの大（　）だと証明していたかもしれない」は，夢を信じていないこの男が，夢を信じてロンドン橋まではるばるやって来た主人公（you）を小馬鹿にした表現であると考えられるため，Bの fool「愚か者」が正解。A．baby「赤ん坊」 C．man「男」 D．rogue「詐欺師，ごろつき」 E．youth「若者」

▶2．選択肢がすべて形容詞であることと，空所を含む But though [2], he was not without … の though の後ろにSと be 動詞（he was）が省略されていることを考えれば，he（＝Chapman）を形容する語が入ると判断できる。直前の文 The box that he found had a Latin inscription on the lid, which of course Chapman could not decipher.「彼が見つけたその箱の蓋にはラテン語の文字が刻まれていたが，もちろんチャップマンには読めなかった」より，Dの uneducated「無学な」が適切。decipher の意味がわからない場合，空所を含む文後半に in the hope that some traveler might read the inscription in his hearing「誰か旅人が彼に聞こえるところでその文字を読んでくれることを期待して」とあるように，他人の力を借りて文字を読もうとする描写から推測が可能である。言葉を「知らない」ということからEの unknown を選ばないように注意。unknown は「知らない」ではなく「知られていない」の意。A．incomplete「未完成の」 B．irresolute「優柔不断な」 C．unconcerned「無頓着な」

▶3．the following [3] は，空所を含む文の文尾のコロン（：）のあとに続く2行に改行された1文を指す。Din と pin の部分が韻を踏んでいることから，D の rhyme「韻，押韻詩」を選ぶ。A．account「話」 B．legend「伝説」 C．reason「理由」 E．ritual「儀式」

▶4．物語B最終段第2文（Nor was he …）の after destroying many good and promising vegetables より，宝を求めて野菜を栽培している場所を捜索したと考えられるため，B の cabbage patch「キャベツ畑」が正解。A．apple orchard「りんご果樹園」 C．chimney corner「炉端」 D．fire place「暖炉」 E．rose garden「バラ園」

▶5．空所前後の challenge *A* to *do* は「*A* に～するよう挑む」の意。よって，challenged any [5] who went by to read it は「通りすがりのどの（　）にもそれを読めるかと挑んでみた」と解釈する。it は前文で登場した the note（外国語で書かれたメモ）を指すことから，外国語の知識のある D の scholar「学生」を補うとよい。A．beggar「物乞い」 B．farmer「農民」 C．merchant「商人」 E．soldier「兵士」

▶6．I paid no [6] より，pay の目的語として適切なものを選ぶ。pay は目的語として代金，注意，敬意などがくることが多いことから，pay attention「気に留める」という表現で A の attention「注意」を補うとよい。空所後に for dreams are no more than fantasies and lies「夢はただの空想や嘘にすぎないから」という理由が続く点からも，夢を「気にしなかった」という意味を導ける。B．compensation「補償（金）」 C．dues「使用料」 D．insurance「保険（金）」 E．reflection「反映」

▶7．空所を含む文の a beggar speaks to him, telling how … but that he is [7] about to go there「物乞いが彼に話しかけてきて，…木の下に宝がある夢をどんなふうに見たかを語ったが，自分はそこに行くつもり（　）と言う」の but より，夢には見たがそこに行くつもりはないと否定の意味を加えるのが適切である。D の not が正解。

▶8．空所前の they complained long together of に注目。complain of ～ は「～について不満を言う」という意味なので，空所にはマイナスの意味の形容詞が入るはず。B の hard を補い，「つらい時期，大変な時期」と意味を取るとよい。空所前の This topic gave the two common ground「この話題は2人の共通点だった」の This topic は，第4段（“I don't know” …）の，老兵による「家も金もない」という話題を指す。第1段第2文（His situation had …）より，主人公も差し押さえを心配するほど厳しい経済状況だとわかるので，２人が自分たちの貧しさについて不満を言ったと判断することもできる。A．good「良い」 C．old「昔の」 D．past「過去の」 E．summer「夏の」

▶９．空所を含む文の He followed the intimation「彼はその暗示に従った」より，第２段第１文（The following night …）に登場する２つの橋のどちらかに向かったと判断する。if he visited the south bridge, he would make his fortune より，宝が見つかるのは the south bridge の方だとわかるため，C の north「北の」は不適。south という選択肢はないので，近い意味として夢の中で「指定された」橋に向かった，という意味になる A の appointed が適切。B．nearest「最も近くにある」 D．other「他の」 E．respective「それぞれの」

▶10．空所を含む文（The man was …）は「男は自分の（　）に忠実だったので，教会を建てた」となる。教会の建築に関しては第１段（Many years ago …）後半に "If I had a large sum of money, I would build a church for the parish."「大金があれば，教区民のために教会を建てるのになあ」と男が言ったとある。その後，最終段第３文（But the name …）で宝を見つけ，空所後で教会を建てたとあることから，E の word を補えば，「自分の（言った）言葉通り教会を建てた」となり，意味が通る。A．honor「名誉」 B．officer「役人」 C．patron「贔屓客（ひいき），パトロン」 D．priest「司祭，聖職者」

●語句・構文●

物語A

（第１段）noted for ～「～で有名な」 expense「費用，経費」 refurbish「～を改築する」 edifice「建物」 packman「行商人」 parish「教会区」

（第２段）peddler「行商人」 undaunted「恐れない，ひるまない」 stage coach「駅馬車」 heed「～（助言・警告・忠告など）を心に留める，聞き入れる」 vain「無駄な，根拠のない」 errand「旅，用事」

（第３段）superstitious「迷信的な」 imprudent「軽率な」 prove *oneself* ～「自分が～であると示す」 a pot of money「大金」

（第４段）inscription「刻まれている文字，碑文」 lid「蓋」 decipher「～を解読する」 in *one's* hearing「～（人）に聞こえるところで」

（第５段）couplet「二行連句」

（第６段）overflow with～「～（感情）で心がいっぱいになる」 gratitude for～「～への感謝の気持ち」 astonish「～を驚かせる」

（最終段）pulpit「（教会の）説教壇」 carved effigy「彫像」

物語B

（第１段）prevalent「広く認められている」 allude to～「～を暗に示す」 noble family「貴族」 title「爵位」

（第２段）upon one occasion「ある時」 thrice「３回」 accordingly「それに従って」 parapet「欄干」 courteously「礼儀正しく」 entrust *A* with *B*「*B*を*A*（人）に託す」

（第３段）have a～vision「～な幻想を抱く」 for *one's* part「～としては，～の関する限りは」 injunction「命令，指令，指図」

（最終段）description「説明」 sly「ずるがしこい」 in question「問題になっている，当の」 no other *A* than *B*「*B*より他の*A*はない」 repair「行く，赴く」 in expectation of *doing*「～することを期待して」 promising「将来有望な」 lose credit with～「～の信用を失う」 a potful of gold coin「たくさんの金貨」 stout「頑丈な」 founder「創立者，創設者」 flourishing「繁栄している」

物語C

（第１段）isle「島」 fairy「妖精」 refer to *A* as *B*「*A*を*B*と呼ぶ」

（第３段）thorn「棘」 chimney「煙突」 foolishness「愚行」

（第４段）give a clear picture of～「～をはっきりと描写する」 note「メモ」 smithy「鍛冶場」

物語D

（最終段）sure enough「案の定，思った通り」 no end of～「際限がない～，途方もない～」 riches「富，財産」

物語E

（第１段）fortnight「２週間」 merchant「商人」

（第２段）latter「後者」

（第３段）beneath「下に」 no more than～「～にすぎない」

（第４段）confirm「～ということをはっきりさせる」

（最終段）servant「使用人」 upon *doing*「～するとすぐに」 back and forth「行ったり来たり（して）」 linden「菩提樹」 nothing but～「～

にすぎない」 with that「そう言って，それから」 depart「～を出発する」

物語F

（第1段） confiscate「～を差し押さえる」 authorities「官憲」

（第2段） invalid「病身の」 as is customary「恒例の」

（第5段） common ground「共通点」

（第6段） laugh in *one's* face「～（人）を面と向かって笑い飛ばす」 hearth「暖炉」 foam「泡」

（第7段） startled「驚いた」 still as a mouse「黙りこくって」 detour「遠回り，回り道」 tear apart～「～をばらばらにする」 mortar「～をモルタルで塗る」

物語G

（第2段） intimation「暗示」 stroll「ぶらぶら歩く」 accost「～に近づいて声をかける」

（最終段） relate（to *A*） that SV「～ということを（*A*に）話す」 preceding「前の」 prudently「慎重に，用心して」 keep *one's*（own） counsel「自分の考えを胸に秘めておく」

2 解答

⑴ 1－L　2－K　3－H　4－D　5－G　6－A　7－J　8－C　9－B　10－M

⑵－A・C・I・J

⑶ 1－D　2－C　3－C　4－A　5－E　6－B　7－B　8－D

◆全　訳◆

≪世界の経済情勢から見る貧困国となる要因と支援策≫

① 我々は，世界で最も絶望的状況にある国々における極度の貧困を終わらせる機会を，歴史上初めて得ている。現在，毎年世界中で800万人以上の人々が，貧困極まり生き続けることができないがために死んでしまっている。我々の世代は2025年までに極度の貧困にピリオドを打つという選択をすることができるのである。

② この地図は世界の国々の1980年から2000年までの20年間の国内総生産（GDP）を示している。45もの国々で1人当たりのGDPがマイナス成長となった。また，世界の経済状況を1980年の1人当たりの所得によ

って次の6つに分類してみても明らかである。

- すべての低所得国
- 中所得の石油輸出国
- 中所得の旧共産主義国
- その他の中所得国
- 高所得の石油輸出国
- その他の高所得国

経済衰退に関連する最大の問題は確かに最貧国，特にサハラ砂漠以南に位置する最貧国にあるのだが，そこだけではない。もう1つの所見は，石油輸出国と旧ソビエト連邦諸国を除くすべての高所得国およびほとんどの中所得国が経済成長を遂げているという点である。高所得国のうち唯一経済成長が見られなかったのは，石油輸出国であるサウジアラビアである。中所得の国々の中で経済成長を成し遂げなかったのは，大半が石油を輸出している旧共産主義諸国であった。それ以外の中所得国については，14カ国中12カ国の経済はプラス成長している。

③　石油産出国と旧共産主義国の経済状況の衰退は大変特殊な状況を反映したものである。言うまでもなく，石油資源が豊富な国は貧困国ではないが，その代わり，経済活動において圧倒的に石油の輸出に依存している中所得か高所得の国なのである。このような国々の経済状況は，石油の「実質」価格，すなわち機器や消費財といった輸入品の価格との相対的な石油価格に伴って上がったり下がったりする。石油の実質価格は1970年代の間に急騰し，これらの国々の生活水準の大幅な上昇につながったが，1980年代から1990年代にかけては石油価格が急落し，生活水準の崩壊へとつながった。ここに教訓があるとすれば，それは，1つの輸出品（もしくは少数の輸出品）に依存する経済は，世界市場でその品目の相対価格が変動すれば，必ず身をもって大きな浮き沈みを味わうことになるということである。石油価格はかなり不安定なものなので，石油経済の実質所得は同様に不安定なのだ。

④　旧共産主義諸国における経済衰退はさらに特殊な事例である。こういった国々は，崩壊した共産主義体制から市場経済へと切り替わる際に1人当たりのGDPの一時的下落を経験した。チェコ共和国，ハンガリー，ポーランドといった，いわゆる移行経済のうちで最有力な事例においてさえ

も，１人当たりのGDPが急落した時期が数年はあったのである。これは，ソビエト経済に結びつきのあった旧来の重工業が傾いて破産して姿を消し，新たな経済部門が成長するのに時間がかかったからだ。その結果は，経済学者らが呼ぶところの転換不況となった。1990年代の終わりまでには旧共産主義諸国は再び経済成長を始めたが，ソビエト崩壊前よりも１人当たりのGDPが低い状態からのスタートとなったのである。

⑤　貧しい国々は貧困の罠にはまる可能性がかなりある。非石油産出国で１人当たりの所得が3,000ドルを下回る58カ国のうち，22カ国（38パーセント）において明らかに経済状況が悪化している。しかし，その他の36カ国は経済成長していたのである。とても貧しい国々の中でも貧困の罠による惨害から逃れた国がある一方，逃れられなかった国もあるというのはどうしてなのだろうか？　うまくいった国とうまくいかなかった国を比較すると，成功談にはある共通の特徴が見られる。最も重要な決め手は，食糧の生産力にあるようだ。１ヘクタール当たりの穀物生産量が初めから高く肥料の投入量が高い国は，貧困国であれど経済が成長する傾向が見られた。グラフに示されているように，穀物生産量が初めから大変低かった国は，1980年から2000年の間に経済が衰退する傾向のあった国である。

⑥　アフリカとアジアの最大の違いは，アジアではここ数十年間の１人当たりの食糧生産が多く増加傾向にある一方，アフリカでは１人当たりの食糧生産が少なく減少傾向にあるという点である。アジアの地方部は人口密度が高く道路網が比較的広範囲にわたっているので，肥料を農場へ運送したり生産したものを農場から市場へ運送したりすることが可能となる。農民が肥料や灌漑を利用し，食糧生産量が多くなっているのだ。アジアでは，資金援助をする機関が新たな高収量品種の開発に多くの支援をした。このような状況のもと，アジアの農民たちは，穀物の高収量品種を導入することができ，それにより農民１人当たりの食糧生産高が上がるという，有名な緑の革命を生んだのである。アフリカの地方部は人口密度がはるかに低く，肥料や作物を運送するための道路がない。農民らは食用作物に肥料を使わず，灌漑ではなく降雨に頼っている。資金援助者はアフリカの条件に合う品種の改良をするための科学的な取り組みに対して十分な資金援助ができていない。このようにはるかに厳しい環境では，アフリカの農民らが緑の革命による食用作物の高収量品種の開発から多くの恩恵を受けること

は，たとえあったとしても，不可能だったのである。

⑦　資料から明らかな傾向が他にもある。1980年から経済成長を開始したアジア諸国は，社会状況が良好だった。例えば，識字率が高く，乳児死亡率が低く，全体的な出生率が低かった。それゆえ，人口が急増したせいで限られた農地が圧迫されるという人口統計学的な罠にはまりづらかったのである。ここでも，アジアの農民の方がアフリカの農民よりもいくぶん良い状態だったのである。もう1つの傾向は，人口の多い貧困国の方が人口の少ない貧困国よりもうまくいっていたようだというものだ。おそらく，人口が多いことで国内の市場規模が拡大し，そのことが国内外両方の投資家に魅力的だったのであろう。人口の多い国の方が道路や電力供給といった基幹インフラを導入することが簡単だったのであろう。なぜなら，こういったインフラ網は建設の初期投資が高くつくという特徴があり，その費用はより大規模で人口が密集している経済圏の方が調達が容易だからである。

⑧　貧困が解消しないもう1つの理由は，政府の怠慢である。極貧層の人々は，十分な栄養や健康，十分な教育といった必要な人的資本を欠いているので，市場原理から切り離されていることがよくある。人的資本の蓄積に向けた社会的支出は貧困層の中でも最も貧しい人々にまで届くことが不可欠なのだが，政府はそういった投資ができていないことがよくあるのだ。経済成長により，多くの家庭は豊かになるが，政府がそれに合わせて社会的支出を増やせるほど十分に課税していない。もしくは，歳入があったとしても，政府が貧困層の中の最貧層の人々を無視してしまっていることもある。その層にいる人々が民族的少数派か宗教的少数派である場合はとりわけそうなりがちなのである。

⑨　経済成長の最中に貧困が続く理由としてさらに考えうるのは，文化的な理由である。多くの国で，女性は行き過ぎた文化的差別に直面している。そのような偏見が法制度や政治体制に組み込まれているか否かに関わりなく，である。例えば南アジアでは，家庭内の若い女性がたとえ家族全員に行きわたる量の食べ物があるにもかかわらず十分な食べ物を与えられていない，という事例研究やマスコミによる報道が非常に多くある。そういった女性はたいてい読み書きができず，姻族にひどい仕打ちを受け，社会的地位がなく，おそらくは基本となる自らの健康と幸福を保証する法的保護

もない。つまり，経済成長の最中にさえも貧困が続く可能性は多くあり，特定の状況を詳細に分析することでしか正確に理解することはできないということである。

⑩　国々が発展の梯子に足をかけると，たいていは上に上り続けることができる。梯子を１段上るごとに，資本金が増えたり，専門化が進んだり，科学技術が進歩したり，出生率が下がったりと，あらゆることが連動して良くなっていく傾向にある。もしある国が最初の１段目が地面からあまりに高いところにあるために梯子の下で身動きが取れなくなっていると，（梯子を）上り始めることさえできない。最貧諸国のための経済開発の主な目的は，彼らが梯子に足をかける手助けをすることである。裕福な国々は最貧諸国が裕福になれるほどの額を投資する必要はなく，こうした国々が梯子に足をかけられる程度に投資をすれば十分なのである。その後にこそ経済成長を自ら継続していく力が定着するのである。

◀解　説▶

◆(1)「第①～⑩段について，これらの文を完成させるのに最もよいものを選べ」

２・５以外はすべて各段で suggest「示唆している」内容，demonstrate・explain「説明している」内容，show「示している」内容をまとめたものや言い換えたものを選ぶ問題である。

▶１．第①段第１文（For the first …）の end extreme poverty in the world's most desperate nations および最終文（Our generation can …）の end that extreme poverty で「極度の貧困を終わらせる」と繰り返されている。また，最終文文末の by the year 2025 より，これが今後の見通しであることがわかるため，L.「来る 20 年以内に世界で最も貧しい国々における深刻な貧困問題が打開されうる」が正解。L の within the next twenty years は本文最後にある出典 *The End of Poverty*（2005）より，この文章が書かれた 2005 年から 2025 年までの 20 年ととらえればよい。

▶２.「第②段で論じられているように，地図は…を示している」

第②段第１文（The map shows …）および地図左下の Positive Growth, Negative Growth より，地図が 1980～2000 年の 20 年間における経済の成長・衰退を国ごとに表しているとわかる。また，地図上で

Positive Growth として色分けされている国々がヨーロッパ西部と，No data とされている国を除く東アジア全体にあること，さらに第５文（Another observation is…）の all high-income countries… achieved economic growth「すべての高所得国…は，経済成長を遂げている」より，K.「西ヨーロッパと東アジアの高所得国で20世紀最後の20年で経済成長を遂げられなかった国はない」が正解。第１文文末の during the twenty-year period between 1980 and 2000 および地図の題名にある「1980-2000」の部分が，K の in the last two decades of the twentieth century に対応している点や，K に achieve economic growth など第②段中にある語彙が含まれている点も手がかりとなる。K は no と failed to がともに使われており，二重否定となっているため強い肯定で解釈をする点に注意すること。

▶３．第③段で言わんとしているのは第５文（If there is a…）の that 節の内容「１つの輸出品（もしくは少数の輸出品）に依存する経済は，世界市場でその品目の相対価格が変動すれば，必ず身をもって大きな浮き沈みを味わうことになる」である。この逆を言えば，輸出品目が多ければ経済状況が激しく変動することはあまりないと言える。よって，H.「国が輸出する品目の幅を広げることがその国の経済の安定を促すということ」が正解。

▶４．第④段は第１文の The economic decline in post-communist countries「旧共産主義諸国の経済衰退」がテーマ。post-communist countries や，economic decline とほぼ同意の recession を含む D.「旧共産主義諸国において，市場経済への転換により，初めは不景気に陥ったが，その後新たな産業の成長に刺激され，新たに経済が成長した様子」が正解。第２文（These countries…）「こういった国々は，崩壊した共産主義体制から市場経済へと切り替わる際に１人当たりの GDP の一時的下落を経験した」と第３文（Even in the case…）後半の old heavy industries…「ソビエト経済に結びつきのあった旧来の重工業が傾いて破産して姿を消し，新たな経済部門が成長するのに時間がかかった」が D の the change to a market economy led at first to recession に，最終文（By the late 1990s, …）の「1990 年代の終わりまでには旧共産主義諸国は再び経済成長を始めた」が D の followed by 以下の部分にあたる。

▶５．「第⑤段で論じられているように，グラフは…を示している」

グラフの題名 Cereal Yield and Growth Among Low-Income Countries「低所得の国々における穀物生産量および（経済）成長率」と，最後から２番目の文（Countries that started …）の，初めから穀物生産量が多い貧困国が経済成長を経験する傾向にあったという記述より，G.「低所得の国々の中で，1980 年における高い穀物生産量が，続く 20 年での著しい経済成長に関係していたこと」が正解となる。

▶６．第⑥段のテーマは第１文（The biggest difference …）にある通り，過去数十年におけるアフリカとアジアの食糧生産における格差である。Asian agriculture, African agriculture といった語を含む A.「アジアの農業がどのようにアフリカの農業をしのいで，前者の並はずれた成長に貢献したか」が正解。outperform「～より利益を上げる，～をしのぐ」 contribute to ～「～に貢献する」 former「前者」（ここでは Asian agriculture を指す） extraordinary「並はずれた」

▶７．第⑦段最終文（Perhaps it was …）前半の「人口の多い国の方が道路や電力供給といった基幹インフラを導入することが簡単だったのだろう」の部分が，J.「人口の多い国で輸送網やエネルギー網を構築する方が容易であるようだ」にあたる。

▶８．第⑧段は第１文（Another reason for …）より，貧困が続く原因が政府にあるという内容。C.「恵まれない社会集団に経済援助ができないことで，いかに政府が貧困問題の続く一因となりうるか」が正解。第１文の persistent poverty「終わらない貧困」が C の the continuing problem of poverty に，第１文の the failure of government「政府の怠慢」が C の governments may contribute to … by failing to provide economic help に，最終文（Or even when …）文末の part of ethnic or religious minorities「民族的少数派あるいは宗教的少数派」が C の disadvantaged social groups に言い換えられている。

▶９．第⑨段は第１文（A further possible …）の continued poverty in the midst of growth, 最終文（In short, …）の the persistence of poverty even in the midst of economic growth と２回登場する「経済成長の最中に貧困が続くこと」がテーマ。原因として，第１文の cultural を第２～４文（In many countries, … health and well-being.）で女性差

別を具体例として挙げて説明していることから，B.「性差別がいかにして貧困が続く要因になりうるか」が正解。第2文（In many countries, …）の women face extreme cultural discrimination「女性は行き過ぎた文化的差別に直面している」がBの gender discrimination にあたる。

▶10. 第⑩段は第4文から最終文にかけて（The main objective … can take hold.），最貧国への援助の仕方についての記述がある。特に第5文（The rich countries …）後半の so that these countries can get their feet on the ladder「こうした国々が梯子に足をかけられるように」や最終文（After that, the …）の the self-sustaining power of economic growth can take hold「経済成長を自ら継続していく力が定着するのである」より，自立を促す援助の仕方を勧めていることがわかる。よって，M.「最貧諸国が裕福な国から本当に必要としているものは，自分たちが経済的に自給自足できるようになるまでの道のりを歩み始められるようになる手助けであるということ」が正解。

▶その他の選択肢

E.「20世紀最後の数十年で石油産出国がいかに石油価格の大幅な値上げから恩恵を受けたか」

第③段第4文（The real price …）の前半に石油価格の上昇に関する記述はあるが，後半の but 以下に20世紀最後の20年間は石油価格が急落したとあるため，当てはまらない。

F.「世界の国々が出生率，識字率，乳児死亡率に従ってどのように6つのグループに分けられるか」

世界の国々を6つのグループに分けているのは第②段第3文（It is also illuminating …）だが，基準は depending on their per capita income in 1980「1980年の1人当たりの所得」とあるため不適。また，Fの fertility, literacy, and infant mortality rates という語句は第⑦段第2文（The Asian countries …）後半にあるが，これらを基準としたグループ分けを行ったという記述はない。

I.「東アジアと西ヨーロッパの最貧諸国への投資レベルが大きく異なっていること」

最貧諸国への投資については，第⑩段第5文（The rich countries …）以降にあるが，各国の投資レベルに関する情報は含まれていない。

◆(2)「本文で述べられている内容と一致しないものを４つ選べ」

▶A.「貧しい国はある程度の経済成長を遂げることは可能だが，裕福な国からの莫大な援助を必要とし続けるだろう」

裕福な国からの援助に関する記述は第⑩段第５文（The rich countries do not …）に「裕福な国は最貧諸国が裕福になれるほどの額を投資する必要はない」とあり，Ａの massive amounts of aid の部分が一致していない。また，同段第３文（If a country …）に，成長し始めることすら難しい貧しい国がある旨が書かれている。よって，これが正解の１つ。

▶B.「旧共産主義諸国のうち，市場経済へと変貌を遂げるのに最も成功した３カ国はポーランド，ハンガリー，チェコ共和国である」

第④段第３文（Even in the case …）の the case of the strongest of the so-called transition economies「いわゆる移行経済のうちでも最も力のあった事例」に上記３つの国が挙げられているので，一致する。

▶C.「１人当たりの GDP が 3,000 ドル未満である国々のうち約３分の２が，20 世紀最後の数十年の間に経済の衰退を経験した」

第⑤段第２文（Out of the …）後半の twenty-two（or 38 percent）experienced an outright decline「22 カ国（38 パーセント）において明らかに経済が悪化している」に一致しないため，これが正解の１つ。３分の２ならば 66 パーセントとなるはず。

▶D.「アフリカの低所得国よりもアジアの低所得国の方が農業水利施設や肥料を使用することがずっと多い」

第⑥段第２・３文（The Asian countryside … yields are high.）にあるアジアの現状，同段第６・７文（The African countryside … rather than irrigation.）にあるアフリカの現状に一致する。crop irrigation「農業水利（施設）」

▶E.「貧困国の中で著しい進展を遂げるには，貧しい人々の中でも最も貧しい層の生活状況を改善する努力がなされるべきである」

選択肢の the poorest of their poor を頼りに第⑧段第３文（It is vital …）を確認するとよい。「人的資本の蓄積に向けた社会的支出は貧困層の中でも最も貧しい人々にまで届くことが不可欠」とあるため，一致する。

▶F.「経済の悪化を経験した最貧層の国々の決してすべてではないが，多くが，サハラ砂漠以南に見受けられる」

第②段第４文（The biggest problem …）「経済衰退に関連する最大の問題は確かに最貧国，特にサハラ砂漠以南に位置する最貧国にあるのだが，そこだけではない」に一致する。

▶G.「アフリカに見られる農業条件に適した特定の種類の作物を科学的に研究するには，より多くの資金が必要とされている」

第⑥段第８文（Donors have failed …）「資金援助者はアフリカの条件に合う品種の改良をするための科学的な取り組みに対して十分な資金援助ができていない」を逆に言えばGの内容となり，一致する。

▶H.「一般的に，人口が多い貧困国の方が，経済面において人口が少ない貧困国よりもうまくやっている」

第⑦段第５文（Another tendency is …）の poor countries with larger populations seem to have done better than poor countries with smaller populations「人口の多い貧困国の方が人口の少ない貧困国よりもうまくいっていた」に一致する。fare「やっていく」

▶Ｉ.「南アジアの国々が十分な食糧を生産できない主な理由は，十分なインフラ設備がないからである」

食糧生産に関しては第⑥段第１文（The biggest difference …）に Asia has had … during recent decades「アジアではここ数十年間の１人当たりの食糧生産が多く，増加傾向にある」とあるため，本文内容に一致しない。よって，これが正解の１つ。続く Africa has had low and falling food production per capita より，食糧が十分生産できていないのはアフリカである。さらに，同段第６文（The African countryside …）の with 以下に，肥料や生産物を輸送するための道路がないこと，続く第７文（Farmers do not …）後半にも灌漑よりも雨に頼っていると述べられていることから，インフラ設備が充実していないのもアフリカである。

▶Ｊ.「1980 年から 2000 年の間に経済が衰退した中所得の国は，石油産出国か以前に共産主義政権であった国のどちらかのみだった」

middle-income countries, between 1980 and 2000, oil-producers, formerly had communist governments といった語が含まれるので，第②段に注目する。第７文（Among the middle-income …）「中所得の国々の中で経済成長を成し遂げなかったのは，大半が石油を輸出している旧共産主義国であった」より，中所得の国がすべて石油産出国か旧共産主義政権の国だったわけではないとわかるので，本文内容に一致しない。よって，これが正解の1つ。

◆(3)「本文中の下線部について，以下の文それぞれを完成させるのに最も適切なものを選べ」

▶1．「ここでは vast proportion は…を意味している」

vast は「莫大な，ものすごい」，proportion は「割合」の意。「大半」の意味に近いDの overwhelming majority「圧倒的多数」が適切。A．even balance「均衡状態」 B．minimum number「最小数」 C．overall average「全体平均」 E．tiny minority「ごく少数」

▶2．「ここでは high volatility は，その国の経済が相当の…を経験することになるということを示唆している」

volatility は「変動性，不安定さ」の意。下線部を含む文の文頭 If there is a lesson here「ここに教訓があるとすれば」の here は，その直前の第③段第3・4文（These economies rise … of living standards.）を指すが，ここでは石油の輸出に依存している国の経済が石油価格の変動によって左右され，その生活水準が乱高下することが述べられている。よって，Cの fluctuation「変動，不安定」が適切。fluctuation の意味がわからなくても，C以外の選択肢はどれも経済状況の上がり下がりの両方を示す語にはならないとわかるだろう。さらに，下線部直後の as the relative price of the product fluctuates「その品目（＝a single product）の相対価格が fluctuate(s)すれば」に fluctuation の動詞形が含まれ，この文が第③段最終文（Since the price …）の the price of oil is highly unstable「石油価格はかなり不安定なもの」の言い換えとなっていることも手がかりとなる。A．decline「下落」 B．deflation「物価下落，デフレ」 D．growth「成長」 E．inflation「物価の暴騰，インフレ」

▶3．「ここでは transition は…の期間を意味している」

transition は「移り変わり，過渡期」の意なので，Cの change「変化」が適切。設問文の period of および本文下線部直後の recession から，第④段第3文（Even in the case …）の a period of sharp reduction in GDP per capita for a few years「数年間の1人当たりの GDP の急落の時期」が下線部を含む a transition recession であると判断でき，このような事態になった理由は，同段第2文（These countries have …）の a one-time decline in GDP per capita as they changed over from a failed …「崩壊した共産主義体制から市場経済へと切り替わる際に１人当たりのGDPが一時的に下がった」にあることからも推察できる。A. acceleration「加速」 B. advance「進歩」 D. disruption「崩壊」 E. reversal「逆転」

▶４.「ここではravagesは…を意味している」

ravageは「損害，惨事」の意。下線部前後escaped the ravages of the poverty trap「貧困の罠というrevagesを逃れた」より，下線部がマイナスの意味の語だと確認できる。「貧困の罠」とは第⑤段第２文（Out of the …）のan outright decline「明らかな経済の悪化」を指す。これより，Aのdestructive effects「破壊的影響」が適切。B. gross injustices「甚だしい不公正」 C. positive outcomes「前向きな結果」 D. sexual assaults「性的暴行」 E. uncivilized groups「未開の集団」

▶５.「ここではirrigationは…の供給を指す農業用語である」

irrigationとは「灌漑（施設）」の意味で，灌漑とは用水路などを使って農業に必要な水を供給することである。よって，Eのwater「水」が適切。下線部を含む文が，Farmers …, and depend on rainfall rather than irrigation「（アフリカの）農民らはirrigationよりも降雨に頼っている」となっており，比較対象に雨水があることからも推察できる。A. fertilizer「肥料」 B. labor「労働」 C. light「光」 D. soil「土壌」

▶６.「ここではinfant mortalityは…子どもの割合を測定したもののことである」

infantは「幼児，乳児」，mortalityは「死亡数，死亡率」の意。よって，Bのdying「死んでいく」が適切。A. being born「生まれた」 C. entering school「入学した」 D. entering hospital「入院中の」 E. working「働いている」

▶７.「ここではpersistentは…を意味している」

persistentは「持続する，永続的な」の意であることから，Bのenduring「永続的な」が適切。Eのpermanent「永久的な」も似た意味ではあるものの，enduringはlasting for a long time「長い時間続くこと」，permanentはlasting for all time in the future「将来にわたりずっと続くこと」の違いがある。第⑧段では貧困が長続きする理由として，政府の対応を非難する内容となっており，貧困を今後永遠に解消されない問題であるととらえているわけではないため，Ｅは不適。A．acute「鋭い」 C．fatal「致命的な，決定的な」 D．occasional「時折の」

▶8．「ここでは illiterate は…ができないという意味である」

illiterate は literate「読み書きができる」に il がついた反対語なので，「読み書きができない」の意。D の read and write「読み書き」が適切。A．cook and clean「掃除洗濯」 B．earn money「お金を稼ぐこと」 C．have children「子どもをもつこと」 E．work outside「外で働くこと」

●語句・構文●

（第①段） end「～を終わらせる」 extreme poverty「極貧」 desperate「絶望的な」 currently「現在」

（第②段） in relation to～「～に関連した」 Gross Domestic Product「国内総生産」 as many as＋数詞「～もの」 negative growth「マイナス成長」 per capita「１人当たりの」 illuminating「解明する，明らかにする」 oil exporter「石油輸出国」 post-communist「旧共産主義の」 economic decline「経済衰退」 indeed～, but…「確かに～だが，…」 数詞＋out of＋数詞「…（ある数）のうち～」

（第③段） impoverished「貧困に陥った」 overwhelmingly「圧倒的に」 in line with～「～に従って」 relative to～「～と相対的な，～に関連して」 be bound to *do*「～する運命にある，必ず～する」 fluctuate「（不規則に）変動する」 volatile「変わりやすい，不安定な」

（第④段） more of a「さらに，むしろ」 one-time「一時的な」 change over「切り替わる」 transition economy「移行経済」 heavy industry「重工業」 bankruptcy「破産」 sector「部門，分野」 recession「不況，景気後退」 resume「～を再び始める」

（第⑤段） poverty trap「貧困の罠」 outright「完全な，明白な」 determinant「決定要因」 productivity「生産力，生産性」 cereal「穀物」 fertilizer「肥料」 input「投入」

（第⑥段） densely populated「人口密度が高い」 relatively「比較的」 road network「道路網」 output「生産物」 donor「援助資金供与者」 high-yield varieties「高収量品種」 adequately「十分に」 fund「～に資

金を提供する」 improved variety「改良品種」 appropriate for ～「～にふさわしい」

（第⑦段） social conditions「社会状況」 literacy「識字能力」 fertility rate「出生率」 be prone to *do*「～しがちである」 demographic「人口統計（学）の」 press on ～「～を圧迫する」 once again「またも」 better off「状態が良い」 domestic「国内の」 appealing「魅力的な」 investor「投資家」 key infrastructure「基幹インフラ」 be characterized by ～「～が特徴である」 initial「最初の」

（第⑧段） failure「怠慢」 disconnect「～を切り離す」 market forces「市場原理」 human capital「人的資本」 expenditure「支出」 directed at ～「～に向けた，～を対象にした」 accumulation「蓄積」 proportionately「比例して」 revenue「歳入」 ethnic「民族の」

（第⑨段） midst「真ん中」 bias「偏見」 be embedded in ～「～に埋め込まれる，定着する」 an overwhelming number of ～「圧倒的多数の～」 case study「事例研究」 go around「（全員に）行きわたる」 in-law「姻戚，姻族」 social standing「社会的地位」 persistence「持続すること」 detailed「詳細な」 analysis「分析」

（第⑩段） ladder「梯子」 capital stock「資本金」 specialization「専門化」 objective「目的」 foothold「足がかり」 only need to *do*「～すれば十分だ」 self-sustaining「自立する，自活する」 take hold「根づく，定着する」

3 解答

⑴ 1－E　2－J　3－I　4－C　5－A　6－D　7－F　8－G

⑵－A・B・D・G・L

⑶ 1－D　2－C　3－B　4－A　5－C　6－C　7－E　8－A　9－A　10－E

⑷－E

◆全　訳◆

≪人が肥満になる本当の理由≫

どうしていまだに痩せこけた人は存在できるのだろうか？　我々が，ファストフードや糖分を多く含む飲み物，テレビや車でいっぱいの，肥満を促すような環境で暮らしているなら，なぜ全員が肥満にならないのだろうか？　そして，もし遺伝子が原因で太ってしまうのだとすると，なぜ「肥満遺伝子」の探究はいまだに成功していないのだろうか？

私としては，これらの疑問に答える探求を始めたのは，私が研究室で同じエサを食べている遺伝子的に同じマウスを用いて研究を行っていた学生のころであった。驚いたことに，それらのマウスには大きさにかなりの違いが出た。食事やDNAが原因でないとするならば，何が原因でそのように違いが出たのだろうか？

複数の研究室を行き来するうちに，運動用の回し車を使わない妊娠中のマウスは，自身が将来的により体が大きくて太った子マウスをもつことになる子マウスを産むということに気づいた。第1世代と第2世代の体つきがそんなに大きくなかったとしても，その次の世代の体つきは必ず大きくなった。私にとって，これは驚くべき観察結果であった。祖母と母親の妊娠中の活動レベルが，その後の世代が肥満になるかどうかを決めるようであった。しかし，私の観察結果は正しかったのだろうか？　そして，もしそうだとすると，その仕組みはどのようなものなのだろうか？

この傾向に最初に気づいたのは私ではなかった。遺伝学者のD.S.ファルコナーが半世紀前に，同じエサを食べている遺伝子的に同じマウスのうち体つきの一番大きい子マウスのみを繁殖させることで，数世代の間に次第に体つきが大きく，より太った子マウスをつくり出すことができるということを発見していた。

この発見は，遺伝子と食べ物だけでは肥満の十分な説明にならないという私の直観を裏づけてくれた。近年，肥満と関連のある一連の遺伝子を特定したという話題が大々的に取り上げられているものの，その理論では肥満における個人差のうち2パーセント未満しか説明できていない。これでは，「失われた遺伝率」として知られる残りの98パーセントはいまだに発見されていないまま，ということになる。

失われた遺伝率を発見するために自分で実験を開始した際，私はカロリー摂取量が肥満の説明にならないことを裏づけるさらなる証拠を発見した。それは，活発な母マウスとその母マウスが産んだ痩せた子マウスは，活発でない太めのマウスよりもずっと多くのエサやカロリーを摂取していたというものである。またしても，初めてこのことを発見したのは私ではなかった。1950年代に栄養学者のジーン＝メイヤーが，マウスであれ，ラットであれ，人間であれ，活発な動物の方が，ほとんど体を動かさない動物よりも，食べる量が多く痩せており健康的であるということを証明していたのである。

バーミングハムにあるアラバマ大学の栄養肥満研究センターで生理学者として現在の仕事を始めた2014年までに，私は広範囲にわたる文献の再検討を行っていたのだが，この作業が自分の直観を，なぜ今日，こんなにも多くの子どもたちが肥満であるのか理解する新たな方法をあぶり出す理論へと変えてくれることとなった。答えは，母親の「体組成」と呼ばれるものと，その人が妊娠中に行う身体活動の組み合わせであった。

妊娠中の女性が身体的に活発だとエネルギーの需要が増加し，栄養素を胎児の方ではなく母親の筋肉の方へと向け直す。このように母親の筋肉と成長途中の胎児の脂肪細胞の間で（栄養素の）奪い合いが起こり，より細身で健康的な赤ん坊が生まれるのである。母子の遺伝子や食物摂取量はこの過程に関連はない。

この奪い合いは，異なる体組成をもち，ほとんど体を動かさない母親の中では起こらない。エネルギーや栄養素を得ようと奮闘する必要がないので，胎児の中にある脂肪細胞は大きさも数も増し，新生児の出生時の体重はより重くなる。そして，このことが成人の肥満やⅡ型糖尿病に深く関係する要因なのである。この傾向は子孫へと伝えられ，次世代がますます太り，さらに動かなくなり，不健康になるのである。

これは「非遺伝的進化」の一例で，このタイプの進化では，特性が根本的なゲノム変化を欠いた状態で子孫へと遺伝する。この過程は，一部の胎児が肥満や代謝性疾患になりやすくさせる代謝過程を恒久的に形成する，ファルコナーの言うところの「子宮環境」の力を証明すると同時に，彼によるマウスの観察結果を説明するのに役立つ。後になってわかったのだが，子宮環境が胎児に影響を及ぼすという考えは進化生物学においてはごく当たり前のものであり，多くの種に見受けられている。「蓄積母性効果」として知られるもので，母親の年齢，体の大きさ，脂肪蓄積，身体的活動を含む行動が，母親自身の健康や代謝のみならず，後の世代の健康や代謝にいかに影響を及ぼすかを物語っているのだ。

人間も決して例外ではない。例えば，1995年に行われた卵子提供で生まれた赤ん坊の研究では，出生時の体重に影響を与える要素で唯一認められるのは，代理母の体重であるということがわかった。卵子提供者の体重と彼女自身の出生時の体重，彼女の他の子どもたちの出生時の体重は，提供された卵子から生まれた新生児の出生時の体重とは全く関係がなかった。

卵子提供者の生物学上の母親から受け継いだ遺伝子は，新生児の出生時の体重に対して検知可能な役割を全く果たしていなかった。このことは，何十億ドルもの研究費をかけているにもかかわらず，肥満遺伝子の探究に期待外れが続くであろう理由を説明するのに役立つ。

子宮の中で過ごす9カ月が我々の健康に著しい影響を及ぼすという説は数世紀も前からあり，例えば，その説は古代ギリシアの医師であるヒポクラテスによって唱えられた。もっと最近で言うと，1990年代に立てられた「倹約表現型」仮説では，悪い子宮環境が胎児の代謝機能をプログラムし，胎児が肥満や糖尿病になりやすくなってしまうということがわかった。しかしながら，この説では1970年代後半に子どもの肥満と大人の肥満が爆発的に増えた理由の説明にはならない。なぜなら，当時，食糧は豊富にあったからである。ここが，私の理論が子どもの肥満に対する我々の理解を変えるところなのである。

人間の歴史のほとんどで，生き残っていくには多大な身体活動を要した。狩猟をしたり，採集をしたり，木を切ったり，水を運んだりといった，生きていくのに必要不可欠な活動を通して十分身体を動かしていたため，わざわざ意図的に運動をする必要はなかったのである。しかし，過去100年で社会環境が変わったことで，ゆっくりと肉体労働がなくなっていったのである。初めのうちは，科学技術の進歩と健康に良い食糧の供給が相まって，人間の歴史の中で最適な子どもが誕生するに至った。しかし，20世紀半ばまでには，労力を節約できる機器が出現し，車や受動的でほとんど体を動かさなくても楽しめる娯楽の人気が高まり，人々はより肥満になり，活動をしなくなったのである。

1965年から2010年にかけ，アメリカの女性が家で使うエネルギー量は1週当たりほぼ2000キロカロリー減少した。同時に，テレビの視聴やコンピュータの使用に費やす時間は2倍になった。私の研究では，アメリカの肥満女性が身体を激しく動かす時間は年に1時間未満であるということがわかった。当然のことだが，ちょうど不活発なマウスに，より大きい太った孫ができるのと同じように，運動をしないアメリカ人女性についても同じことが起こるのである。

1970年代後半までに，母親があまりに運動をしないがために人間のエネルギー代謝の進化が明らかに変わる転換点に達した。その結果，胎児がとても大きくなったので，昔から「帝王切開」として知られている外科的処置の必要性が著しく増加した。妊娠中にそういった外科的処置を行うことが増えた結果，体がより大きな赤ん坊とその赤ん坊を産んだ母親両方ともが生き延び，繁殖できるようになった。こうして，自然淘汰は人為淘汰へと形を変え，世界人口の中で代謝系の病気にかかりやすい子どもや大人の数が増えたのである。

肥満になるかどうかの一番の決定要因は，過食やファストフード，遺伝子ではなく，非遺伝的進化である。肥満の蔓延に対する一番の解決策は，これから母親になろうという女性たちが妊娠に備えて代謝の準備を整え，細くて健康的な子どもをもてるように，身体活動のレベルを上げるよう奨励することである。

◀解　説▶

◆(1)「枠内に並ぶ8つの専門用語のうち，本文中での使い方として最も当てはまる定義を下の選択肢から選べ」

本文中の“　”内にある専門用語の意味を選ぶ問題。各選択肢の訳は以下の通り。

A.「遺伝物質に関連性のある変化を全く及ぼすことなく子孫へと受け継がれていく特性」 heritable「遺伝性の」

B.「胎児の生命を守るために母親の子宮を摘出する緊急の外科手術」 remove「～を取り除く」

C.「身体的欠陥を説明すると考えられているが，いまだ特定に至っていない遺伝物質」

D.「深刻な太りすぎの体になりやすくなる遺伝物質」 predispose *A* to *do*「*A*（人）を前もって～しやすくさせる」

E.「母親の身体的条件と活動が母親自身の健康とその子孫の健康にどのように影響を与えるか」

F.「栄養の乏しい子宮環境にいる胎児が（その環境に）適応したことにより，病気にかかる可能性が高くなること」 susceptibility to ～「～に影響を受けやすいこと」 resulting from ～「～がもたらす，～による」 adaptation「適応」

G.「誕生前の期間の胎児の物理的環境」

H.「誕生直後の時期の赤ん坊の心理的環境」 immediately following ～「～の直後に」

I.「母親の腹部を外科的に切開して，赤ん坊が産道を通ることなく出て来られるようにすること」 incision「切開」 abdomen「腹部」 emerge「出て来る」 birth canal「産道」

J.「人間の体の構造に含まれる脂肪，骨，水分，筋肉の割合」 found in ～「～に含まれる，見受けられる」 constitution「構成，構造」

K.「妊娠中の女性の体の構造がとりわけ水分と脂肪分の蓄積の影響を受けやすい理由」 susceptible「影響を受けやすい」 accumulation「蓄積」

▶1. accumulative maternal effect「蓄積母性効果」

第10段最終文（Known as "accumulative …）の it describes how 以下がこの語句の具体的説明となっている。「母親の年齢，体の大きさ，脂肪蓄積，身体的活動を含む行動が，母親自身の健康や代謝のみならず，後の世代の健康や代謝にいかに影響を及ぼすかを物語っている」とあるので，E.「母親の身体的条件と活動が母親自身の健康とその子孫の健康にどのように影響を与えるか」が適切。a mother's age, … activity が E の a mother's physical condition and activity に，affect not only … future generations が E の influence her own future health and that of her descendants にそれぞれ言い換えられている。

▶2. body composition「体組成」

body composition は compose「～を構成する」という動詞の意味がわかれば「体を構成しているもの」と解釈できるので，近い意味の constitution を含む J か K に絞れる。この語句をそのまま訳せば「体の構成」となるので，意味的により近いのは，J.「人間の体の構造に含まれる脂肪，骨，水分，筋肉の割合」である。周辺にこの語句を説明する表現などがないため，難しいかもしれないが，本文内容からのアプローチ法としては，この語句を含む第7段第2文（The answer was …）が，「答えは，母親の "body composition" と呼ばれるものと，その人が妊娠中に行う身体活動の組み合わせであった」という意味で，The answer とは同段第1

文（By 2014, when …）後半の why so many children today are obese「なぜ今日，こんなにも多くの子どもたちが肥満であるのか」という問いに対する答えを指すことを確認する。第 10 段最終文（Known as "accumulative …）の a mother's age, size, fat stores and behavior, including physical activity, affect not only her health and metabolism, but also that of future generations「母親の年齢，体の大きさ，脂肪蓄積，身体的活動を含む行動が，母親自身の健康や代謝のみならず，後の世代の健康や代謝に影響を及ぼす」より，子どもの肥満の原因が「母親の体のつくり」と「母親の身体的活動」であることが判明する。子どもの肥満の原因として，第 7 段で "body composition" と対になっているのが her physical activity「母親の身体的活動」なので，「母親の体のつくり」に意味の近い J が正解であると判断できる。K.「妊娠中の女性の体の構造がとりわけ水分と脂肪分の蓄積の影響を受けやすい理由」は本文中に関連した記述が見当たらないため不適。

▶ 3．caesarean section「帝王切開」

この語句を含む第 16 段第 2 文（As a result, …）の the surgical procedures traditionally known as "caesarean sections"「昔から "caesarean sections" として知られている外科的処置」より，意味の近い surgical operation「外科手術」を含む B と，Surgical incision「外科的切開」を含む I に絞る。続く第 3 文（The increased use …）の allowed … the mothers … to survive and reproduce「そのおかげで…母親が…生き延び，繁殖できるようになった」は，大きな子を産んだ母親が再度妊娠・出産できるようになったということなので，再び妊娠・出産するのが難しくなる B.「胎児の生命を守るために母親の子宮を摘出する緊急の外科手術」は不適。再びそれらが可能となる I.「母親の腹部を外科的に切開して，赤ん坊が産道を通ることなく出て来られるようにすること」が適切。

▶ 4．missing heritability「失われた遺伝率」

第 5 段最終文（This leaves the …）にある "missing heritability" は，直前のダッシュ（—）の前の the other 98 per cent を言い換えたもの。直前の第 2 文（Despite the recent …）の less than 2 per cent が，近年特定されたと騒がれている肥満に関連した遺伝子についての理論を指す。肥満の理由を説明するにあたり，2 パーセントはいわゆる肥満遺伝子に関する理論で説明がつくが，続く最終文に「これでは，“missing heritability” として知られる残りの98パーセントはいまだに発見されていないまま」とあることから，C.「身体的欠陥を説明すると考えられているが，いまだ特定に至っていない遺伝物質」が適切。同段第2文のobesityがCのphysical defects，同段最終文のstill to be discoveredがCのhas not yet been identifiedにそれぞれあたる。末尾のto be discoveredはleave OCのCにあたり，「発見されること」ではなく，不定詞を含むことから未来志向で「これから発見される」=「いまだ発見されていない」と否定的な意味で解釈する。

▶5．non-genetic evolution「非遺伝的進化」

第10段第1文（This is an …）にある “non-genetic evolution” は直後の関係副詞where以下が具体的説明箇所。「特性が根本的なゲノム変化を欠いた状態で子孫へと遺伝する」とあるため，A.「遺伝物質に関連性のある変化を全く及ぼすことなく子孫へと受け継がれていく特性」が適切。第1文の，traits are transmitted to offspringがAのCharacteristics that are transmitted to offspringに，さらにwith no underlying change in their genomeがAのwithout any associated development in heritable materialにそれぞれ言い換えられている。

▶6．obesity gene「肥満遺伝子」

第1段最終文（And if our …）の “obesity genes” を含む文前半のif our genes cause us to be fat「もし自分の遺伝子が我々を太らせるのならば」より，D.「深刻な太りすぎの体になりやすくなる遺伝物質」が適切。

▶7．thrifty phenotype「倹約表現型」

thriftyは「質素な，倹約をする」，phenotypeは「表現型」の意。この語句を含む第13段第2文（More recently the …）のthat節内がthe “thrifty phenotype” hypothesisでわかったこととなっており，「“thrifty phenotype” 仮説では，悪い子宮環境が胎児の代謝機能をプログラムし，胎児が肥満や糖尿病になりやすくなってしまうことがわかった」とあるため，F.「栄養の乏しい子宮環境にいる胎児が（その環境に）適応したことにより，病気にかかる可能性が高くなること」が適切。ここのprogramは動詞で「胎児の代謝機能を（乏しい子宮環境に合わせて）作る」という意味。predisposing it to … は分詞構文で，代謝機能がプログラムされた結果が後に続くため，and it can predispose … と解釈する。

▶ 8．uterine environment「子宮環境」

uterine は「子宮」の意なので，G.「誕生前の期間の胎児の物理的環境」が正解。uterine がわからない場合はまず，environment より，「環境」に近い意味となる surroundings を含む G と，circumstance を含む H に絞る。第 10 段第 3 文（As it turned out, …）の the uterine environment affects the fetus「uterine environment は胎児に影響を及ぼす」より，H.「誕生直後の時期の赤ん坊の心理的環境」では a baby in the period immediately following birth の部分が当てはまらないと判断でき，G が適切であるとわかる。

◆(2)「本文で述べられている内容と一致しないものを 5 つ選べ。6 つ以上の選択肢を選んではいけない」

▶ A.「著者の調査によると，今日の平均的なアメリカ人女性は激しい運動を週に 1 時間しかしていない」

rigorous exercise という語句は第 15 段第 3 文（My research has …）にあるが，obese women in the US get less than one hour of vigorous physical activity per year となっており，A では調査対象が the average American woman となっている点と運動の頻度が each week となっている点が一致していない。よって，これが正解の 1 つ。

▶ B.「1990 年代半ばに行われた，提供された卵子で生まれた赤ん坊の研究が示唆していたのは，出生時の赤ん坊の体重に関係している唯一の可変要素は，卵子を提供した女性の体重である」

mid-1990s study や donated eggs という語句から第 11 段第 2 文（For instance, a …）を確認する。卵子提供により生まれた子どもの出生時の体重に関係するのは the surrogate mother's body mass「代理母の体重」とあるので，B の the body mass of the woman providing the egg「卵子を提供した女性の体重」の部分が一致していない。よって，これが正解の 1 つ。第 2 文の surrogate がわからなくても，同段最終文（The egg donor's …）「卵子提供者の体重は…提供された卵子から生まれた新生児の出生時の体重とは何ら関係がなかった」から判断できる。variable「変化するもの」 correlate「～と関連づける」

▶C.「この記事の著者は執筆時，アメリカの大学にある肥満を研究する施設での職に就いていた」

著者の仕事については started my current job「現在の仕事を始めた」とある第7段第1文（By 2014, when …）参照。職場名と所在地の the Nutrition and Obesity Research Center, at the University of Alabama at Birmingham に一致する。

▶D.「D. S. ファルコナーは，著者がまだ学部生だったころに遺伝学の分野で著者を教育した科学者であった」

D. S. ファルコナーは第4段第2文（Half a century …）に登場し，半世紀前に著者と同じことに気づいていたとあるものの，D の trained the author「著者を教育した」については記述なし。本文に一致していないため，これが正解の1つ。

▶E.「ヒポクラテスは古代ギリシアの医師で，受胎から誕生までの期間が人の将来の健康に大きな影響を与えるという考えを論じた」

第13段第1文（The theory that …）に，—it was addressed by the Ancient Greek physician Hippocrates とあり，it はダッシュ（—）前の The theory that … affects our health を指すので，本文内容に一致する。conception「受胎」 profound「深い，重大な」

▶F.「第二次世界大戦の終わりから間もなくして，食品科学の研究者であるジーン＝メイヤーが，活発な動物の方が不活発な動物よりもよく食べるが，不活発な動物ほどは太らないということを示した」

第6段最終文（In the 1950s, …）に一致する。not long after ～「～から間もなく」

▶G.「過去50年にわたり，アメリカの家庭で女性が消費するエネルギー量は200パーセント以上減少した」

アメリカ人女性の家庭内での消費エネルギー量に関する調査は，第15段第1文（From 1965 to …）参照。decreased by almost 2000 kcal per week の by は差を表し，「1週に2000キロカロリー減少した」とあるものの，減少した割合は不明なので本文に一致しない。よって，これが正解の1つ。

▶H.「近年，肥満に関係する遺伝物質の一群が発見された。ただし，それはこの点についてごく一部の個人差の説明にしかなっていないが」

第5段第2文（Despite the recent …）に一致する。

▶I.「この記事の著者は，遺伝子による遺伝も過食も，現代の肥満の蔓延の一番の原因ではないと論じている」

最終段第1文 Non-genetic evolution is the primary determinant of obesity, not gluttony, fast food or genes.「肥満になるかどうかの一番の決定要因は，過食やファストフード，遺伝子ではなく，非遺伝的進化である」に一致する。inheritance「遺伝」

▶J.「この記事の著者は，まだ学生だったころに，肥満の根本原因に関する疑問について考え始めた」

第2段第1文（For me, the …）に一致する。the quest to answer these questions began when I was a student とあり，these questions は第1段にある，肥満の原因に関する3つの疑問を指す。underlying「根底にある」

▶K.「記事の著者は，深刻化している子どもの肥満の問題の解決策は，母親になる可能性のある人が赤ん坊を産む前に体を多く動かすことだと主張している」

最終段第2文（The best solution …）に一致する。

▶L.「体重の増加に伴って身体活動量が減る傾向は，自動車，テレビ，掃除機が最初に発明された20世紀の始まり以降，顕著になった」

motor vehicles, television sets and vacuum cleaners は，第14段最終文（But by the …）に labor-saving devices や the car and passive, sedentary entertainment として登場するが，同文文頭で by the middle of the 20th century「20世紀半ばまで」の出来事とあるので，一致しない。よって，これが正解の1つ。accompanied by ～「～と同時に起こる」 noticeable「著しい，目立つ」 the turn of the ～ century「～世紀の変わり目，～世紀の始まり」 motor vehicle「自動車」

▶M.「1970年代の終わりから胎児が大きくなったため，出産の助けとなる外科手術を行う機会が著しく増えた」

第16段第2文（As a result, …）の fetuses grew so large … rose significantly「胎児がとても大きくなったので…外科的処置の必要性が著しく増加した」に一致する。時期についても，同段第1文文頭の By the late 1970s に一致する。

◆(3)「記事中の空所1～10に入れるのに最も適切なものを選べ」

▶1．空所後のduring pregnancyより，妊娠できる可能性のある選択肢A・C・Dに絞る。さらに，空所後のand mothersが直前文（While the first…）のthe first and second generations「第1世代と第2世代」に対応していると考えれば，その前の世代となるDのgrandmothers「祖母」が適切。A．daughters「娘」 B．fathers「父親」 C．grandchildren「孫」 E．sons「息子」

▶2．空所前後のgenetically identical mice eating [2] dietsという形は，第2段第1文（For me, the…）後半に全く同じ表現（genetically identical mice eating identical food）がある。空所を含む第4段は，遺伝学者D.S.ファルコナーが，著者が気づいた遺伝の特性（第3段参照）と同じことに，半世紀前に気づいていたという内容なので，著者が行っていた観察と同じ内容が入るはずである。よって，Cのidentical「同じ」が適切。A．different「異なった」 B．high-calorie「高カロリーの」 D．low-calorie「低カロリーの」 E．similar「類似した」

▶3．空所後のコロン（：）以降の「活発な母マウスとその母マウスが産んだ痩せた子マウスは，活発でない太めのマウスよりもずっと多くのエサやカロリーを摂取していた」の部分が，空所を含む箇所の言い換えなので，空所にはBのintake「摂取（量）」を補い，「カロリー摂取量が肥満の説明にならない」とすればよい。A．gain「増加」 C．loss「損失，減少」 D．output「出力，出すこと」 E．transfer「移動」

▶4．空所直後のnutrients to her muscles and away from her fetusに注目。方向を表す前置詞のtoとaway fromが等位となり，空所に入る動詞の目的語nutrients「栄養素」が向かう方向を表していると考えられる。方向を表す前置詞とともに使って意味をなすのはAのredirect「～(エネルギーなど）を向け直す」である。B．reduce「～を減らす」 C．replace「～に取って代わる」 D．restore「～を戻す，復元する」 E．revolve「～を回転させる，思案する」

▶5．空所前のFalconer's observationsから，ファルコナーの観察対象となった生き物を入れる。第4段第2文（Half a century…）のファルコナーの発見でmiceが用いられていることから，Cのmice「マウス」が適切。A．cats「ネコ」 B．humans「ヒト」 D．rabbits「ウサギ」 E．

rats「ラット」

▶6．will continue to [6] の主語である the search for obesity genes は，第1段最終文（And if our…）に why has the search for “obesity genes” not succeeded？とあるのがヒント。この疑問を解明する一助になるとしているのは，第11段～第12段第1文（Humans are no … of the infant.）で述べられている研究結果（卵子提供で生まれた子の出生時の体重は，その子と遺伝子的つながりのある卵子提供者の体重とは関連がなく，遺伝子的つながりのない代理母の体重と関連がある）である。ということは，著者は肥満遺伝子の理論に懐疑的であることが推察される。よって，第1段最終文（And if our…）にあった（has）not succeeded「（いまだ）成功していない」に近い意味になる，自動詞のCの disappoint「失望させる」を補い，「研究が失望させ続けている」とするとよい。空所後に目的語がないので，以下の選択肢はすべて自動詞の意。A．decline「衰退する」 B．destroy「破壊する」 D．excite「刺激する，興奮する」 E．escalate「段階的に増大する」

▶7．空所後の transforms our understanding of childhood obesity「子どもの肥満に対する我々の理解を変える」に近い表現となる，第7段第1文（By 2014, when…）後半の understanding why so many children today are obese に注目する。文献の見直しを通して「著者の直観（my intuition）が，近年子どもの肥満が増加している理由を理解する新たな方法をあぶり出す理論に変わった」とあり，空所を含む文がほぼ言い換えとなっていることから，Eの my「私の」が適切。A．every「あらゆる」 B．Falconer's「ファルコナーの」 C．his「彼の」 D．Mayer's「メイヤーの」

▶8．空所前後の make [8] exercise unnecessary は第5文型（SVOC）で「（ ）な運動を不要にする」の意。空所を含む文前半の Essential activities … provided sufficient physical activity に，生活していくのに必要な活動の具体例を挙げて，「生活に必要不可欠な活動が十分な身体活動を提供していた」とある。十分な身体活動をすでにしていたなら，他の運動が不要になるはずなので，Aの deliberate「意図的な」を補う。B．extreme「極端な」 C．gentle「穏やかな」 D．occasional「時折の」 E．unconscious「無意識的な」

▶9．空所直前文（From 1965 to …）の in the home と，空所に続く文（My research has …）のアメリカの肥満女性の激しい運動時間は年に1時間未満，という情報から，運動をせずに自宅内で使いそうなのはAの computers「コンピュータ」かDの smartphones「スマートフォン」になるだろう。From 1965 to 2010 という調査期間を考慮すれば，smartphone が世に出る前の時期も含まれるため，Aが適切。B．drugs「薬」 C．gyms「ジム」 E．weapons「武器」

▶10．空所後の in which mothers … altered の部分が，a [10] point を説明する関係詞節。「母親があまりに運動をしないがために，人間のエネルギー代謝の進化が明らかに変わる」とあることから，Eの tipping を補い，a tipping point で「転換点」とするのが適切。関係詞節内の altered がヒント。A．(a) balancing (point)「つり合いを取れる点」 B．(a) high (point)「クライマックス」 C．(a) low (point)「最悪な時期・状態」 D．(a) middle (point)「中間点」

◆(4)「この記事がデジタル版に転載された際，別の題名がつけられた。以下より代わりの題名として最も適切なものを選べ」

A．「痩せた母親から肥満児が生まれる仕組みを発見」

第3段第1・2文（As I moved … generations certainly were.）に，第1世代と第2世代の母マウスがあまり太っていなかったとしても，それ以降に生まれる子マウスは太っているという発見が記されているが，第4段第1文（I wasn't the …）に，自分が最初に発見したわけではないとあるため，不適。

B．「肥満の危機が始まった時期を特定」

第14段最終文（But by the middle of the 20th century, …）に日常生活が楽になる製品の出現とその時期に関する記述が，第16段第1文（By the late 1970s, …）には a tipping point「転換点」として「人間のエネルギー代謝の進化が明らかに変わった」と，肥満の危機が始まったとみられる時期に関する記述がある。しかし，この時期の特定が著者の研究目的であったとするには関連箇所が少なすぎるため，不適。

C．「肥満遺伝子が隠れている場所を特定」

obesity gene については，第11段第2文～第12段（For instance, a … continue to [6].）に，卵子提供で代理母から生まれた子どもの例を挙げて，子どもの出生時の体重に影響を与えるのは卵子提供者の遺伝子ではなく代理母の体重であり，これこそが肥満遺伝子の研究が進まないことの説明となる，とまとめている。著者は肥満遺伝子の存在自体に懐疑的だとわかるので，不適。

D.「肥満の蔓延の原因となった人物を特定」

the obesity epidemic は最終段第2文（The best solution …）に出てくるが，この原因となった人物に関する情報は本文中に述べられていない。

E.「大変多くの子どもたちが肥満になる理由を解明」

第7段第1文（By 2014, when …）文末の a new way of understanding why so many children today are obese に，これと近い表現がある。子どもが肥満になる原因として，以下第13段第2文（More recently the …）までが妊婦と胎児の関係，第13段第3文～第16段（However, this doesn't … the global population.）が妊婦となる女性の活動や体組成の変化と胎児の大きさの変化について言及していることから，著者は一貫して子どもが肥満になる原因の追究をしているとわかる。よって，これが正解。最終段第1文（Non-genetic evolution …）に肥満になる主要原因についての著者の研究結果のまとめ，続く第2文（The best solution …）に細く健康的な子どもをもつための対応策が述べられていることも手がかりとなる。

●語句・構文●

（第1段）skinny「痩せこけた」 obesity「肥満」 sugary「糖分の多い」 obese「太りすぎの」 gene「遺伝子」

（第2段）quest「探求」 lab「研究室」 genetically「遺伝子的に」 identical「同じ，一致した」 diet「食事」

（第3段）pregnant「妊娠した」 access to～「～を利用できる」 exercise wheel「運動用回し車」 offspring「子，子孫」 observation「観察結果」 pregnancy「妊娠」 mechanism「仕組み」

（第4段）geneticist「遺伝学者」 breed「～を繁殖させる」 progressively「次第に」

（第5段）intuition「直観」 fanfare「鳴り物入りの宣伝，大々的に話題にされること」 identification「特定」 a suite of～「一連の～」 associated with～「～と関連のある」 variation in *A* between

individuals「*A* における個人差」 leave *A* to be *done*「*A* が〜されていないままにする」
（第６段）further「さらなる」 evidence「証拠」 lean(er)「細い」 inactive「活動的でない」 once again「またしても」 nutrition scientist「栄養学者」 sedentary「ほとんど体を動かさない」
（第７段）current「現在の」 physiologist「生理学者」 extensive「広範囲にわたる」 literature「文献」 review「再検討」 turn *A* into *B*「*A* を *B* に変える」 what is termed 〜「いわゆる〜，〜と呼ばれるもの」
（第８段）demand「需要」 nutrient(s)「栄養素」 fetus「胎児」 competition「競争，張り合い」 fat cell「脂肪細胞」 irrelevant「無関係の」 process「過程」
（第９段）struggle for 〜「〜を得ようと必死に努力する」 birth weight「出生時の体重」 diabetes「糖尿病」 pass on 〜「〜を伝える」 down the line「将来的に」
（第10段）evolution「進化」 trait「特性」 transmit「〜に伝わる，遺伝する」 what S termed 〜「S が〜と呼ぶもの」 permanently「恒久的に」 metabolic process「代謝過程」 predispose *A* to *B*「*A*（人）を *B*（病気）にかかりやすくさせる」 metabolic disease「代謝性疾患」 as it turned out「結局のところ，後からわかったのだが」 commonplace「当たり前の，ごく普通の」 evolutionary biology「進化生物学」 fat store「脂肪蓄積」 metabolism「代謝」
（第11段）egg donation「卵子提供」 discernible「認められる，識別できる」 surrogate mother「代理母」 body mass「体重」 bear no relationship to 〜「〜とは無関係である」
（第12段）detectable「検知可能な」
（第13段）womb「子宮」 significantly「著しく」 physician「内科医」 hypothesis「仮説」 impoverished「貧窮に陥った」 explode「爆発的に増加する」 abundant「豊富な」
（第14段）physical exertion「運動」 chop「〜をたたき切る」 socio-environmental「社会環境的な」 eliminate「〜を除去する」 physical labor「肉体労働」 coupled with 〜「〜と相まって，〜に加えて」 fit「体の調子が良い」 advent「出現」 popularity「人気」 passive「受動

的な」

（第15段）expend「～を費やす」 vigorous「力強い，激しい」

（第16段）markedly「著しく，明らかに」 alter「変わる」 surgical「外科的な」 procedure「処置」 intervention「介入，治療措置」 reproduce「子を産む」 natural selection「自然淘汰」 artificial「人工的な」 metabolically「代謝的に」 compromised「易感染性の」

（最終段）determinant「決定要因」 gluttony「大食の習慣」 epidemic「蔓延」 would-be「～になるつもりの」

◀ Writing ▶

WRITING TEST

1 **解答例** 今日我々が使用している記数法は，紀元後700年以前にインドでできたもので，10個の基本的な数字を表す記号を用いるが，これはおそらく指を使って数を数えていたことに由来している。このインド式記数法は，ゼロという数字を含むため，位がはっきりとわかるので，簡単な公式を習得すれば四則計算も可能になる。ゼロのない数字の羅列では，それらの数字が示す数値を正確に表せない可能性がある。ゼロの存在ですべてがずっと明確になる。

◆全　訳◆

≪インド式記数法におけるゼロの有用性≫

我々が今日使っている記数法は，インド・アラビア式であるが，インドで開発されたものであった。紀元後700年以前にはできあがっていたようであるが，ヨーロッパでは，それから少なくとも500年経ってやっと一般的に知られるようになった。インドの数学者らが今日，算数，代数，幾何学と称されるものを進歩させたのだが，彼らの研究の多くは天文学への関心が動機となっていた。このシステムは3つの主要な考えに基づいている。数字の簡単な表記，桁の値，そしてゼロである。数字を表すのに10個の基本的な記号を選択したこと，すなわち，数を数えたり計算したりする際に基礎となる10個の数字を選んだのは，どうやら数を数えるのに指を使っていたことの直接的な結果であるらしい。自分の指で10まで数えたら，すでにそれまでに行った計算を維持したまま，また数を数える何らかの方法を見つける必要がある。初期の記数法を開発する段階で指折り数えることが果たした役割によって，なぜ我々が基本となる数字に対し“digit”という語を使うのか説明がつくだろう。その語は指を意味するラテン語の単語である *digitus* に由来しているのである。

ゼロを採用したことはインド式算数の開発において決定的な一歩であり，ゼロはその他の数字の後に取り入れられた。インド式記数法の大きな強みは，それが位取り記数法であるという点である。つまり，それぞれの数字のある場所が重要なのである。このおかげで，非常に単純で簡単に学べる，記号（数字）を操る公式を使えば，足し算，引き算，掛け算，そして割り算さえも可能になる。もし有用な位取り記数法がなければ，ある特定の位（くらい）に数字が何も入っていない時に示せるようにする必要がある。例えば，ゼロという記号がなければ，「1 3」という表記は十三（13）を意味することもあれば，百三（103）や百三十（130），ともすれば千三十（1030）を意味する可能性もある，ということだ。数字と数字の間にスペースを入れることで特定の列には数字が入らないことを示すことはできても，縦列に区切られた上に（数字を）書き込む場合を除いては，ある特定のスペースがゼロを入れていることを示す印なのか，それとも単にそれらの記号を隔てている隙間なのかを判断することは決してできない。数値のないスペースに印をつけるための特別な記号がある時，すべてがはるかに明確になるのだ。

◀解　説▶

設問は「以下の文章を読み，要点を日本語で簡潔にまとめよ」というものである。

主な要点は以下の通り。

①第1段第1～3文（The number system … interest in astronomy.）
→インド式記数法の歴史。
②第1段第4～最終文（The system is …*digitus* for finger.）
→インド式記数法で10個の数字を使う由来。
③第2段第1～3文（The introduction of … for manipulating symbols.）
→インド式記数法におけるゼロの採用による強み。
④第2段第4～6文（But for an … separating the symbols.）
→ゼロの概念がない場合に起こる問題点。
⑤第2段最終文（Everything becomes much …）
→ゼロがあるおかげですべてが明確になる。（まとめ）

以上の5点を柱にして150～200語程度でまとめるとよい。

①テーマとなる the number system「記数法」はなじみのない語かもしれないが，「数を表す方法」など他の言い回しで表現をしてもよい。第1段第1～3文（The number system … interest in astronomy.）の内容すべてを詰め込もうとすると長くなりすぎる恐れがあるので注意が必要である。第3文（Indian mathematicians made …）がインド式記数法に最

も関連が薄い内容であるため，短くするならこの文。

②第1段第4文（The system is …）以降，動詞の時制が現在形になっていることから，ここから第1段の終わりまでを1つのかたまりと考えるとよい。第5文（The selection of …）の ten basic number symbols, the base 10 for counting, fingers to count や，第6文の When we reach ten on our fingers, 最終文の The role played by finger counting に見られる通り，「10」個の記号（数字）と「(10本の）指で数える」という表現が繰り返されているため，これらがキーワードとなる。

③・④第2段第2文（The major advantage …）の it is positional「それが位取り記数法である」の部分は positional の意味自体は取りづらいが，直後のダッシュ（—）以降の the place of each numeral matters「それぞれの数字の場所が重要なのである」や，第5文（For example, without …）の0がもしなかったら「1 3」という表記が13なのか103なのか130なのか1030なのかわからないという具体例から，ゼロという存在により数字の位の位置が定まり，数値が正確にわかるという内容が理解できる。③と④は〔解答例〕のようにそれぞれ書いてもよいが，④の内容は第2段第2文の内容をわかりやすくするための説明なので，③と④をまとめて「数字の羅列に数値を伴わないゼロを入れることで，位が明確になり，正しい数値を表せる」などとしてもよい。

⑤第2段最終文（Everything becomes much …）の a special symbol to mark a space with no value は数字のゼロを指す。⑤で重要なのは，「ゼロ」があるから much clearer になるという点。③〜⑤は〔解答例〕ではそれぞれ1文ずつ別の文にまとめているが，どれも関連した内容となるため，解答スペースに余裕がなければまとめて書いてもよい。

●語句・構文●

（第1段）number system「記数法」 Hindu「インドの」 Arabic「アラビアの」 not ～ until …「…になってはじめて～」 make advance in ～「～の面で進歩をとげる」 be described as ～「～と言われている，説明されている」 arithmetic「算数」 algebra「代数」 geometry「幾何学」 motivate「～に動機を与える」 astronomy「天文学」 notation「表記(法)」 numeral「数字」 place value「桁の値」 do arithmetic「計算をする」 presumably「どうやら～らしい」 consequence「結果」 retain

「～を保持する，記憶する」 calculation「計算」 digit「指，アラビア数字（0もしくは1から9までの1つ），桁」 derive from～「～に由来する」

（第2段） decisive「決定的な」 positional「位取りの，位置によって決まる」 matter「重要である」 allow for～「～を可能にする」 addition「足し算」 subtraction「引き算」 multiplication「掛け算」 division「割り算」 straightforward「わかりやすい」 rule「公式，解法」 manipulate「～を操る」 but for～「もし～がなければ」 place-value number system「位取り記数法」 position「（数の桁の）位」 entry「入ること」（ここでは no entry で，ある数字ともう1つの数字の間に他の数字が入らないという意味） write on～「～に書き込む」 mark off～「～を区切る，仕切る」 column「縦，列」 denote「～を示す，～ということの印である」 merely「たかが～にすぎない」 value「数値」

2

解答例 From the table, we can see that in Japan, men spend much less time doing domestic work compared with those in the other nations surveyed. As to the labor force participation rate for women, we can see that about half of the Japanese women stay at home instead of working outside. These figures imply that women do most of the housework in many Japanese families. I assume that women in Japan tend to bear a great burden of housework in exchange for economic support from men. However, now the Japanese government is encouraging more women to join the workforce, so inevitably, men and women will have to share the housework equally if more and more women hope to work like men.

◀解　説▶

「この表は，経済協力開発機構（OECD）加盟国のうち7つの国における『ジェンダーと仕事』に関する最新情報を表している。男性が家事をする量に関するデータと，常勤もしくはパートタイムで働く成人女性の割合に関するデータを組み合わせて作成したものである。この表から特に日本の状況についてわかることをまとめ，このような状況になったと思われる原因および今後どのようになっていくかについてのあなた自身の解釈を含めて，１段落を英語で書け」

英作文中でまとめるポイントは以下の３点である。

①表中の日本人男性の家事をする平均時間と日本人女性の就労率の割合に関してそれぞれ言及し，それぞれの数値から日本の現状としてわかることを書く。

→日本人男性の家事をする平均時間は他の国と比べると大変短い。

→日本人女性の就労率は約半分。

⇨上記２点より，女性が家事の大半を担っているとわかる。

②このような状況となっている推定理由を述べる。例は以下の通り。

- 主に男性の収入で家計を支えている（〔解答例〕）。
- 日本に昔からある「男は仕事，女は家庭」という概念によるもの。（What causes this situation is the stereotyped view that men should earn money and that women should take care of their family.）
- 女性は就労していても，出産・育児で仕事から離れる期間ができる場合が多い。（Part of the reason for this is that women who give birth have to take a certain period off from their job to take care of their baby.）

③今後この状況がどうなっていくかについての意見を述べる。例は以下の通り。

- 女性活躍社会が叫ばれているので，女性が働きに出れば，家事分担が必須となる。（〔解答例〕）
- 働きながらの子育てはまだ難しい状況なので変わらない。（Hopefully, it would be great if men and women can choose their working styles as they like. However, social surroundings in Japan will keep preventing them from working full time while raising children; for example, it is still hard for parents to access nursery schools.）

3　**解答例**　〈解答例１〉I agree with the present policy because there are a wide variety of students at university; some smoke and others don't. Smokers have the right to smoke, while non-smokers have the right to protect themselves from passive smoke. In order for both smokers and non-smokers to respect one another, it would be necessary to pay a small price; for example, the former going out in the cold to smoke, while the latter keeping away from a scattering of designated smoking areas. Of course, these actions might sometimes bother some students, but one can learn to come to terms with one's environment.

〈解答例 2〉 I think that smoking should be prohibited throughout the campus. Smoking is bad not only for your health but also for the health of others. For example, I myself do not smoke, but I always feel uncomfortable when I breathe cigarette smoke from people around me. In fact, it is said that the smoke can cause various diseases to others. Smoking areas won't be able to solve this problem completely because harmful chemicals in tobacco smoke cling to anything around smokers, such as their clothes, walls, and so on, and keep doing harm. Unless smoking is totally banned all over on campus, we cannot have a healthy school life.

〈解答例 3〉 I think that smoking should be permitted more generally for the following reasons. First, it can take a lot of time for smokers just to smoke a cigarette. During a short break, they need to go to a smoking area, have a cigarette break, and go back to their classroom. There are not many smoking areas in the large site of a university, so sometimes students who want to smoke have to walk for several minutes to reach such areas. Second, we are free to choose whether to smoke, and smokers are not violating the law. Therefore, it's unfair to force only smokers into a small area.

◀解 説▶

「現在，早稲田大学のメインキャンパス内では，特定の場所でしか喫煙が許可されておらず，その場所は明確に示されている。

• 現在の方針に賛成か？

• それとも，キャンパス内は全面禁煙にすべきだと思うか？

・それとも，喫煙はもっと全体的に許可されるべきだと思うか？
これら3つの意見のうち1つを支持する1段落を書け。その際，自分の意見を支持するのに適切な理由と具体例を入れること」

理由と具体例の両方を挙げる必要があることに気をつけること。語数については指定されていないため，2020年度までの傾向を参考に1段落を100語程度と考えて練習をしておくとよい。

〈解答例1〉は現在の方針に賛成する意見。喫煙場所をキャンパス内に設けるメリットを挙げたり，喫煙者・非喫煙者両者の権利について言及したりするとよい。世の中が分煙傾向にあるが，全面禁煙についてはまだ反対意見も多いため，妥当な落としどころと言えるだろう。

〈解答例2〉はキャンパス内を全面禁煙にすべきという意見。全面禁煙を支持することになるので，キャンパス内で喫煙するデメリット，喫煙が周りの人に及ぼす影響，喫煙場所を設置するだけでは解決しない問題点などを挙げるとよいだろう。喫煙に対する批判的な意見なので理由は浮かびやすいものの，「キャンパス内に喫煙場所そのものの設置に反対」という論点を見失わないことが重要である。

〈解答例3〉はキャンパス内での喫煙場所を緩和すべきという意見。ベースは喫煙に賛成の意見となるので，個人の自由や喫煙場所の不便さ，大学という人の多い場所で友人をつくるきっかけになるなど，喫煙に関するメリットを主張することになるだろう。

❖講 評

2021年度以降の一般入学試験をイメージするためのサンプル問題の大問構成は，Readingが3題，Writingが3題の計6題，試験時間はReadingが90分，Writingが60分と別々になっている。配点はReadingとWritingの合計で80点である。

Reading：

1．「欧州の国々に伝わる橋と宝にまつわる類話」は，欧州のさまざまな国に伝わる7つの物語が並んだ形式のもの。本文・設問ともに2016年度READING SECTIONのⅡとほぼ同じである。設問は⑴内容説明，⑵内容真偽，⑶空所補充の計3問。⑴は示された英文（10個）の内容に一致する物語を選ぶ問題，⑵は物語の内容に合わない英文を選ぶ問題である。物語そのものの内容は把握しやすいものであるものの，両問とも各物語内の対応する箇所を確認していくのに時間を取られる。そのため，必要な情報のみをさらっとすくい上げ，スピード感をもって解いていく必要がある。⑶の空所補充は空所の前後から意味を推察して解答を導ける問題が多く，選択肢の語彙もとりわけ難しいものはない。

2．「世界の経済情勢から見る貧困国になる要因と支援策」は，前半は地図が含まれており，それを参考にしながら世界の経済情勢に関する動きを追ったもの，後半は低所得国の穀物生産量と経済成長率を示すグラフが付いており，最貧国がそのような状況に陥った複数の要因について説明し，その支援策について論じたもの。本文および設問⑴・⑵は2006年度に出題されたREADING SECTIONのⅠとほぼ同じであるが，⑶は含まれていなかった設問である。設問は⑴段落の主題，⑵内容真偽，⑶同意表現の計3問。⑴は段落数よりも選択肢は多くなっているものの，段落ごとに使われている語句などを手がかりにすれば解答しやすい。⑵も⑴同様に，本文そのものが段落ごとにはっきりしたテーマをもっているので，選択肢に出てくるキーワードから段落を絞って考えていけば解答しやすいであろう。⑶は大半が前後関係から意味を推測できるもの，もしくは周りにある言い換え表現から解答を導けるものとなっている。一部，下線部の語彙そのものの意味を問うものもあるが，語彙そのものの難易度はそう高くはない。

3．「人が肥満になる本当の理由」は，学術記事からの出題とあって段落数が多いものの，テーマは一貫して肥満になる理由を論じたもの。本文・設問ともに 2016 年度 READING SECTION の **I** とほぼ同じである。設問は⑴語の定義，⑵内容真偽，⑶空所補充，⑷本文の主題の計 4 問。⑴は専門用語の説明を選ぶものであるため難易度は高めであるが，当該箇所前後にある具体例などから答えを導けるものがほとんどである。⑵は選択肢に含まれるキーワードから，真偽を確認する箇所をスピーディーに見つける力が必要となる。⑶の空所補充は語彙力を問うものよりもむしろ内容把握の要素が強いものが多く，空所を含む文の段落内容に限らず，その他の段落から答えを引っ張り出す問題も含まれている。

3 題とも国際教養学部一般入試で過去に出題された READING SECTION の問題を元にして作成されたものであった。本文内容や設問の選択肢の中に，過去に出題されたものとは多少異なる点はいくつかあるものの，全体的な出題傾向としては，**2** に同意表現を選ぶ設問が追加された以外，大きく変更されている点はない。よって，サンプル問題を見る限りでは，Reading に関しては，2020 年度以前に出題された READING SECTION と似たような内容が同じようなパターンで問われると予想できる。ただし，大問が 2 題から 3 題に増えているため，1 題当たり 1000 語を超える長さの長文読解を 3 題読みこなす体力と集中力も必要となるだろう。

Writing：

1．英文を読み，日本語で要約する問題。ゼロの概念を含むインド式記数法に関する文章。通常，要約問題は段落ごとに主題や主張を拾って作成していくが，本問では段落が 2 つしかない点，著者の主張となりそうな文があまり見当たらない点で，一見まとめにくそうな問題である。しかし，各段落内で要点はきちんとあるため，そこを見極め，まとめることができるかどうかがポイントである。

英語の文章を日本語で要約するこのタイプの問題は，2020 年度以前の入試問題でも WRITING SECTION の **Ⅳ** に出題されていることから，Reading 同様に，過去問を利用した演習が役立つと言える。

2． 表を見て答える英作文の問題。問題文には英文に含むべき条件が3点提示されており，1点は表から読み取った情報について，あと2点は自分の意見を述べるものであった。テーマは日本における男性の家事参加率の低さと女性の就労率の関係であるため，自分の意見を述べるものに関してはイメージが湧きやすいだろう。

2020年度までの出題では，本問のように表を用いる英作文の問題はなかったので，新傾向と言える。

3． 英作文の問題。早稲田大学キャンパス内に設置してある喫煙場所のみでの喫煙可という現在の方針について3つの意見が示されており，そのうち1つ支持するものを選び，理由と例を挙げて自分の見解を述べるというもの。本問は一般的な喫煙に対する賛成・反対ではなく，「大学キャンパス内で決められた場所での喫煙」についての意見論述であるため，書いているうちに一般的な喫煙についてのみの記述になってしまったりしてテーマからズレないよう，注意が必要である。

3の英作文は従来通りの意見論述であり，賛成・反対する理由と例を挙げるという点も2020年度までと同じ形を踏襲しているため，過去問演習が対策に役立つと言える。

大学赤本シリーズ

早稲田大学

国際教養学部

別冊問題編

2025

矢印の方向に引くと
本体から取り外せます

目　次

問題編

※一般選抜の改革に伴って 2021 年度より実施の「学部独自試験（英語）」について，大学から公表されたサンプル問題を掲載しています。

2024年度

問題編

一般選抜

問題編

▶試験科目・配点

試験区分	教 科	科 目	配点
大学入学共通テスト	国 語	国語	50点
	地歴または数学または理 科	日本史B，世界史B，地理B，「数学Ⅰ・A」，「数学Ⅱ・B」，物理，化学，生物，地学から1科目選択	50点
個別試験	英 語 (Reading)	コミュニケーション英語Ⅰ・Ⅱ・Ⅲ，英語表現Ⅰ・Ⅱ	80点
	英 語 (Writing)		
英語4技能テスト		出願時に提出されたスコアを別表の通り換算する。ただし提出しなかった場合でも出願が可能。	20点

【英語4技能テスト評価方法】

英語4技能テストの種類			得点換算（20点満点）
実用英語技能検定（英検）	TOEFL iBT	IELTS（Academic）	
1級合格	総点95以上	総点7.0以上	20点
準1級合格	総点72～94	総点5.5～6.5	14点
2級合格	総点42～71	総点4.0～5.0	7点
準2級合格以下	総点41以下	総点3.5以下	0点
未提出（出願可）			

▶備 考

- 共通テストの国語は，古典（古文，漢文）を含む配点200点を50点に換算する。

- 共通テストの地歴，数学，理科は，それぞれ配点100点を50点に換算する。
- 共通テストの地歴，数学，理科において，上記指定科目の範囲内で２科目以上受験している場合は，最高得点の科目の成績を大学側で自動的に抽出し，合否判定に利用する。
- 共通テストの「地歴」「理科」において，２科目受験の場合は，第１解答科目の成績を合否判定に利用する。上記以外の科目を第１解答科目として選択した場合は，合否判定の対象外となる。

英　語

◀Reading▶

（90 分）

ALL answers must be indicated on the MARK SHEET.

I　Read the following passage, and answer the questions below.

① The Ringling Bros. and Barnum & Bailey Circus put on its last show in 2017, after more than 140 years in performance. Many factors led to the demise of the so-called "Greatest Show on Earth"—growing costs, shrinking attention spans, the rise of other forms of entertainment, the effect of local transport legislation on a show that still mostly travels by rail. But one of the loudest arguments in recent memory concerned the show's animal performers, which came to appear more retrograde [1] than entertaining thanks to an evolving dialogue on animal rights. Following a damning 2011 *Mother Jones* investigative report and ugly multi-year litigation over elephant care, the circus's parent company, Feld Entertainment, retired its use of elephants in 2016.

② The showman P.T. Barnum, who died in 1891, takes a lot of heat as the original architect of the circus; he's widely considered the person who created cruel and callous [2] demand for performing tigers and dancing elephants in the first place. Although there's truth to this view, a look at Barnum's career also reveals his surprising involvement with a movement that would, over a century later, cheer the end of his circus. Through his unlikely friendship with the prominent early animal-rights activist Henry Bergh in the late 1800s, Barnum found himself in the thick of the debate over the care and feeding of Victorian animal entertainers. In fact, the animal-rights movement might not have survived to exist in its modern form and breadth if not for the media exposure Barnum lent it in its fragile infancy.

③ Bergh, the previously idle son of a wealthy New York shipping family, founded the American Society for the Prevention of Cruelty to Animals (ASPCA) in 1866. Motivated by the <u>raucous</u> (3) bullfights and ill-treatment of carriage horses he witnessed as he traveled through Europe, Bergh traded early retirement for a life of activism. He was easily recognizable as he strode around Manhattan looking to intervene in instances of animal abuse. If you were walking a city street in the 1860s and happened to see a tall, lanky gentleman with a giant, drooping mustache, standing in the intersection and <u>hollering</u> (4) at overloaded streetcars to pull over, that was Henry Bergh. One of Bergh's first public squabbles was with Barnum, whose two American Museums predated his circus ventures by decades, and were the most well-known public attractions in 19th-century New York. Live animals were among the museums' biggest draws. Barnum featured the nation's first public aquarium, with sea lions and beluga whales, an unprecedented hippopotamus, assorted birds and beasts, and even the famed mountain man John "Grizzly" Adams frolicking with enormous bears on the top floor. The museums were wildly popular and made Barnum a global celebrity well before he entered the circus business.

④ In 1866, after a complaint that Barnum's staff fed the resident boa constrictor a diet of live rabbits, the <u>newly minted</u> (5) activist Bergh introduced himself to Barnum with the threat of legal action. He called on museum staff personally, hoping to put an end to what he called the "semi-barbarian" practice of feeding snakes live prey before the paying public. If the snakes can't eat anything else, Bergh urged, in a letter to Barnum, "then let them starve — for, it is contrary to the merciful providence of God that wrong should be committed in order to accomplish a supposed right."

⑤ Thanks to his menageries, Barnum had more $_6$ <u>hands-on</u> experience with exotic animals than many scientists of the era (even if he did go through them at a faster-than-ideal rate), and maintained a solid reputation among zoologists. Seeing no issue with the snake's diet, Barnum replied to Bergh with the concurring opinion of the Harvard scientist Louis Agassiz, an ASPCA supporter who confirmed that snakes habitually ate live food, and would in fact refuse to eat a dead meal. Barnum insisted that the American Museum would "continue to feed all its animals in accordance with the laws of nature," and warned Bergh about being too credulous and self-righteous, particularly in public discourse: "This entire story of the trembling, fearful rabbit is a shallow hoax," Barnum wrote, adding: "In attempting to prevent the abuse of beasts your influence will not be increased by your abuse of men." Chastened but not dissuaded, Bergh continued his work. Granted enforcement powers under New York's landmark animal-rights law, Bergh lobbied for the humane treatment of livestock, opposed dogfighting and cockfighting, and advocated for animal care during an 1872 disease outbreak that devastated horses and therefore $_7$ <u>debilitated</u> a society that needed them for labor, transportation, and commerce.

⑥ Although Bergh's remarkable efforts enjoyed the sort of elite political and philanthropic support that nurtured many of the era's moral movements, he was slow to build broad public backing. In the 19th century, animals were generally regarded as $_8$ <u>chattel</u>, not as living beings with rights, and what an owner chose to do with his animals was his business. And so as Bergh patrolled the city to root out abuse, most workaday people did not see a noble humanitarian so much as a nosy aristocrat.

⑦ Barnum had come out of semi-retirement in the 1870s to build the circus that bore his name. His spring show in 1880 featured the stallion Salamander, who thrilled crowds by jumping through a series of flaming hoops. Despite a then-cordial acquaintance with Barnum, Bergh protested the performance following a report that, after a hoop had slipped, the horse finished its act one night with its mane and tail appearing to be on fire. Through his manager George Bailey, Barnum explained that the flames were chemically created showpieces that posed no danger to man or beast. He even invited Bergh to a repeat performance to see for himself. Bergh declined, and in his stead sent the superintendent of the ASPCA, a clutch of animal-welfare officers, and 20 New York policemen, who sternly stationed themselves around the ring as 4,000 spectators took their seats. At the close of a bareback-riding routine, Barnum himself entered the arena to roaring applause. He calmed the crowd and announced that although he realized he might end the day under arrest, "Mr. Bergh or I must run this show." The hoops were set ablaze as the "fire-horse" was led into the ring by his trainer. Barnum grabbed his hat and stuck his hand into the flames. Seventy years old but [9] spirited, the entertainer stepped through the fiery hoop, and in short order he was followed by ten clowns, Salamander and, at Barnum's invitation, Superintendent Hartfield of the ASPCA. Satisfied on the point of the horse's safety, Hartfield and a delighted audience called victory for the entertainer.

⑧ Reflecting on the performance in his autobiography, Barnum refused to crush Bergh or his agenda in that moment: "Although I was forced to resent his ill-advised interference, this episode did not impair my personal regard for Mr. Bergh and my admiration of his noble works." Perhaps the most notable legacy of Bergh and Barnum is that despite — or perhaps because of — their public sparring, the two men developed a warm and knowing friendship that elevated the profile of animal-rights [10] advocacy at a key historical moment. It is worth remembering that Barnum, for all his flaws, believed that his role was not simply to read the public taste and provide corresponding entertainment, but also to work toward the moral improvement of society. And he was happy to elevate a social cause so long as the tide also carried his own boat. Therefore, had he been alive, Barnum may have even encouraged the elephants' final bow: For as much as he valued his animal performers and their role in his success, if there were a time when they went so far against public opinion as to be unmarketable, he'd have been behind the final curtain, cooking up the next big thing.

[Betsy Golden Kellem, "How P.T. Barnum Helped the Early Days of Animal Rights," *The Atlantic*, May 10, 2017.]

(1) **Choose the best way to complete these sentences about paragraphs ① to ⑧.**

1 In paragraph ① the writer	**2** In paragraph ② the writer
3 In paragraph ③ the writer	**4** In paragraph ④ the writer
5 In paragraph ⑤ the writer	**6** In paragraph ⑥ the writer
7 In paragraph ⑦ the writer	**8** In paragraph ⑧ the writer

A argues that Barnum's manager, George Bailey, was the main force behind Barnum's strong response against Bergh.

B argues that Bergh faced considerable challenges in gaining broad popular support for his activism.

C describes how Barnum used a live demonstration to dispel Bergh's claims that the use of fire was a danger to the safety and well-being of circus animals.

D discusses the first time that Bergh threatened Barnum with legal action.

E introduces the two main figures discussed in the article.

F outlines some of the reasons for the decline in popularity of the circus.

G provides some biographical details on Henry Bergh.

H shows how Bergh, even though he lost the dispute over the feeding of live animals to snakes, continued with his work on animal welfare.

I shows how Bergh's remarkably effective efforts rapidly created a popular animal-rights movement.

J shows that a friendship developed between Barnum and Bergh, despite their differences of opinion at times.

(2) **Choose the best way to complete these sentences, which refer to the underlined words in the passage.**

1 Here, <u>retrograde</u> means
A backwards. B real. C retrospective.
D rising in quality. E unnecessary.

2 Here, <u>callous</u> means
A cautious. B heartless. C marked.
D popular. E strict.

3 Here, <u>raucous</u> means
A aspiring. B charming. C obsolete.
D very loud. E youthful.

4 Here, <u>hollering</u> means
A asking. B insisting. C speaking quickly.
D speaking quietly. E yelling.

5 Here, <u>newly minted</u> means
A ambitious. B debuting. C green-colored.
D renovated. E shy.

6 Here, <u>hands-on</u> means
A abstract. B academic. C automatic.
D determined. E direct.

7 Here, <u>debilitated</u> means
A boosted. B debated. C deliberated.
D strengthened. E weakened.

8 Here, <u>chattel</u> means
A allies. B human beings. C property.
D sacred. E sickness.

9 Here, <u>spirited</u> means
A drunk. B energetic. C frustrated.

D ghostly. E spiritual.

10 Here, advocacy means

A adaptation. B alienation. C election.

D promotion. E rejection.

(3) **Choose the FOUR statements below that do NOT AGREE with what the passage says. You must NOT choose more than FOUR statements.**

A Barnum and Bergh first clashed over the issue of live mice being fed to snakes at one of Barnum's circus shows.

B Barnum is credited with exhibiting the first aquarium in the United States.

C Barnum pretended to set fire to the police superintendent's horse's tail to demonstrate that Bergh's fear that burning hoops were hurting the circus animals was unfounded.

D Barnum was gracious to Bergh in the former's autobiography.

E Circuses ran, according to the article, from 1891 until the final one in 2017.

F Harvard scientist Louis Agassiz supported Barnum against Bergh on the issue of feeding live food to snakes.

G Henry Bergh set up the ASPCA in 1866 before moving into the family shipping business.

H Negative media reporting and criticism led to elephants being withdrawn from Ringling Bros. and Barnum & Bailey Circus performances in 2016.

Ⅱ Read the following passage from a text on the history of electricity in the 18th century, and answer the questions below.

Andreas Cunaeus holds a Leyden jar in his right hand and reaches up to the prime conductor with his left hand. [From A.P. Deschanel, *Elementary Treatise on Natural Philosophy, Part 3: Electricity and Magnetism* (1876).]

① Ewald Jürgen von Kleist, dean of the cathedral in Kammin (now Kamień, Poland), tried to augment the power of a flare of static electricity by increasing the amount of electrified matter from which it sprang: The bigger the prime conductor*, the bigger the shock. He ran a wire from the prime conductor into a big glass full of water as a convenient method of effecting the increase in power. No sensible improvement resulted since he insulated the vessel while filling it with electrical effluvia**. He next brought a nail stuck in a little bottle filled with alcohol up to the prime conductor; hoping, apparently, to create a portable flare, he held the bottle in his hand. On touching the nail with the other hand, he got a big surprise. He shared it with some children, who were knocked off their feet by the shock. Kleist described his new power to at least five persons, of whom one was a ₁veteran professor of experimental philosophy and another was an able member of the Berlin Academy of Science. None was able to reproduce his results. Not until March 1746, three months after Kleist had announced his striking news, did anyone working from his instructions succeed.

② He had forgotten to emphasize the counterintuitive step that made a condenser from a nail in a bottle: He did not say that the experimenter must grasp the outside of the bottle and stand on the floor during electrification; he did not say that the bottle's exterior must be ₂grounded. Without this ₃prescription, the knowledgeable investigator, recognizing the semitransparency of glass, would use a thick bottle and insulate it and/or themselves while trying to fill it from the prime conductor.

③ While Kleist was ₄knocking down children, Pieter van Musschenbroek, professor of physics at the University of Leyden (now Leiden, Netherlands), was trying to draw fire from water. We know how Musschenbroek would have proceeded from Andreas Gordon, professor of physics at the Benedictine convent in Erfurt, a good experimenter who made important improvements in the electro-static machine. Gordon directed that the water-filled vessel rest on an insulating stand while the effluvia run into it via a wire to the prime conductor; otherwise they would leak out the bottom to ground. Here the lawyer Andreas Cunaeus intervened. After visiting Musschenbroek's laboratory, he tried the experiment on his own. Alone and unaware that the prime conductor must be held by an insulator, he electrified the vessel in the manner most natural, by holding it in his hand. When he drew a spark from the prime conductor with the other, he let the genie out of the bottle.

④ Cunaeus showed Musschenbroek and his assistant how they too could blast themselves with electricity. "I thought I was done for," the professor then wrote to René-Antoine Réaumur, his correspondent at the Paris Academy, adding precise directions for realizing the "terrible experiment" and advice not to try it. The courageous Jean-Antoine Nollet, informed by Réaumur, bent himself double and knocked out his wind. Others who tried the experiment reported nose bleedings, temporary paralysis, concussions, convulsions, and dizziness. The gallant Johann Heinrich Winkler warned that his wife was unable to walk after he used her to short a Leyden jar. These exaggerations suggest how flagrantly the action of the condenser $_{5}$violated received ideas about electricity. The current theories could not predict the outcome of events. If, by a slight simplification of previous experiments, one could create a blow of unprecedented power, might not a trivial alteration of the Leyden experiment itself transport an unlucky electrician into the next world?

⑤ Frank admissions that the jar shattered accepted theory appeared on every hand. Musschenbroek, hitherto an $_{6}$authority, now "understood nothing and could explain nothing" about electricity. It appeared that the Leyden experiment was "different in kind" from the $_{7}$classical repertory of experiments in electricity. Perhaps the powers of frictional and communicated electricity differ, or — as one resourceful commentator supposed — electricity expressed itself in contradictory ways according to the experiment tried.

⑥ No one was killed or even injured by the Leyden jar. Reports of experiments became soberer. By the end of 1746, consensus had been reached on several facts and errors. Nollet found that the shape of the vessel did not matter but that its substance had to be glass or porcelain. The latter $_{8}$proposition placed an unproductive emphasis on the supposed uniqueness of glass. The former proposition resulted in a piece of glass with metal foil on both sides. Physicists found three ways besides external coating to enlarge their shocks: Daniel Gralath connected jars in parallel into what he called a "battery"; Nollet increased the size of the prime conductor; Gralath and Benjamin Watson found the bottle the fiercer the thinner the glass. A battery of thin-walled jars shorted through the body hit like a club. "The first time I experienced it, it seemed to me as though my arm were struck off at my shoulder, elbow and wrist, and both my legs, at the knees, and behind the ankles," Watson reported.

⑦ Science is a social enterprise. Let a gentleman hold the jar and a lady the prime conductor; both feel the shock when they touch. How many others can be inserted in the train(9)? The Academician Louis-Guillaume Le Monnier tried 140 courtiers, before the king; Nollet shocked 180 soldiers in the same presence. Only persons in the train felt the shock; those in side chains branching from the main line felt nothing. Thus, electricians discovered that the *discharge* — to use the word they introduced for the climax of the Leyden experiment — goes preferentially along the best conducting circuit between the inside and outside of the jar. Using the same detectors, they learned that the best is not always the shortest. In one demonstration, only those at the extremes of the chain felt the shock. The shock was found to occur only when the train stood on moist ground; apparently the discharge went through the arms and legs of the extreme members and completed its course in the soil.

⑧ The charged jar was also intriguing when innocently insulated. It unaccountably preserved its punch for hours or even days; even when grounded externally, it remained potent provided its top wire was not touched. With its bottom or tail insulated, no explosion, but only a small spark, could be produced by touching the head wire connected with its internal coating. It could then be revivified, or made capable of the Leyden shock, merely by holding it in the hand. This behavior defied explanation or, indeed, any articulation based on the old theories that presupposed(10) certain characteristics of glass.

* The *prime conductor* was a standard apparatus used in 18th-century electrical experiments that consisted of a large insulated iron bar, often suspended from the ceiling with silk cords.

** Here *effluvia* refers to a theoretical fluid or gas used to explain electrical experiments.

[Adapted from J.L. Heilbron, *Elements of Early Modern Physics* (1982).]

(1) **Choose the best way to complete these sentences about paragraphs ① to ⑧.**

1	In paragraph ① the writer	2	In paragraph ② the writer
3	In paragraph ③ the writer	4	In paragraph ④ the writer
5	In paragraph ⑤ the writer	6	In paragraph ⑥ the writer
7	In paragraph ⑦ the writer	8	In paragraph ⑧ the writer

A analyzes the minimum number of people in the chain through which a prime conductor can transmit an electric shock.

B argues that the fact that the Leyden jar could hold a charge for a long time defied explanation.

C describes the first experiments related to what came to be called the Leyden jar, which were difficult for others to reproduce.

D details a number of experimental apparatuses that were used to produce ever stronger shocks.

E explains some of the reasons why it was initially not possible for anyone to reproduce the Leyden jar experiment.

F gives an account of the Leyden jar experiment that was then later reproducible by others.

G mentions some public experiments using large numbers of people that were used to determine what circuit the charge from a Leyden jar follows.

H points out that the operations of the Leyden jar showed that the theories of electricity at that time could not be used to predict the results of future experiments.

I remarks that many people admitted that the experiments with the Leyden jar were of a completely new kind.

J states that by the end of 1746 knowledge of the Leyden jar was complete.

(2) **Choose the best way to complete these sentences, which refer to the underlined words in the passage.**

1 Here, <u>veteran</u> means

A long-serving. B professional. C recent.

D skillful. E veterinary.

2 Here, <u>grounded</u> means

A connected to the earth. B informed about the situation.

C insulated. D restricted to one's room.

E stranded.

3 Here, <u>prescription</u> means

A document. B instruction. C intuition.

D medicine. E mixture.

4 Here, <u>knocking down children</u> is used

A conditionally. B figuratively. C imaginatively.

D literally. E scientifically.

5 Here, <u>violated</u> means

A abused. B completed. C contradicted.

D emptied. E invaded.

6 Here, <u>authority</u> means

A boss. B expert. C government.

D jurisdiction. E scientist.

7 Here, <u>classical</u> means

A elegant. B humanistic. C opportunistic.

D refined. E standard.

8 Here, <u>proposition</u> means

A assertion. B preposition. C proof.

D scheme. E verification.

9 Here, <u>train</u> means

A exercise. B line. C locomotive.

D mold. E study.

10 Here, <u>presupposed</u> means

A assumed. B defied. C inferred.

D legalized. E problematized.

(3) **Choose the TWO statements that do NOT AGREE with what the passage says. You must NOT choose more than TWO statements.**

A Electricians found that a Leyden jar has to be made out of glass.

B Ewald J. von Kleist first invented what became known as the Leyden jar, but initially it was difficult for others to reproduce his experiment.

C The length of time that a Leyden jar holds a charge can be increased by connecting them in parallel.

D The phenomena produced by the Leyden jar invalidated the theories of electricity that were current in the mid-18th century.

Ⅲ Read the following passage, and answer the questions below.

① Elspeth Stuckey's 1991 book *The Violence of Literacy* was translated into Japanese by Kyuichi Kikuchi in 1995. In sharing Stuckey's perspectives on literacy, Kikuchi insists that literacy crucially involves issues of authority and power. Both Stuckey and Kikuchi point out the negative influence of subscribing to the idea of a "single literacy." They criticize the privileged position of western-style school literacy, which is protected and promoted by powerful institutions. Kikuchi's work is important, because he shows how literacy serves also as a tool for social control. Literacy, he maintains, monopolizes the construction of social knowledge. This view has gradually spread across Japanese sociolinguistics.

② Yukitoshi Sunano studies the hegemonic[1] power of the idea of a single literacy and analyzes it as a mechanism of social exclusion. He distinguishes between three categories of literacy comprehension: (1) literacy as a project of the modern age, (2) literacy as an ideological device, and (3) literacy as a mechanism of exclusion. Consider these three perspectives in more detail:

(1) To start, literacy is a product of the modern age that has laid the foundation for the construction of the "citizen." Hence, literacy is linked to concepts of $_{2}$enlightenment such as "freedom," "citizenship," and "democracy"; that is, key ideas used to break free from the limits of feudal society. In order to accomplish discourse in the public sphere under democratic values, acquiring literacy became seen as a precondition for the existence of modern societies. By looking at literacy through such "modernist lenses," western-style schooling comes to be seen as the central institution responsible for spreading literacy.

(2) The idea of literacy as an ideological device presents literacy as a product of the modern age where people are integrated into the nation in order to control them. Sunano identifies critical literacy as an important concept in order to overcome the limits of the idea of standard literacy.

(3) Last, literacy as a mechanism of exclusion highlights the existence of a $_{3}$demarcation line by literacy. When literacy is connected to a writing system too complicated for ordinary people to learn, then the establishment can monopolize it. In other words, literacy becomes a tool to control illiterate people. This is how literacy functioned in feudal societies. Literacy as a product of the modern age appears to disrupt this mechanism of excluding people. However, contrary to what most people think, the exclusivity characteristic of literacy remains intact in modern societies. The idea of "single literacy," owned and controlled by the establishment, is part and parcel of such mechanisms of exclusion.

③ From these three points of view, the stigma of being illiterate emerges as the result of social rejection through the exclusionary function of literacy. It can also be connected to the global tendency of stigmatizing the illiterate, an idea that UNESCO and other institutions 4 <u>inadvertently</u> reproduce through some of their campaigns. In spite of their 5 <u>philanthropic</u> efforts, negative connotations are inherent in slogans such as "eradication of illiteracy." The excluding function of literacy is not resolved in this way. It continues to do its work. Next, we will discuss concrete examples demonstrating how literacy results in exclusion in Japanese contexts.

④ The contemporary Japanese writing system is beyond doubt very difficult. The number of "general-use kanji" (*jōyō kanji*) is presently limited to 2,136 characters. However, many more kanji are used in daily life. Most kanji have at least two pronunciations, further complicating the Japanese script. Literacy in Japanese is widely associated with the ability to read, write, and remember an enormous number of kanji. The term *monmō* literally means "sentence-blindness"; thus, we can see a deep tie between illiteracy and disability already in the term *monmō*. 6 <u>This notwithstanding</u>, literacy studies in Japan have avoided discussing the literacy of people with disabilities. It is no exaggeration to say that people with disabilities have been excluded from literacy studies.

⑤ In order to gain a more comprehensive understanding of exclusion through literacy and disabilities, Tomoyuki Sumi flatly rejects the popular myth that the literacy rate of Japan stands at 99%. The main pillar of this myth is a survey conducted after WWII under the US occupation. Results of an extensive literacy survey conducted in 1948 were published by a Research Committee for Literacy as a report titled *Nihonjin no yomikaki chōsa* (Survey on the Literacy of the Japanese People). It consisted of 90 questions that included hiragana, katakana, and kanji, both used independently and intermixed. The survey was conducted among 21,008 Japanese, who had been invited to participate in this survey by postcards using kanji and kana mixed orthography, between the ages of 15 and 64 years across 270 municipalities. The results showed that 4.4% had perfect scores, while 1.7% had scored zero. These 1.7% serve as the basis to claim that 99% of the Japanese population is literate, which is surprising given that the report itself states that "the literate criteria is only fulfilled by a perfect score." If this procedure had been applied, the literacy rate according to this survey would have been 4.4%, an equally inappropriate result. What matters for our discussion here is simply that the "total literacy myth" was built upon a problematic survey methodology (written invitations) and a one-sided interpretation of the results (everyone who did not score zero is literate).

⑥ At the time the survey was conducted, there was an intense debate on the Japanese language and its writing system (***kokugo kokuji mondai***). Some placed a high value on the phonographic writing system and argued to abolish kanji altogether, while others advocated the continued use of kanji. Needless to say, those in support of maintaining kanji used the results of the literacy survey to advance their cause. They created the 99% literacy myth, according to Hitoshi Yamashita. This myth then spread around the world. Consider a statement cited by the International Bureau of Education and UNESCO two decades after the survey: "The problem of illiteracy has been solved completely. Modern Japanese is usually transcribed in Japanese syllabaries (48 phonetic letters) and kanji (1,850 words, ideographs for the most part). A person is considered illiterate if he is unable to read and write these words and letters at all." This was the official statement made at an international conference on public education by the Japanese Ministry of Education.

⑦ However, different ideological positions on language led to different interpretations of the survey results. It is for this reason that Sumi returns to a discussion of the 1948 survey in order to examine the effects of this myth on parts of Japanese society. Sumi stresses that this official position cannot be $_7$<u>tenable</u> already for the fact that this number obviously excludes people with mental or physical disabilities. In 1948, people with disabilities were not enrolled in the education system; many remained illiterate for their entire lives as a result. Their illiteracy was hidden to help sustain the literacy myth, allowing the Japanese government to boast about the efficiency of its educational system. In short, then: the number of illiterate Japanese is higher than claimed, some individuals are illiterate as a result of discrimination, and discrimination in Japanese society is not sufficiently reflected upon.

[Adapted from Takeshi Nakashima, "Literacy and Illiteracy," in *Routledge Handbook of Japanese Sociolinguistics* (2012).]

(1) **Choose the best way to complete these sentences about paragraphs ① to ⑦.**

1 In paragraph ① the writer	2 In paragraph ② the writer
3 In paragraph ③ the writer	4 In paragraph ④ the writer
5 In paragraph ⑤ the writer	6 In paragraph ⑥ the writer
7 In paragraph ⑦ the writer	

A argues that the debate on the Japanese writing system led to a decline in the quality of public education.

B claims that literacy among the visually impaired has been closely studied.

C describes the methodology of an important survey that was later used to construct the myth of a very high level of Japanese literacy.

D describes the problem of complicated writing systems making literacy inaccessible to people with disabilities.

E makes the argument that institutional interventions can even aggravate discrimination on the basis of illiteracy.

F notes that people with disabilities were not included in the survey that led to the 99% literacy myth.

G points out how a translation of a significant book on literacy became important in Japanese sociolinguistics.

H rejects the myth that literacy was monopolized by the elite in feudal societies.

I shows how the idea of a uniform literacy is closely connected in several ways to the emergence of the modern age.

J shows how the results of an important survey were used in a debate about the Japanese writing system.

(2) **Choose the best way to complete these sentences, which refer to the underlined words in the passage.**

1 Here, hegemonic means

A devastating. B dominant. C hedging.

D negative. E questionable.

2 Here, enlightenment refers to

A autocracy. B entertainment. C leadership.

D light. E modernity.

3 Here, demarcation means

A classification. B complementary. C democratizing.

D masking. E unmarking.

4 Here, inadvertently means

A accidentally. B irrationally. C secretly.

D tactfully. E uneventfully.

5 Here, philanthropic means

A academic. B benevolent. C open-minded.

D philosophical. E well-planned.

6 Here, this notwithstanding means

A consequently. B in fact. C in short.

D nevertheless. E similarly.

7 Here, tenable means

A condemned. B falsified. C justified.

D mythical. E transmitted.

(3) **Choose the FOUR statements that do NOT AGREE with what**

the passage says. You must NOT choose more than FOUR statements.

A An important survey on Japanese literacy rates was undertaken during the US occupation.

B Official statements made by the Japanese government have spread false information about Japanese literacy rates around the world.

C People with mental and physical disabilities are usually excluded from statistical surveys conducted by international organizations.

D The concept of literacy can function as a way to control people.

E The high literacy rate of Japan is considered to be declining because of a new research methodology aligned to the global standard.

F There was a time when some people proposed discontinuing the use of kanji in the Japanese writing system.

G UNESCO and other institutions are viewed to have liberated the oppressed in modern societies by eradicating illiteracy.

H Western-style schooling was rejected in Japan because it was felt that the difference in writing systems made it inappropriate.

◀ Writing ▶

（60 分）

ALL answers must be written clearly within the boxes provided on the ANSWER SHEET.

I　Write a paragraph in ENGLISH giving your opinion on the statement below, with appropriate reasons to support your position.　〔解答欄〕約 15 cm × 10 行

Japan is set to open its first casino, near Osaka, as early as 2029. Considering the social and economic risks and benefits attached to gambling, what do you think about this decision?

Write a paragraph in ENGLISH answering the question below. 〔解答欄〕約 15 cm × 12 行

In your opinion, what are the most important facts or trends illustrated by the graph below? Discuss at least two, justifying your position.

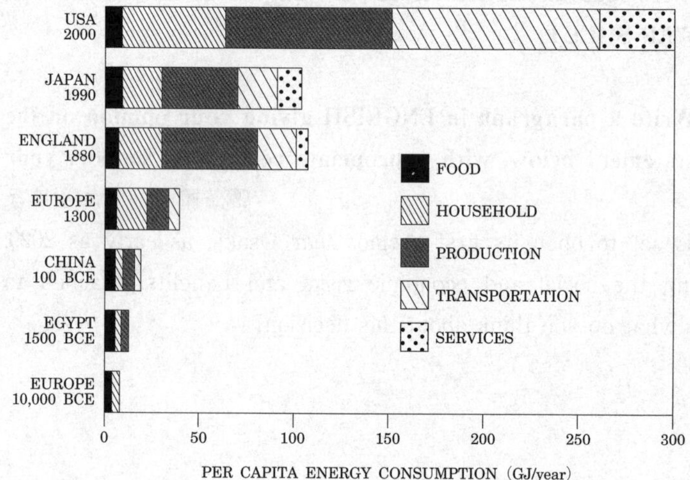

The horizontal axis measures gigajoules (GJ) per person per year. A gigajoule is a unit of measurement for energy.

[Taken from Vaclav Smil, *Energy and Civilization: A History* (2017).]

Read the following passage and briefly summarize it in JAPANESE. 〔解答欄〕約 15 cm × 8 行

Tacos are an internationally popular hand-sized food item of Mexican origin combining seasoned meat, vegetables, and other fillings and served inside a folded or rolled corn or flour tortilla.

Maize has been domesticated in Mexico for at least 9,000 years, and one of the first uses of ground maize was very likely the tortilla, a flatbread made of maize, ground lime, and water. The name taco may come from the Spanish word for dowel, as in a plug to fill a hungry stomach, or, perhaps likelier, from the Nahuatl word tlacoyo, the name of a related foodstuff. The taco is made of that bread base, but its ingredients thereafter can be various. In Mexican cuisine, tacos can contain beef, chicken, pork, fish, and shellfish as well as vegetables such as lettuce, cabbage, radishes, chiles, and tomatoes. Tacos can also be vegetarian, filled with refried beans, avocado, potatoes, and cheese.

Before the arrival of the Spanish in Mexico, the meats eaten in tacos were likely reptiles such as snakes and iguanas, as well as native mammals and birds such as armadillos and turkeys; insects such as grasshoppers were (and are) eaten in tacos as well. With the arrival of Eurasian livestock, tacos acquired a yet more diverse protein base. The Spanish also introduced cheese, lettuce and cabbage, and other foodstuffs, adding to foods of South American origin such as tomatoes, potatoes, and chiles. It is said that if the typical taco were to visit the origins of each of its ingredients, it would have to travel some 64,000 miles.

The taco remains a staple of Mexican cuisine, sold in fine restaurants and street stalls alike. It has also enjoyed international success, embraced everywhere it has landed. In the United States, where "taco Tuesday" has become common nationwide, it is estimated that there are some 50,000 Mexican restaurants, nearly all of them offering tacos. Mexican restaurants abound in major cities in Europe, Oceania, and East Asia, and local variations have been recorded. In South Korea, for example, diners enjoy tacos with the customary ingredients and also with the addition of kimchi.

[Adapted from Gregory Lewis McNamee, "Taco", *Encyclopedia Britannica*, May 16, 2023.]

//////////////////// · memo · ////////////////////

/////////////////// · memo · ///////////////////

//////////////////// · memo · ////////////////////

2023年度

問題編

■一般選抜

問題編

▶試験科目・配点

試験区分	教科	科目	配点
大学入学共通テスト	国語	国語	50点
	地歴または数学または理科	日本史B，世界史B，地理B，「数学Ⅰ・A」，「数学Ⅱ・B」，物理，化学，生物，地学から1科目選択	50点
個別試験	英語(Reading)	コミュニケーション英語Ⅰ・Ⅱ・Ⅲ，英語表現Ⅰ・Ⅱ	80点
	英語(Writing)		
英語4技能テスト		出願時に提出されたスコアを別表の通り換算する。ただし提出しなかった場合でも出願が可能。	20点

【英語4技能テスト評価方法】

英語4技能テストの種類			得点換算(20点満点)
実用英語技能検定（英検）	TOEFL iBT	IELTS（Academic）	
1級合格	95以上	7.0以上	20点
準1級合格	72〜94	5.5〜6.5	14点
2級合格	42〜71	4.0〜5.0	7点
準2級合格以下	41以下	3.5以下	0点
未提出（出願可）			

▶備　考

- 共通テストの国語は，古典（古文，漢文）を含む配点200点を50点に換算する。
- 共通テストの地歴，数学，理科は，それぞれ配点100点を50点に換算する。

- 共通テストの地歴，数学，理科において，上記指定科目の範囲内で２科目以上受験している場合は，最高得点の科目の成績を大学側で自動的に抽出し，合否判定に利用する。
- 共通テストの「地歴」「理科」において，２科目受験の場合は，第１解答科目の成績を合否判定に利用する。上記以外の科目を第１解答科目として選択した場合は，合否判定の対象外となる。

英語

◀ Reading ▶

(90分)

ALL answers must be indicated on the MARK SHEET.

I　Read the following passage from a classic text on political philosophy, and answer the questions below.

① There is a class of persons who think it enough if a person assents undoubtingly to what they think true, though he has no knowledge whatever of the grounds of the opinion, and could not make a tenable defense of it against the most superficial objections. Such persons, if they can once get their creed taught from authority, naturally think that no good, and some harm, comes of its being allowed to be questioned. Where their influence prevails, they make it nearly impossible for the received opinion to be rejected wisely and considerately, though it may still be rejected rashly and ignorantly; for to shut out discussion entirely is seldom possible, and when it once gets in, beliefs not grounded on conviction are apt to give way before the slightest semblance of an argument.

② Waiving, however, this possibility—assuming that the true opinion abides in the mind, but abides as a prejudice, a belief independent of, and proof against, argument—this is not the way in which truth ought to be held by a rational being. This is [1] knowing the truth. Truth, thus held, is but one superstition the more, accidentally clinging to the words which enunciate a truth.

③ If the intellect and judgment of mankind ought to be cultivated, on what can these faculties be more appropriately exercised by any one, than on the things which concern him so much that it is considered necessary for him to hold opinions on them? If the cultivation of the understanding consists in one thing more than in another, it is surely in learning the grounds of one's own opinions. Whatever people believe, on subjects on which it is of the first importance to believe rightly, they ought to be able to defend against at least the common objections.

④ But, someone may say, "Let them be taught the grounds of their opinions. It does not follow that opinions must be merely parroted because they are never heard controverted. Persons who learn geometry do not simply commit the theorems to memory, but understand and learn likewise the demonstrations; and it would be absurd to say that they remain ignorant of the grounds of geometrical truths, because they never hear any one deny, and attempt to [2] them." Undoubtedly: and such teaching suffices on a subject like mathematics, where there is nothing at all to be said on the wrong side of the question. The peculiarity of the evidence of mathematical truths is that all the argument is on one side. There are no objections, and no answers to objections.

⑤ But on every subject on which difference of opinion is possible, the truth depends on a balance to be struck between two sets of conflicting reasons. Even in natural philosophy, there is always some other explanation possible of the same facts; some geocentric theory instead of heliocentric, some phlogiston instead of oxygen; and it has to be shown why that other theory [3] be the true one: and until this is shown, and until we know how it is shown, we do not understand the grounds of our opinion. But when we turn to subjects infinitely more complicated, to morals, religion, politics, social relations, and the business of life, three-fourths of the arguments for every disputed opinion consist in dispelling the appearances which favour some opinion different from it.

⑥ The greatest orator, save one, of antiquity, has left it on record that he always studied his [4] case with as great, if not still greater, intensity than even his own. What Cicero practised as the means of forensic success requires to be imitated by all who study any subject in order to arrive at the truth. He who knows only his own side of the case, knows little of that. His reasons may be good, and no one may have been able to refute them. But if he is equally unable to refute the reasons on the opposite side; if he does not so much as know what they are, he has no ground for preferring either opinion. The rational position for him would be suspension of judgment, and unless he contents himself with that, he is either led by authority, or adopts, like the generality of the world, the side to which he feels most inclination.

⑦ Nor is it enough that he should hear the arguments of adversaries from his own teachers, presented as they state them, and accompanied by what they offer as refutations. That is not the way to do justice to the arguments, or bring them into real contact with his own mind. He must be able to hear them from persons who [5] believe them; who defend them in earnest, and do their very utmost for them. He must know them in their most plausible and persuasive form; he must feel the whole force of the difficulty which the true view of the subject has to encounter and dispose of; else he will never really possess himself of the portion of truth which meets and removes that difficulty.

⑧ Ninety-nine in a hundred of what are called educated men are in this condition; even of those who can argue fluently for their opinions. Their conclusion may be true, but it might be false for anything they know: they have never thrown themselves into the mental position of those who think differently from them, and considered what such persons may have to say; and consequently they do not, in any proper sense of the word, know the doctrine which they themselves profess. They do not know those parts of it which explain and justify the remainder; the considerations which show that a fact which seemingly conflicts with another is reconcilable with it, or that, of two apparently [6] reasons, one and not the other ought to be preferred.

⑨ All that part of the truth which turns the scale, and decides the judgment of a completely informed mind, they are strangers to; nor is it ever really known, but to those who have attended equally and [7] to both sides, and endeavoured to see the reasons of both in the strongest light. So essential is this discipline to a real understanding of moral and human subjects, that if opponents of all important truths do not exist, it is indispensable to imagine them, and supply them with the strongest arguments which the most skilful devil's advocate can conjure up.

[Adapted from John Stuart Mill, *On Liberty* (1859). Original punctuation and spelling is preserved.]

(1) **Choose the best way to complete these sentences about paragraphs ① to ⑨.**

1	In paragraph ① the writer	2	In paragraph ② the writer
3	In paragraph ③ the writer	4	In paragraph ④ the writer
5	In paragraph ⑤ the writer	6	In paragraph ⑥ the writer
7	In paragraph ⑦ the writer	8	In paragraph ⑧ the writer
9	In paragraph ⑨ the writer		

A announces the main claim that people ought to learn how to argue for the grounds of their opinions against those who challenge them.

B cites the process of examination in natural philosophy to emphasize the need for a critical inquiry of diverse opinions in other subjects as well.

C describes his view on what truth is not.

D describes the kind of person and situation that he would object to, as a precursor to his argument for a more desirable attitude.

E discusses how the mode of inquiry that he proposes is not being practiced enough, and the shortcomings that result from this.

F discusses how the preferred mode of inquiry was practiced historically but had declined in popularity since then.

G discusses why it is important to hear those who actually hold alternative views make the full argument for their position.

H emphasizes the need for examining opposing views by imagining the strongest arguments from the other side if no one is there to make them.

I foresees an objection to his view and attempts to make a distinction in order to develop his own argument.

J makes his core argument by citing an example of a person who engaged in the ideal mode of inquiry and stating the need for such inquiry.

(2) **Choose the FOUR statements that do NOT agree with what the passage says. You must NOT choose more than FOUR statements.**

A Holding up one's view as the truth without critical inquiry is not much different from believing in superstition.

B Most educated people understand the importance of examining the grounds of alternative views.

C Much of the argument in favor of one's position can actually be devoted to examining and refuting the grounds for alternative positions.

D One should even intentionally come up with the strongest arguments from the other side in order to make an informed judgment.

E So-called educated people often disregard the form of inquiry that the author proposes.

F That a person did not critically examine alternative arguments does not mean that the person merely parroted someone else's arguments.

G The best way to engage in a critical examination of one's own position is to hear directly from those who sincerely hold an alternative view.

H The devil's advocate is harmful because it argues for its position without critical reflection.

I Unlike natural philosophy, inquiry into subjects such as morals and religion require a full consideration of alternative views.

(3) **Choose the best item to fill each of the numbered boxes [1] to [7] found in the passage.**

1 A about B correctly C critically
D definitely E not

2 A combine B disprove C favor
D practice E show

3 A can B cannot C could
D may E must

4 A adversary's B friend's C ideal
D older E teacher's

5 A actually B do not C rarely
D thoughtlessly E used to

6 A biased B false C forced
D strong E weak

7 A essentially B impartially C mindlessly
D partially E uncritically

II Read this passage from a book on the geneticist Barbara McClintock, and answer the questions below.

① In 1931, Barbara McClintock began to explore the outside world. That summer, an invitation from the geneticist Lewis Stadler brought her to the University of Missouri. Stadler had come to Cornell University back in 1926 on a US National Research Council Fellowship to work with the maize geneticist Rollins Emerson. During that time, he and McClintock had become close friends and colleagues, beginning a <u>collaboration</u>[1] that was to last for many years.

② The two shared a keen interest in the genetic composition of maize, commonly known as corn, and Stadler's investigation of the

$_{2}$mutagenic effects of X-rays—discovered independently by H.J. Muller in 1927—greatly excited McClintock's imagination. To this day, mutations are the mainstay of genetic research, and in the early days progress was limited by the need to rely on their $_{3}$spontaneous occurrence. By vastly increasing the frequency and variety of mutations, X-rays could greatly speed up the probing of genetic structure. McClintock was eager to participate in the new research.

③ The technique was to irradiate the pollen grains of plants carrying dominant genes of particular traits, and then to use the irradiated pollen to fertilize kernels of plants carrying recessive genes for the same traits. It emerged that X-rays were introducing large-scale changes in the chromosomal* arrangement—changes that would show up in a wide range of visible alterations in the young plant, most dramatically in the coloring and texture of the kernels. McClintock's challenge that summer was to identify the specific nature of these chromosomal changes. Certain cytological** techniques that she had earlier developed now enabled her to determine the $_{4}$minute physical changes within the chromosome that were introduced by the X-rays. She found translocations, inversions, and deletions of parts of the chromosomes, all resulting from exchanges between normal and damaged chromosomes occurring in the course of meiotic*** division. "That was a profitable summer for me! I was very excited about what I was seeing, because many of these were new things. It was also helping to place different genes on different chromosomes—it was a very fast way to do it."

④ Here a story about the identification of these new phenomena illustrates McClintock's unique style of thinking. "As I was going through the field, I saw plants that were variegated—part dominant and part recessive. I didn't look at the variegated plants, but somehow or other they stuck in my mind." That fall she received an offprint from California in which variegation was described. A small chromosome was also identified that might, it was suggested, be related to a genetic fragment that seemed to be "getting lost," thereby causing the pattern of variegation. “As I was reading this paper I said, ‘Oh this is a ring chromosome, because a ring chromosome would do this.’” Although a ring chromosome had, in fact, recently been observed for the first time, neither McClintock nor her colleagues yet knew of its existence. Her reasoning was as follows: “Everything had been discovered that you would expect if you broke a chromosome and the $_{5}$fusions occurred two by two. That is, if you had a chromosome that had two parts to it, you could invert one and get an inversion. Or you could get a deletion. At this point you say, well, the reverse of a deletion is a ring chromosome. Why weren’t people reporting ring chromosomes? They weren’t. Therefore, these ring chromosomes must have a $_{6}$mechanism of getting lost. So, I wrote to these people and said, ‘I think that what you have is a ring chromosome, and I think that they have a means of getting lost in sister strands in exchange.’ The response from California was: ‘It sounds crazy, but it’s the best thing we’ve heard.’”

⑤ The observed variegated patterns implied the occasional loss of certain genes, and the formation of ring chromosomes could account for this loss. Should a fragment break off from a chromosome, the ends of this fragment can anneal, or join, to each other. The ring chromosome thus formed can no longer participate in the normal mechanism of duplication and assortment; it will “get lost.” The result is a deletion, the counterpart of a ring chromosome; the original chromosome will have reformed without the missing fragment.

⑥ So convinced was she that the variegated plants she’d seen the summer before had ring chromosomes, that she wrote to Stadler asking him to grow more of the same material so that she could examine them and find out. Stadler was glad to do so, and she went, arriving in Missouri approximately two weeks before the plants were ready for cytological examination. “I was so full of ring chromosomes that they began to $_{7}$kid me. They didn’t take it seriously, and they kidded me for a couple of days, but when we went out to the field and looked over the top corn, the first thing I noticed was that they were calling these plants ring-chromosome plants. Then I got scared. I said, 'My goodness; they are now calling them ring-chromosome plants when they have never seen a ring and don't know!' When the first plant was ready, my hand was actually shaking when I opened up the plant to get out the material to be examined. I took it right back to the lab and examined it immediately. It had rings, and was doing exactly as it was supposed to do, and every other plant that I had deduced was a ring-chromosome plant was doing exactly as I expected it to."

⑦ She was excited, of course, but also relieved. The thought that she might have convinced people by sheer enthusiasm disturbed her greatly. But, she asked, "Why was I so sure they were ring chromosomes? I could convince others to call them ring chromosomes before anybody had seen them. That was, God knows, true confidence. I was not trying to persuade anybody, but I was convinced. Why was I so convinced that the thing had to be, that it couldn't be anything else but that?" And why did some others think it was crazy when she thought it was "absolutely legitimate?" Well, she thought it was legitimate because it was logical. "The logic was compelling. The logic made itself, the logic was it. What's compelling in these cases is that the problem is sharp and clear. The problem is not something that's ordinary, but it fits into the whole picture, and you begin to look at it as a whole. It isn't just a stage of this, or that. It's what goes on in the whole cycle. So, you get a feeling for the whole situation of which this is only a (8) <u>component</u> part."

⑧ The next winter, when she was out in California, she was invited up to UC Berkeley and taken to the lab that had originally reported the fragment. "They had a lot of experts there, and they asked me would I look through the microscope, they didn't say anything else. I looked down, and what was there but a ring chromosome!"

[Adapted from Evelyn Fox Keller, *A Feeling for the Organism: The Life and Work of Barbara McClintock* (1983).]

*A *chromosome* is a part of the cells of certain organisms that contains the genetic material.

****Cytology* is the branch of biology that is concerned with the study of cells.

****Meiosis* is the type of cell division that results in male and female sex cells.

(1) **Choose the best way to complete these sentences about paragraphs ① to ⑧.**

1	In paragraph ① the writer	2	In paragraph ② the writer
3	In paragraph ③ the writer	4	In paragraph ④ the writer
5	In paragraph ⑤ the writer	6	In paragraph ⑥ the writer
7	In paragraph ⑦ the writer	8	In paragraph ⑧ the writer

A argues that McClintock understood the chromosomes better than anyone else.

B details the extent to which McClintock was convinced that certain variegated maize plants had ring chromosomes, despite some joking from her colleagues.

C discusses McClintock's account of how considering the whole situation led to her conviction that there were ring chromosomes.

D explains the circumstances in which McClintock and Lewis Stadler first became acquainted.

E gives an overview of McClintock's research project for the summer of 1931.

F provides McClintock's own account of the reasoning that led her to believe that certain variegated maize plants have ring chromosomes.

G relates how McClintock's colleagues showed her a ring chromosome that they had found.

H reveals the moment when McClintock first discovered chromosomes.

I shows how McClintock used X-rays to reveal the visual structure of ring chromosomes.

J states some of the general reasons for believing that there are ring chromosomes.

K talks about the overall importance of X-rays in genetic research.

(2) **Choose the best way to complete these sentences, which refer to the underlined words in the passage.**

1 Here, collaboration means
A benevolence. B collusion. C friendship.
D joint effort. E validation.

2 Here, mutagenic means
A causing harm. B causing mutations.
C poisonous. D reducing harm.
E reducing mutations.

3 Here, spontaneous means
A casual. B deliberate. C natural.
D slow. E sonorous.

4 Here, minute means
A degree. B elastic. C sixty seconds.
D tiny. E variable.

5 Here, fusions means
A angles. B bulges. C junctions.
D pieces. E ruptures.

6 Here, mechanism means
A agency. B formula. C motor.
D process. E wheel.

7 Here, kid means
A child. B help. C minor.
D praise. E tease.

8 Here, component means
A constituent. B explanatory. C functional.
D overlapping. E systematic.

(3) **Choose the FOUR statements that do NOT AGREE with what the passage says. You must NOT choose more than FOUR statements.**

A During meiotic division chromosomes break up and recombine in various ways.

B It was unsettling for McClintock to think that she might have convinced her colleagues without proof.

C Lewis Stadler and McClintock became good friends in the 1920s.

D McClintock first saw a ring chromosome at UC Berkeley.

E The idea of a ring chromosome occurred to McClintock while she was reading a paper sent to her from California.

F The reasoning that McClintock used to deduce the existence of ring chromosomes was so exact that she did not even bother to examine any maize specimens.

G The use of X-rays to induce genetic mutation was discovered by McClintock.

H X-rays can be used to precisely control the way that chromosomes are reformed.

III Read the following passage and answer the questions below.

① New varieties of English are well represented by literature written in those varieties. For example, there are many internationally renowned[1] authors from across Asia, Africa and the Caribbean writing in local varieties of English. These include the Nobel Prize winners, Wole Soyinka of Nigeria and V.S. Naipaul and Derek Walcott from the Caribbean. In their survey of Indian literature in English over the two decades between 1980 and 2000, Naik and Narayan review the work of no fewer than 56 authors. The authors describe the development of English in India using a rhetorical style that appears distinctively Indian, especially through their use of extended metaphor. I quote it here, because it also captures how a local variety of English develops ways of portraying local cultures.

Years ago, a slender sapling from a foreign field was grafted by "pale hands" on the mighty and many-branched Indian banyan tree. It has kept growing vigorously and now, an organic part of its parent tree, it has spread its own <u>probing</u>[2] roots into the brown soil below. Its young leaves [3]<u>rustle</u> energetically in the strong winds that blow from the western horizon, but the sunshine that warms it and the rain that cools it are from Indian skies; and it continues to draw its vital sap from this earth, this realm, this India.

② The decision for authors to write in English is, of course, not one that is taken lightly. Writers have to decide whether or not writing in English rather than the local language represents some form of cultural [4]<u>betrayal</u>; and if they decide to write in English, they have to be convinced that the variety of English they use can adequately reflect their own cultural experience and values. This is a complex issue and has been widely covered by a number of scholars and writers over many years. Here I shall merely cite a selection of authors who take opposed positions. The Sri Lankan poet, Lakdasa Wikkramasinha, felt that writing in English was indeed a betrayal.

To write in English is a form of cultural treason. I have had for the future to think of a way of [5]<u>circumventing</u> this treason, I propose to do this by making my writing entirely immoralist and destructive.

③ The Pakistani novelist, Sidhwa, takes a different view. She feels that "English ... is no longer the monopoly of the British. We the excolonized have subjugated the language, beaten it on its head and made it ours" and that, "We have to stretch the language to adapt it to alien thoughts and values which have no expression in English." Sidhwa here is clearly stating that English can be adapted so that it can adequately reflect the local cultural experience.

④ The Nigerian novelist, Chinua Achebe, takes a practical position.

He points out that if there is a "national" language for sub-Saharan Africa, then that language is English as it is spoken in more countries than any other language. His view is that the African writer should "aim at 6 <u>fashioning out</u> an English which is at once universal and able to carry his personal experience."

⑤ Achebe's fellow Nigerian, the novelist and playwright Ken Saro-Wiwa, published a novel in which he used the local vernacular variety of English throughout. In the author's note, he explains that the novel was the result of "my fascination with the adaptability of the English language and my closely observing the speech and writing of a certain segment of Nigerian society." He called the novel *Sozaboy: A Novel in Rotten English* (1985), where "sozaboy" is the local equivalent of "soldier boy." The following excerpt gives a flavor of the novel's style:

> Radio begin dey hala as 'e never hala before. Big big grammar. Long long words. Every time. Before before, the grammar was not plenty and everybody was happy. But now grammar began to be plenty and people were not happy. As grammar plenty, na so trouble plenty. And, as trouble plenty, na so plenty people were dying.

⑥ This short extract illustrates, in Sidhwa's words, the "stretching" of English and its adaptation to "alien thoughts and values" and several of the ways in which this can be done. With regards to the development of vocabulary, Saro-Wiwa uses local versions of English words. For example, "hala" is derived from "holler" and it here describes the never-ending 7 <u>pronouncements</u> coming from the (government-controlled) radio. His use of "grammar" is an example of semantic shift, with the word referring to the many government pronouncements being "hollered" over the radio. The local rhetorical style of repetition is also much in evidence, both with the frequent repetition of specific adjectives ("big big", "long long"), and with the repetition of phrases as evidenced in the final two sentences, where the local discourse marker "na" is also adopted to add further local flavor to the style.

⑦ There is only space here to make reference to a very small selection of the wide and expanding range of new literatures being created in English. But, as new Englishes develop, so are new literatures and other cultural representations being created. While some may despair at the "stretching" of English to reflect different cultural values and experience, others see it as a contribution to English. As the Chinese-American novelist, Ha Jin, has written: "Indeed the frontiers of English [8] <u>verge on</u> foreign territories. And therefore we cannot help but sound foreign to native ears, but the frontiers are the only proper places where we claim our existence and make our contributions to this language." Today, however, the frontiers are becoming more central and universally experienced as the new Englishes start to transcend borders and cultures.

[Adapted from Andy Kirkpatrick, "World Englishes and Local Cultures," in *The Routledge Handbook of Language and Culture* (2019).]

(1) **Choose the best way to complete these sentences about paragraphs ① to ⑦.**

1	In paragraph ① the writer	2	In paragraph ② the writer
3	In paragraph ③ the writer	4	In paragraph ④ the writer
5	In paragraph ⑤ the writer	6	In paragraph ⑥ the writer
7	In paragraph ⑦ the writer		

A argues that an excessive use of local dialects is too confusing for an international readership.

B argues that English no longer belongs to the English, but has now been adapted by the excolonized.

C argues that new literatures enrich English despite conflicting with the linguistic expectations of native speakers.

D explains how certain local words and grammar are adapted and used in a piece of new literature.

E introduces a novel written in a local dialect of English.

F says that some Nobel Prize winning novelists argue that the use of English is a betrayal of local culture.

G shows a practical view on the utility of English in sub-Saharan Africa.

H states that more and more authors in the previously colonized territories are writing new literature in English and are becoming internationally recognized.

I states that some authors feel a moral dilemma in using English to express their cultural experiences and values.

(2) **Choose the FOUR statements that do NOT agree with what the passage says. You must NOT choose more than FOUR statements.**

A Even as English expands across the globe, its norms remain unchanged.

B Native speakers of any language play the most important role as custodians to maintain the traditional values of those who speak the language.

C Some writers reject English as a means of expressing local cultural values.

D The decline of the original aesthetics of English is a serious problem for the language.

E The local vernacular varieties of English in India tend to be closer to standard English than the local varieties of African English.

F The meaning of a word in a local variety of English might be quite different from the way that that word is used in standard American or British English.

G The metaphor of the banyan tree with grafted branches has been used to describe how English has spread its "roots" into local cultures.

H The rhetorical style of repeating specific adjectives is an example of English incorporating local language practices.

(3) **Choose the best way to complete each of these sentences, which refer to the underlined words in the passage.**

1 Here, renowned means

A criticized. B famous. C infamous.
D renamed. E unknown.

2 Here, probing means

A digging. B investigating. C parenting.
D proving. E white.

3 Here, rustle means

A grow. B hassle. C move.
D shine. E wrestle.

4 Here, betrayal means

A adaptation. B creation. C disloyalty.
D expansion. E illusion.

5 Here, circumventing means

A avoiding. B imagining. C liking.
D promoting. E situating.

6 Here, fashioning out means

A brightening. B clothing. C creating.
D democratizing. E politicizing.

7 Here, pronouncements means

A announcements. B conversations. C emphasis.
D pronunciation. E sounds.

8 Here, verge on means

A avoid. B eliminate. C encroach upon.
D prosper in. E sneak around.

◀ Writing ▶

(60分)

ALL answers must be written clearly within the boxes provided on the ANSWER SHEET.

I

Write a paragraph in ENGLISH addressing the question below. Give appropriate reasons to support your position.

〔解答欄〕約15cm×10行

Dodgeball is a team game in which players on two teams throw balls and try to hit opponents, while avoiding being hit themselves. It is quite popular with many Japanese schoolchildren, but has been banned in some schools. Do you think dodgeball should be banned in all schools in Japan? Why or why not?

II Write a paragraph in ENGLISH addressing the question below.

〔解答欄〕約15cm×12行

Comparing the two charts below, explain their similarities and differences. What advantages are there in displaying data like this in two such different ways?

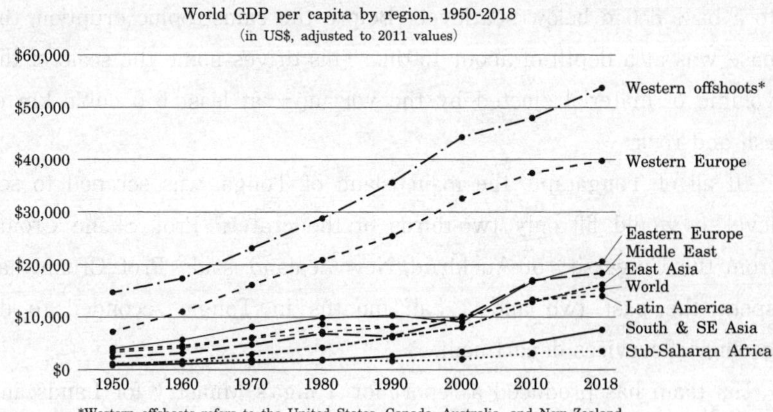

*Western offshoots refers to the United States, Canada, Australia, and New Zealand.

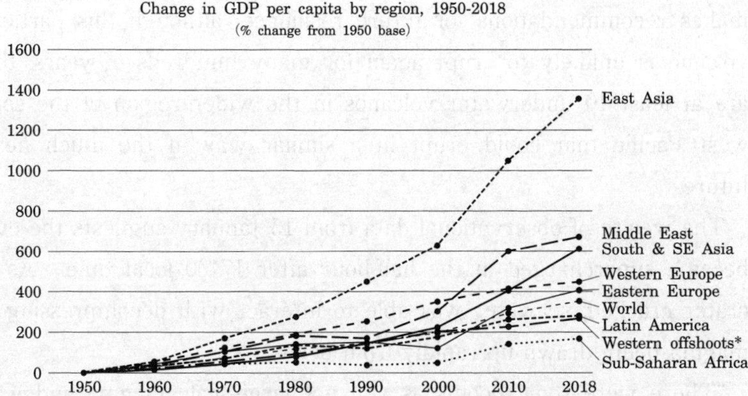

*Western offshoots refers to the United States, Canada, Australia, and New Zealand.

[*Source*: World Bank data, various years.]

III Read the following passage and briefly summarize it in JAPANESE.

〔解答欄〕約15cm×8行

Researchers have just finished mapping the mouth of the underwater Tongan volcano that, on 15 January 2022, produced Earth's biggest atmospheric explosion in more than a century.

The crater left by the volcanic eruption is now 4 km wide and drops to a base 850 m below sea level. Before the catastrophic eruption, the base was at a depth of about 150 m. This drives home the scale of the volume of material ejected by the volcano—at least 6.5 cubic km of ash and rock.

"If all of Tongatapu, the main island of Tonga, was scraped to sea level, it would fill only two-thirds of the crater," Prof. Shane Cronin from the University of Auckland, New Zealand, said. Prof. Cronin has spent the past two and a half months in Tonga, seconded to its geological services department.

His team has produced a report for Tonga's Ministry for Lands and Natural Resources, issued yesterday, which assesses the eruption and makes recommendations for future resilience: although this particular volcano is unlikely to erupt again for many hundreds of years, there are at least 10 underwater volcanos in the wider region of the south-west Pacific that could erupt in a similar way in the much nearer future.

The wealth of observational data from 15 January suggests the event became supercharged in the half-hour after 17:00 local time. As the crater cracked, seawater was able to interact with decompressing hot magma being drawn up rapidly from below.

"There were sonic booms as you got large-scale magma and water interactions," Prof. Cronin said. "So there was an explosion followed by water flushing back in again, and then another explosion followed by water flushing back in again, then an explosion—and away we go, like an engine."

This understanding has helped inform the report to the Tongan

Ministry. Rather than rebuilding like-for-like tourism resorts in low-lying areas, for example, it suggests developing day-use beach reserves and parks, with the resort accommodation on higher, more landward sites. “They should also plant a whole lot more trees, like mango,” Prof. Cronin said, because “they fall over when the tsunami moves through—but they create these log dams, and these really reduce the flow energy of the waves.”

[Adapted from Jonathan Amos, “Immense crater hole created in Tonga volcano,” *BBC News*, 25 May 2022.]

//////////////////// · memo · ////////////////////

2022年度

問題編

■一般選抜

問題編

▶試験科目・配点

試験区分	教科	科目	配点
大学入学共通テスト	国語	国語	50 点
	地歴または数学または理科	日本史B，世界史B，地理B，「数学Ⅰ・A」，「数学Ⅱ・B」，物理，化学，生物，地学から 1 科目選択	50 点
学部独自試験	英語 (Reading)	コミュニケーション英語Ⅰ・Ⅱ・Ⅲ，英語表現Ⅰ・Ⅱ	80 点
	英語 (Writing)		
英語 4 技能テスト		出願時に提出されたスコアを別表の通り換算する。ただし提出しなかった場合でも出願が可能。	20 点

【英語 4 技能テストの評価方法】

英語 4 技能テストの種類			得点換算
実用英語技能検定	TOEFL iBT	IELTS（Academic）	20 点満点
1 級合格	95 以上	7.0 以上	20 点
準 1 級合格	72～94	5.5～6.5	14 点
2 級合格	42～71	4.0～5.0	7 点
上記以外	41 以下	3.5 以下	0 点
提出しない（出願可）			

▶備　考

- 共通テストの必須科目（国語）は，古典（古文，漢文）を含む配点 200 点を 50 点に換算する。
- 共通テストの選択科目（地歴，数学，理科）は，それぞれ配点 100 点を

50 点に換算する。

- 共通テストの選択科目（地歴，数学，理科）において，上記指定科目の範囲内で 2 科目以上受験している場合は，最高得点の科目の成績を大学側で自動的に抽出し，合否判定に利用する。
- 共通テストの「地歴」「理科」において，2 科目受験の場合は，第 1 解答科目の成績を合否判定に利用する。上記以外の科目を第 1 解答科目として選択した場合は，合否判定の対象外となる。

◀ Reading ▶

(90 分)

ALL answers must be indicated on the MARK SHEET.

I　Read the following passage from a book on literary criticism, and answer the questions below.

① Adaptations are everywhere today: on the television and movie screen, on the musical and dramatic stage, on the Internet, in novels and comic books, in your nearest theme park and video arcade. A certain level of self-consciousness about — and perhaps even acceptance of — their ubiquity is suggested by the fact that films have been made about the process itself, such as Spike Jonze's *Adaptation* or Terry Gilliam's *Lost in La Mancha,* both in 2002. Television series have also explored (1) the act of adaptation, like the eleven-part BRAVO documentary *Page to Screen.* Adaptations, however, are obviously not new to our time; Shakespeare transferred his culture's stories from page to stage and made them available to a whole new audience. Aeschylus and Racine and Goethe and da Ponte also retold familiar stories in new forms. Adaptations are so much a part of Western culture that they appear to affirm Walter Benjamin's insight that "storytelling is always the art of repeating stories." The critical (2) assertions of T. S. Eliot or Northrop Frye were certainly not needed to convince avid adapters across the centuries of what, for them, has always been a truism: art is derived from other art; stories are born of other stories.

② Nevertheless, in both academic criticism and journalistic reviewing, contemporary popular adaptations are most often put down as secondary, derivative, “belated, middlebrow, or culturally inferior.” This is what Louis Begley’s novelist-adapter has previously expressed; but there are stronger and decidedly moralistic words used to $_3$attack film adaptations of literature: tampering, interference, violation, betrayal, deformation, perversion, infidelity, and desecration. The move from the literary to the filmic or televisual has even been called a move to “a $_4$willfully inferior form of cognition.” Although adaptation’s detractors argue that all the directorial productions of the world cannot add up to one great literary work, it does seem to be more or less acceptable to adapt *Romeo and Juliet* into a respected high art form, like an opera or a ballet, but not to make it into a movie, especially an updated one like Baz Luhrmann’s *William Shakespeare’s Romeo + Juliet* (1996). If an adaptation is perceived as “lowering” a story (according to some imagined hierarchy of medium or genre), response is likely to be negative. Residual suspicion remains even in the admiration expressed for something like Julie Taymor’s *Titus* (1999), her critically successful film version of Shakespeare’s *Titus Andronicus*. Even in our postmodern age of cultural recycling, something — perhaps the commercial success of adaptations — would appear to make us uneasy.

③ As early as 1926, Virginia Woolf, commenting on the emerging art of cinema, deplored the simplification of the literary work that inevitably occurred in its transposition to the new visual medium and called film a “parasite” and literature its “prey” and “victim.” Yet she also foresaw that film had the potential to develop its own independent idiom: “cinema has within its grasp innumerable symbols for emotions that have so far failed to find expression” in words. And so it does. In the view of film scholar Christian Metz, cinema “tells us continuous stories; it ‘says’ things that could be conveyed also in the language of words; yet it says them differently. There is a reason for the possibility as well as for the necessity of adaptations.” However, the same could be said of adaptations in the form of musicals, operas, ballets, or songs. All these adapters relate stories in their different ways. They use the same tools that storytellers have always used: they actualize or concretize ideas; they make simplifying selections, but also amplify and infer[5]; they make analogies; they critique or show their respect, and so on. But the stories they relate are taken from elsewhere, not invented anew. Like parodies, adaptations have an overt and defining relationship to prior texts, usually revealingly called “sources.” Unlike parodies, however, adaptations usually openly announce this relationship. It is the Romantic valuing of the original creation and of the originating creative genius that is clearly one source of the denigration of adapters and adaptations. Yet this negative view is actually a late addition to Western culture’s long and happy history of borrowing and stealing or, more accurately, sharing stories.

④ For some, as Robert Stam argues, literature will always have axiomatic superiority over any adaptation of it because of its seniority as an art form. But this hierarchy also involves what he calls iconophobia (a suspicion of the visual) and logophilia (love of the word as sacred). Of course, a negative view of adaptation might simply be the product of thwarted[6] expectations on the part of a fan desiring fidelity to a beloved adapted text or on the part of someone teaching literature and therefore needing proximity to the text.

⑤ If adaptations are, by this definition, such inferior and secondary creations, why then are they so omnipresent in our culture and, indeed, increasing steadily in numbers? Why, even according to 1992 statistics, are 85 percent of all Oscar-winning Best Pictures adaptations? Why do adaptations make up 95 percent of all the miniseries and 70 percent of all the TV movies of the week that win Emmy Awards? Part of the answer, no doubt, has to do with the constant appearance of new media and new channels of mass

[7]diffusion. These have clearly fueled an enormous demand for all kinds of stories. Nonetheless, there must be something particularly appealing about adaptations as adaptations.

⑥ Part of this pleasure, I want to argue, comes simply from repetition with variation, from the comfort of ritual combined with the piquancy of surprise. Recognition and remembrance are part of the pleasure (and risk) of experiencing an adaptation; so too is change. Thematic and narrative persistence combines with [8]material variation, with the result that adaptations are never simply reproductions. Rather, they carry a certain sense of authenticity with them. But as John Ellis suggests, there is something [9]counterintuitive about this desire for persistence within a post-Romantic and capitalist world that values novelty primarily; the "process of adaptation should thus be seen as a massive investment (financial and psychic) in the desire to repeat particular acts of consumption within a form of representation (film, in this case) that discourages such a repetition."

⑦ As Ellis' commercial rhetoric suggests, there is an obvious financial appeal to adaptation as well. It is not just at times of economic downturn that adapters turn to safe bets; nineteenth-century Italian composers of that notoriously expensive art form, opera, usually chose to adapt reliable — that is, already financially successful — stage plays or novels in order to avoid financial risks. Hollywood films of the classical period relied on adaptations from popular novels, what Ellis calls the "tried and tested," while British television has specialized in adapting the culturally accredited eighteenth- and nineteenth-century novel, or Ellis' "tried and trusted." However, it is not simply a matter of risk-avoidance; there is money to be made. A best-selling book may reach a million readers; a successful Broadway play will be seen by 1 to 8 million people; but a movie or television adaptation will find an audience of many millions more.

[Adapted from Linda Hutcheon, *A Theory of Adaptation* (2012)]

(1) **Choose the best way to complete these sentences about the paragraphs ① to ⑦.**

1	In paragraph ① the writer	2	In paragraph ② the writer
3	In paragraph ③ the writer	4	In paragraph ④ the writer
5	In paragraph ⑤ the writer	6	In paragraph ⑥ the writer
7	In paragraph ⑦ the writer		

A argues that a negative view of adaptation is a relatively new phenomenon.

B attempts to counter the idea that adaptations are morally wrong.

C describes the fact that adaptations are found everywhere throughout Western cultural history.

D discusses possible explanations for the belief that original literature is superior to adaptations of it.

E discusses the perceived inferior status of adaptations with regard to their original literary works.

F focuses on literary scholars' criticisms of cinema adaptations of literature and their concerns about cinema taking the place of literature.

G mentions that we have a desire to see stories retold.

H states that creators feel guilty about adaptation because they are using a proven formula.

I states that the explosion of new media explains why there are so many adaptations among Oscar and Emmy Award winners.

J suggests that adaptations from the culturally acclaimed stories are usually financially successful.

K suggests that there is a reason for the popularity of adaptations other than the demand for new films and TV shows.

(2) **Choose the FOUR statements that do NOT agree with what the passage says. You must NOT choose more than FOUR**

statements.

A A ballet production of Shakespeare is less likely to be criticized than a film adaptation.

B Christian Metz argued that cinema tells a story better than other art forms.

C In academia, adaptation is often considered to be a violation of the original work because it simplifies the aesthetic complexity of literature.

D Parodies are similar to adaptations in that they both have an apparent relationship to the original, but parodies usually do not reveal their source texts.

E Part of the reason why adaptations are popular is that they add something unexpected to repetition.

F Since films and TV dramas require substantial investments, adaptations are often considered to be a financial risk.

G Walter Benjamin states that story-telling is different from adaptation because the former requires originality.

H Virginia Woolf criticized film adaptations of literature because of their symbolism and stated that literature is parasitical on film.

(3) **Choose the best way to complete these sentences, which refer to the underlined words in the passage.**

1 Here, <u>explored</u> means

A developed from. B excluded from.

C looked into. D researched on.

E sought after.

2 Here, <u>assertions</u> means

A acknowledgements. B advertisements.

C announcements. D denunciations.

E statements.

3 Here, <u>attack</u> means

A bomb. B criticize. C intervene.

D threaten. E underrate.

4 Here, willfully means

A happily. B helpfully. C intentionally.

D reluctantly. E rightfully.

5 Here, infer means

A abstain from. B draw from. C put up.

D rest on. E tear down.

6 Here, thwarted means

A distracted. B frustrated. C opposed.

D ruined. E satisfied.

7 Here, diffusion means

A dissipation. B distribution. C emanation.

D popularity. E production.

8 Here, material means

A affirmed. B beaten. C fleshy.

D substantial. E worldly.

9 Here, counterintuitive means

A analytical. B determined. C legitimate.

D nonsensical. E objective.

II Read the following passage from an entomological study (study related to insects), and answer the questions below.

① It is an undeniable truth that insects are everywhere. In fact, if one were to make a quick observation of all life on our Earth, then the inescapable conclusion would be that nature has a perverse[1] preference for the six-legged. To date, we have discovered, described, and named around two million species in our world, slightly more than half of which are insects. Thousands of new insect species are added to the ranks every year, and while the discovery of a new bird or mammal is rightly heralded in the press, the flood of new insects being uncovered is typically overlooked.

② Yet, insects are as intimately entwined into our lives as any other collection of species, and in many ways they are more intricately linked and vital to our daily existence than most other groups. Insects are so commonplace that we scarcely pay them notice in the same way we are rarely conscious of our breathing. Whether we are aware of it or not, we intermingle with insects every day as we go about our lives. They are always underfoot, overhead, in our homes, where we play and work, and, although we might not wish to think about it, in our food and waste.

③ Insects are both familiar and foreign to us, and it is their often diminutive size and widely perceived <u>cultural stigma</u>(2) that prevents most of them from becoming more endeared to us. From the dawn of humanity, our successes and our failures have been tied to insects. Civilizations have risen and fallen as a result of entomological interventions, with the directions of wars and territorial expansions reshaped by mostly unseen, six-legged foes. Our mythologies and religions abound with references to insects, either as plagues sent from <u>wrathful</u>(3) gods or through allegories of insectoid industriousness, such as the Biblical counsel to "Go to the ant, thou sluggard; consider her ways and be wise."

④ Whether as a flight of butterflies, a hum of bees, a concerto of crickets, or a cloud of flies, insects in one form or another fill us with fear, revulsion, comfort, admiration, and even delight. We have a love-hate relationship with insects, as we compete with them for our crops, yet they are critical as pollinators of the same fields as well as of our forests; they recycle our wastes and <u>till</u>(4) our soils, but they also invade and damage our homes; they are infamous for spreading pestilence and plagues, yet they may also cure disease. Further, insects are used to dye our fabrics and foods, alter our atmosphere and landscapes, inform our engineering and architectural efforts, inspire great works of art, and even rid us of other pests.

⑤ They outnumber all other species combined and many individual insect species <u>dwarf</u>(5) humans in terms of abundance. From this perspective, Earth belongs more to the insects than to us. Our evolution, physical and cultural, is inseparably connected with insects as both pests and benefactors. Were humans to disappear tomorrow, our planet would thrive. If insects packed up and left, Earth would quickly whither, become toxic, and die. With all of this in mind, it is a wonder that we don't show greater appreciation for our multitudinous neighbors.

⑥ Estimates of the total current diversity of insects range from 1.5 to 30 million species. A conservative and likely realistic value is somewhere around 5 million species. At 5 million, it means we are still far short of understanding the variety of insect life surrounding us, as thus far entomologists have only described one-fifth of this diversity. This overwhelming task is made all the more daunting when we consider that insects are also one of the most ancient lineages of terrestrial life, with a history extending back more than 400 million years. Through the vastness of time and numerous catastrophes, insects have persisted and perished, but most often flourished. If it seems incredible to conceive of 5 million insect species today, the potentially hundreds of millions that cumulatively existed throughout the history of insects is staggering. Most species that have ever existed throughout the history of life are now extinct, and perhaps 95 percent or more of all species that ever existed are now gone. Nonetheless, they are part of an uninterrupted chain of descent extending from the first ancestral insect species to the millions that surround us today. In between, there have been innumerable performers on evolution's stage, and while the curtain has closed on the acts of many, their collective triumph is unprecedented in the nearly 4-billion-year history of life on Earth.

⑦ As humans, we boast of our many achievements (and we do have many!), but we are fragile — perhaps among the least adaptable of species. We have occupied the whole of the world, but not through succeeding in each of its environs. Instead, we shape habitats to our needs. We live in the polar regions of our planet, but in domiciles that create a microclimate in which we can thrive. We live in deserts, but often in air-conditioned structures that similarly mimic our comparatively narrow range of tolerance. True, we can consider our ability to reshape areas to our liking as one of our defining glories, but there are other ways of measuring success, and it is excessive pride that leads us to think that we are paramount among the lineages of Earth.

⑧ Insects are virtually everywhere, even in the most remote places. From the frozen poles to equatorial deserts and rain forests, from the peaks of the highest mountains to the depths of subterranean caves, from the shores of the seas to prairies, plains, and ponds, insects can be found in droves. The only place in which they have never managed to succeed is in the oceans, where they are characteristically absent.

⑨ Insects outnumber us all. Their segmented body plan is remarkably variable, and they have low levels of natural extinction with rapid species generation, leading to a history of successes $_6$<u>eclipsing</u> those of the more familiar ages of dinosaurs and mammals alike. Insects were among the earliest animals to transition to land, the first to fly, the first to sing, the first to disguise themselves with camouflage, the first to evolve societies, the first to develop agriculture, and the first to use an abstract language, and they did all of this tens, if not hundreds, of millions of years before humans ever appeared to mimic these achievements. Today's insects are the various descendants of life's greatest diversification.

[Adapted from Michael S. Engel, *Innumerable Insects* (2018)]

(1) **Choose the best way to complete these sentences about paragraphs ① to ⑨.**

1 Paragraph ①	2 Paragraph ②	3 Paragraph ③
4 Paragraph ④	5 Paragraph ⑤	6 Paragraph ⑥
7 Paragraph ⑦	8 Paragraph ⑧	9 Paragraph ⑨

A claims that insects are more successful in evolution than dinosaurs or human beings.

B concludes that it is arrogant to think humans are superior to other species on our planet.

C explains that insects have been vital to the ups and downs of civilizations from the beginning of human history.

D introduces various theories concerning the origin of insects according to fossil evidence.

E mentions that we have conflicting feelings about insects since they are sometimes harmful and sometimes beneficial to us.

F points out that, whether we realize it or not, insects are all around us and are related very closely to our daily lives.

G reveals that experts have yet to determine exactly how many insect species have existed on Earth.

H states that at least 50% of the species that scientists have identified on our planet are insects.

I states that insects are found in a wide range of environments, but not in the sea.

J suggests that insect species own the Earth because our planet cannot thrive without them.

(2) **Choose the FOUR statements below which AGREE with what is written in the passage. You must NOT choose more than FOUR statements.**

A Around half a million insect species are in danger of extinction at the moment.

B Humans adapt to harsh environments by modifying their living conditions.

C Insects were some of the earliest species to evolve societies.

D Many insects suffer a high level of extinction because they have a relatively short life cycle.

E Scientists study insects to find out more about their dietary importance to humans.

F The human condition is sometimes better understood through references to insects in myths and parables.

G The largest possible number of insect species on earth is believed to be thirty million, one third of which has been identified by entomologists.

H We can learn a lot from honeybees because they are hard-working and nature's ultimate team-players.

I When a completely new bird or animal species is discovered, it often becomes a big headline in the media.

(3) **Choose the best way to complete these sentences, which refer to the underlined words in the passage.**

1 Here, <u>perverse</u> means

A contrary. B difficult. C foolish.
D harmful. E odd.

2 Here, <u>cultural stigma</u> refers to a/an

A balanced opinion. B collective unease.
C enriching contribution. D human admiration.
E ultimate threat.

3 Here, <u>wrathful</u> means

A assured. B bold. C confident.
D fearless. E furious.

4 Here, <u>till</u> means

A calm. B capitalize. C destroy.
D neglect. E plow.

5 Here, <u>dwarf</u> means

A equal. B exceed. C expose.

D fail. E highlight.

6 Here, eclipsing means

A concealing. B equaling.

C erasing. D overshadowing.

E underlining.

(4) **Choose the word below in which the meaning of "-oid" is different from that in the word "insectoid" in line nine of paragraph ③.**

A android B celluloid C devoid

D humanoid E planetoid

III Read the following passage from a book on neuroscience, and answer the questions below.

① The electrophysiological study of sensory representation was initiated by my mentor, Wade Marshall, the first person to study how touch, vision, and hearing were represented in the cerebral cortex.* Marshall began by studying the representation of touch. In 1936, he discovered that the somatosensory** cortex of the cat contains a map of the body surface. He then collaborated with Philip Bard and Clinton Woolsey to map in great detail the representation of the entire body surface in the brain of monkeys. A few years later Wilder Penfield mapped the human somatosensory cortex.

② These physiological studies revealed two principles regarding sensory maps. First, in both people and monkeys, each part of the body is represented in a systematic way in the cortex. Second, sensory maps are not simply a direct replica in the brain of the topography of the body surface. Rather, they are a dramatic distortion of the body form. Each part of the body is represented in proportion to its importance in sensory perception, not to its size. Thus, the fingertips and the mouth, which are extremely sensitive regions for touch perception, have a disproportionately larger representation than does the skin of the back, which although more extensive is less sensitive to touch. This distortion reflects the density of sensory nerves in different areas of the body. Woolsey later found similar distortions in other experimental animals; in rabbits, for example, the face and nose have the largest representation in the brain because they are the primary means through which the animal explores its environment. These maps can also be modified by experience.

③ In the early 1950s, Vernon Mountcastle, at Johns Hopkins University, extended the analysis of sensory representation by recording from single cells. Mountcastle found that individual neurons in the somatosensory cortex respond to signals from only a limited area of the skin, an area he called the receptive field of the neuron. For example, a cell in the hand region of the somatosensory cortex of the left hemisphere might respond only to stimulation of the tip of the middle finger of the right hand, and to nothing else.

④ Mountcastle also discovered that tactile sensation is made up of several distinct submodalities; for example, touch includes the sensation produced by hard pressure on the skin as well as that produced by a light brush against it. He found that each distinct submodality has its own private pathway within the brain and that this segregation is maintained at each relay in the brain stem and in the thalamus.*** The most fascinating example of this segregation is evident in the somatosensory cortex, which is organized into columns of nerve cells extending from its upper to its lower surface. Each column is dedicated to one submodality and one area of skin. Thus, all the cells in one column might receive information on superficial touch from the end of the index finger. Cells in another column might receive information on deep pressure from the index finger. Mountcastle's work revealed the extent to which the sensory message about touch is deconstructed; each submodality is analyzed separately and reconstructed and combined only in later stages of information processing. Mountcastle also proposed the now generally accepted idea that these columns form the basic information-processing modules of the cortex.

⑤ Other sensory modalities are organized similarly. The analysis of perception is more advanced in vision than in any other sense. Here we see that visual information, relayed from one point to another along the pathway from the retina to the cerebral cortex, is also transformed in precise ways, first being deconstructed and then reconstructed — all without our being in any way aware of it. In the early 1950s, Stephen Kuffler recorded from single cells in the retina and made the surprising discovery that those cells do not signal absolute levels of light; rather, they signal the contrast between light and dark. He found that the most effective stimulus for exciting retinal cells is small spots of bright light. David Hubel and Torsten Wiesel found a similar principle operating in the next relay stage, located in the thalamus. However, they made the astonishing discovery that once the signal reaches the cortex, it is transformed. Most cells in the cortex do not respond vigorously to small spots of light. Instead, they respond to linear contours, to elongated edges between lighter and darker areas, such as those that outline objects in our environment.

⑥ Most amazingly, each cell in the primary visual cortex responds only to a specific orientation of such light-dark contours. Thus, if a square block is rotated slowly before our eyes, slowly changing the angle of each edge, different cells will fire in response to these different angles. Some cells respond best when the linear edge is oriented vertically, others when the edge is horizontal, and still other cells when the axis is at an angle. Deconstructing visual objects into line segments of different orientation appears to be the initial step in encoding the forms of objects in our environment. Hubel and Wiesel next found that in the visual system, as in the somatosensory system, cells with similar properties (in this case, cells with similar axes of orientation) are grouped together in columns.

⑦ I found this work enthralling. As a scientific contribution to brain science, it stands as the most fundamental advance in our understanding of the organization of the cerebral cortex since the work of Santiago Ramón y Cajal at the turn of the last century. Cajal revealed the precision of the interconnections between populations of individual nerve cells. Mountcastle, Hubel, and Wiesel revealed the functional significance of those patterns of interconnections. They showed that the connections filter and transform sensory information on the way to, and within, the cortex, and that the cortex is organized into functional compartments, or modules.

⑧ As a result of the work of Mountcastle, Hubel, and Wiesel, we can begin to discern the principles of cognitive psychology on the cellular level. These scientists confirmed the inferences of the Gestalt psychologists by showing us that the belief that our perceptions are precise and direct is an illusion — a perceptual illusion. The brain does not simply take the raw data that it receives through the senses and reproduce it faithfully. Instead, each sensory system first analyzes and deconstructs, then restructures the raw, incoming information according to its own built-in connections and rules — shades of Immanuel Kant!

⑨ The sensory systems are hypothesis generators. We confront the world neither directly nor precisely, but as Mountcastle pointed out:

> ... from a brain linked to what is "out there" by a few million fragile sensory nerve fibers, our only information channels, our lifelines to reality. They provide also what is essential for life itself: an inbound excitation that maintains the conscious state, the awareness of self. Sensations are set by the encoding functions of sensory nerve endings, and by the integrating neural mechanics of the central nervous system. Nerve fibers are not high-fidelity recorders, for they accentuate certain stimulus

features and neglect others. The central neuron is a story-teller with regard to the nerve fibers, and it is never completely trustworthy, allowing distortions of quality and measure. ... *Sensation is an abstraction, not a replication, of the real world.*

[Adapted from Eric Kandel, *In Search of Memory* (2007)]

*The *cerebral cortex,* also called simply the *cortex,* is the outer layer of the brain.

**The term *somatosensory* denotes those parts of the nervous system that respond to change at the surface of, or inside, the body — related to what we feel as the sensation of touch.

***The *thalamus* is a mass of gray matter located close to the middle of the brain.

(1) **Choose the best way to complete these sentences about paragraphs ① to ⑨.**

1	In paragraph ① the writer	2	In paragraph ② the writer
3	In paragraph ③ the writer	4	In paragraph ④ the writer
5	In paragraph ⑤ the writer	6	In paragraph ⑥ the writer
7	In paragraph ⑦ the writer	8	In paragraph ⑧ the writer
9	In paragraph ⑨ the writer		

A asserts that the work of a number of scientists on nerve and brain cells shows us that sensation is not direct but is constructed in the brain.

B claims that each part of the body is represented in the brain in a specific location, the size of which is in proportion to its significance to perception.

C discusses the various ways in which submodalities of information from the different senses interact in the cerebral cortex.

D explains that different submodalities of the sensation of touch are transmitted to the brain by different nerve pathways and connect to brain cells in different columns.

E focuses on the fact that the brain is configured from birth to impose its own predetermined categories on sensory data.

F goes on to assert that individual cells in the brain, which are organized in columns, specifically perceive different angles of contrasts between light and dark.

G introduces the discovery that specific cells in the brain are linked to specific regions of the body.

H makes the point that a number of different researchers have contributed to our knowledge of the interconnection of the nervous system and the organization of the brain.

I recounts that sensory information is always incomplete and that the production of sensation in the brain is a sort of fiction.

J states that although cells in the eye best perceive points of light, in the brain this is processed as linear contours, contrasting between light and dark.

K talks about the first studies of the sensory maps in the brains of cats, monkeys, and humans.

(2) **Choose the FOUR statements below which AGREE with what is written in the passage. You must NOT choose more than FOUR statements.**

A A significant majority of the cells in the brain are used for visual perception.

B Cells in the retina of the eye signal the contrast between light and dark, not the absolute amount of light.

C Individual parts of the body transmit different kinds of touch sensations along the same neural pathways.

D Nerve cells respond to only some features of an individual sense.

E Once a visual signal reaches the brain it is broken up into different packets and rerouted to specific regions of the cortex for control processing.

F Sensory information, which is transmitted by the nerves, is deconstructed and then reconstructed in the brain.

G　The neurons that receive signals about different feelings of touch from the same area of the body are stacked together in columns in the brain.

H　Vernon Mountcastle was the first person to discover the precision with which groups of individual nerve cells are interconnected.

I　When a square block is rotated before our eyes, the visual information is processed by a single neuron in the brain.

J　Wilder Penfield mapped the somatosensory cortex of the cat.

(3) **From the words in the box below, choose the most appropriate one to complete the following four sentences. You must NOT choose any of the words more than ONCE.**

1　A belief that our perceptions are precise and direct is ______.

2　Vernon Mountcastle found that a single neuron in the cortex receives information from only a/an ______ area of the skin.

3　The author considers the fact that each neuron in the visual cortex responds to a specific orientation of lines of contrast to be ______.

4　The representation of the different parts of the body in the brain is ______.

A　amazing	B　difficult	C　illusory
D　restricted	E　systematic	

(4) **From the words in the box below, choose the most appropriate one to complete the following four sentences. You must NOT choose any of the words more than ONCE.**

1　Vernon Mountcastle uses the metaphor of a ______ to describe the functioning of neurons in the brain.

2　The sensory map of touch in the brain is not an exact ______ of the topography, or shape, of the body surface.

3 Cajal made a considerable ______ to our understanding of the organization of the cerebral cortex.

4 Wade Marshall, Philip Bard, and Clinton Woolsey studied the brain's ______ of the body surface.

A contribution	B copy	C machine
D map	E story-teller	

◀Writing▶

(60分)

ALL answers must be written clearly within the boxes provided on the ANSWER SHEET.

I **Write a paragraph in ENGLISH addressing the question below. Give appropriate reasons to support your position.**

(解答欄：約15cm×10行)

More and more high schools in the United States are requiring students to volunteer at non-profit organizations (NPOs), non-governmental organizations (NGOs), and various charities for around 40 hours in order to graduate. Do you think that high schools in Japan should do something similar?

II **Write a paragraph in ENGLISH answering the question below.**

(解答欄：約15cm×12行)

Please look at the graph below and describe the main trends that are depicted. What sort of relationship between the amount of plastic waste that becomes an environmental pollutant and the income levels of individual countries can be identified on the basis of the graph? What possible reasons might explain this pattern?

Individual data points represent individual countries with the natural log (ln) of the amount of mismanaged plastic waste in kg per person per day (kg/p/d) plotted against the natural log of the gross national income per person. For example, the point depicting the highest rate of plastic pollution represents Sri Lanka, with ln(0.229 kg/p/d) = −1.2 and ln($2,420) = 7.79, while the point depicting the lowest rate of plastic pollution represents Sweden with ln(0.001 kg/p/d) = −6.9 and ln($53,810) = 10.89.

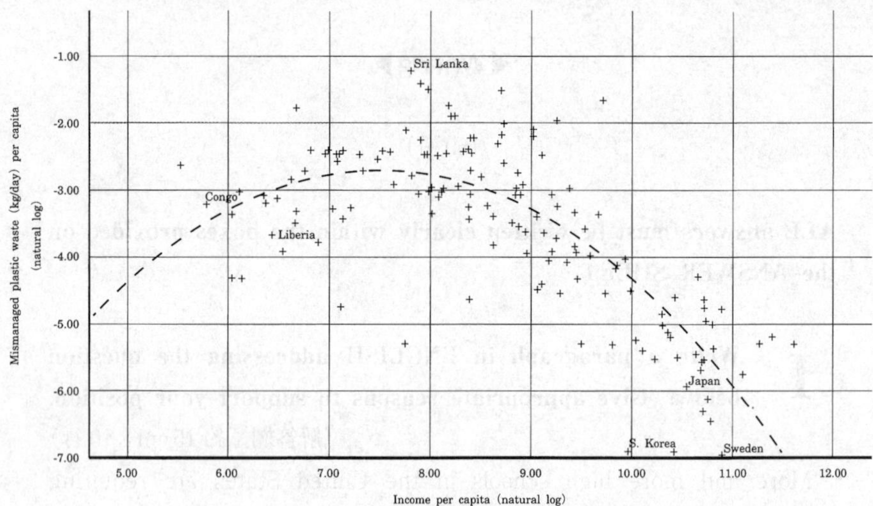

［Adapted from Stuart J. Barnes, "Understanding Plastics Pollution: The Role of Economic Development and Technological Research," *Environmental Pollution*, 2019］

Ⅲ **Read the following passage and briefly summarize the main points in JAPANESE.** （解答欄：約 15 cm × 8 行）

Marx claimed that "the vitality of primitive communities was incomparably greater than that of ... modern capitalist societies." This claim has since been vindicated by numerous studies which are neatly summarized in this entry from the prestigious *Cambridge Encyclopedia of Hunters and Gatherers*. As the Encyclopedia says: "Hunting and gathering was humanity's first and most successful adaptation, occupying at least 90 percent of human history. Until 12,000 years ago, all humans lived this way." An irony of modern life is that, in spite of spectacular increases in material abundance and centuries of technological progress, hunter-gatherers, people who lived with almost no material possessions, enjoyed lives in many ways as satisfying and rewarding as lives led in the industrial North. Many hunter-gatherer societies were affluent in the sense of having everything they needed. Ethnographic accounts of the Juhoansi of

Southern Africa, for example, show that members of that society had adequate diets, access to means of making a living, and abundant leisure time. They spent their leisure time eating, drinking, playing, and socializing — in short, doing the very things associated with affluence. Many hunter-gatherer societies have also enjoyed a great amount of personal freedom. Among the Kung, and the Hadza of Tanzania, for example, there were either no leaders at all, or temporary leaders whose authority was severely constrained. These societies had no social classes and arguably no discrimination based on gender. Their ways of living and ways of collective decision-making allowed them to survive and thrive for tens of thousands of years in equilibrium with their environment, without destroying the resources upon which their economies were based.

[Adapted from John Gowdy, *Hunter-gatherers and the Mythology of the Market* (2011)]

//////////////////// · memo · ////////////////////

2021年度

問題編

■一般選抜

問題編

▶試験科目・配点

<table>
<tr><th>試験区分</th><th>教　科</th><th>科　　目</th><th>配点</th></tr>
<tr><td rowspan="2">大学入学共通テスト</td><td>国　語</td><td>国語</td><td>50点</td></tr>
<tr><td>地歴または数学または理　科</td><td>日本史B，世界史B，地理B，「数学Ⅰ・A」，「数学Ⅱ・B」，物理，化学，生物，地学から1科目選択</td><td>50点</td></tr>
<tr><td rowspan="2">学部独自試　験</td><td>英　語（Reading）</td><td rowspan="2">コミュニケーション英語Ⅰ・Ⅱ・Ⅲ，英語表現Ⅰ・Ⅱ</td><td rowspan="2">80点</td></tr>
<tr><td>英　語（Writing）</td></tr>
<tr><td colspan="2">英語4技能テスト</td><td>出願時に提出されたスコアを別表の通り換算する。ただし提出しなかった場合でも出願が可能。</td><td>20点</td></tr>
</table>

【英語4技能テストの評価方法】

<table>
<tr><th colspan="3">英語4技能テストの種類</th><th>得点換算</th></tr>
<tr><td>実用英語技能検定</td><td>TOEFL iBT</td><td>IELTS（Academic）</td><td>20点満点</td></tr>
<tr><td>1級合格</td><td>95以上</td><td>7.0以上</td><td>20点</td></tr>
<tr><td>準1級合格</td><td>72～94</td><td>5.5～6.5</td><td>14点</td></tr>
<tr><td>2級合格</td><td>42～71</td><td>4.0～5.0</td><td>7点</td></tr>
<tr><td>上記以外</td><td>41以下</td><td>3.5以下</td><td rowspan="2">0点</td></tr>
<tr><td colspan="3">提出しない（出願可）</td></tr>
</table>

▶備　考

- 共通テストの必須科目（国語）は，配点200点を50点に換算する。
- 共通テストの選択科目（地歴，数学，理科）は，それぞれ配点100点を50点に換算する。

- 共通テストの選択科目（地歴，数学，理科）において，上記指定科目の範囲内で複数の科目を受験している場合は，最高得点の科目の成績を大学側で自動的に抽出し，合否判定に利用する。
- 共通テストの「地歴」「理科」において，1科目受験の場合は，表に記載されていない科目を選択すると合否判定の対象外となる。2科目受験の場合は，第1解答科目の成績を合否判定に利用する。上記以外の科目を第1解答科目として選択した場合は，合否判定の対象外となる。

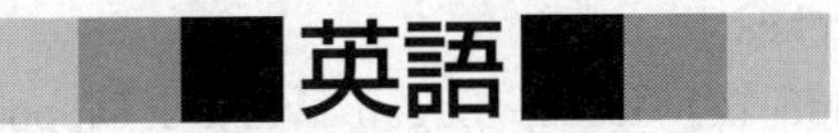

英語

◀Reading▶

（90 分）

ALL answers must be indicated on the MARK SHEET.

I　Read the following passage and answer the questions below.

① It is a challenge to go anywhere without stepping on a piece of Lego-related $_1$hype. *The Lego Movie* spent three weeks at the number one position at the American box office not long ago. Model kits related to the film piled high in the shops, adding to the already gigantic heap of Lego pieces in circulation: 86 for every person on the planet. The toymaker has enjoyed ten years of spectacular growth, almost quadrupling its revenue. In 2012 it overtook Hasbro to become the world's second-largest toymaker, while the number one, Mattel, is fishing for new acquisitions to help it fend off the challenge from Lego.

② This is remarkable for many reasons. Lego's hometown, Billund in rural Denmark, is so small that the company had to provide it with a hotel — an elegant one, not surprisingly. The toy business is one of the world's trickiest: $_2$perennially faddish and, these days, driven by technological innovation. Children are growing up ever faster, and increasingly abandoning the physical world for the virtual one. To cap it all, the company almost collapsed in 2003 and 2004, having drifted for years, diversifying into too many areas and producing too many products. In a fit of desperation, it even flirted with the idea of becoming a "lifestyle" company, with Lego-branded clothes and watches.

③ Lego's decade of success began when it appointed Jørgen Vig Knudstorp as chief executive. This was a risky move. Mr. Knudstorp was a mere 35 years old when he took up the role, and had $_{3}$cut his teeth as a management consultant rather than by running a toy company — or heading up any business. But it proved to be an inspired decision. Mr. Knudstorp decreed that the company must go "back to the brick," focusing on its core products, forgetting about brand-stretching, and even selling its theme parks. He also brought in stricter management controls, for example reducing the number of different pieces that the company produced by almost half, from 12,900 to 7,000.

④ Under Mr. Knudstorp, Lego has struck a successful balance between innovation and tradition. The company has had to generate new ideas to keep its sales growing: customers need a reason to expand their stock of bricks, and to buy them from Lego rather than cheaper rivals. At the same time, it must resist the sort of undisciplined innovation that almost ruined it. Lego produces a stream of kits with ready-made designs, such as forts and spaceships, to provide children with templates. But it also insists that the pieces can be added to a child's collection of bricks and reused to make all sorts of different things.

⑤ Lego has gotten better at managing its relationships. *The Lego Movie* demonstrates how it can focus on the brick while venturing into the virtual world: Warner Bros. made the film, while Lego provided the models. During its years of $_{4}$drift, the company relied too much on other firms' blockbuster franchises, such as Harry Potter and Star Wars. This time Lego's intellectual property, not someone else's, is the star of the film. It has also become better at tapping its $_{5}$legion of fans — particularly adult fans of Lego, or AFOLs — for new ideas.

⑥ Can the company continue its winning streak? Its growth is slowing, and Mr. Knudstorp has suggested that harder times are ahead: "When the company is getting bigger and the market isn't growing, it's a pure mathematical consequence that growth rates will have to reach a more sustainable level," he has noted. Lego is now building its organizational capacity and embracing globalization, in a bid to find new sources of growth. The company has invested heavily in new production facilities and in recruiting[6] and training new workers. It is expanding two existing factories — in Kladno in the Czech Republic and Monterrey in Mexico — and building two new ones — in Nyíregyháza in Hungary and, most important of all, in Jiaxing in China. Its management is being globalized too, with regional offices being opened in Singapore and Shanghai (as well as in London). The aim is twofold: to replicate[7] in the rapidly growing east Lego's success in the west, and to transform a local company that happened to go global into a global company that happens to have its head office in Billund.

⑦ Globalization is fraught[8] with difficulties. Lego is relatively late in making its China play — jumping in when some other western firms are jumping out with nothing but regrets to show for it. Lego also owes its identity to its roots in small-town Denmark: Ole Kirk Kristiansen, its founder, made up the company name from the first two letters of two Danish words, *leg godt*, or play well, and committed his company to "nurture the child in each of us." An earlier attempt to move some of the responsibilities for designing products to an office in Milan proved to be a disaster. But the case for embracing globalization is nevertheless compelling[9]. The Chinese middle class is exploding, the toy business in the west is stagnant, and Lego needs a global workforce if it is to serve a global market.

⑧ Lego also has one important force on its side in its battle to globalize: parents in emerging markets, just like those in the rich world, are convinced that the company's products are good for their children. Grown-ups everywhere welcome it as a respite[10] from the endless diet of videos and digital games that their offspring would otherwise consume. Chinese adults, including those very grown-up ones in government ministries, hope it will provide the secret ingredient that their education system sorely lacks — creativity. *The Lego Movie* may have provided the company with a welcome boost during the toy industry's post-Christmas doldrums, but Lego's long-term success rests on adults feeling reassured at buying a toy whose roots lie in an age before video games, mobile apps, and toy-themed films.

[Adapted from "Unpacking Lego," *The Economist*, March 8, 2014]

(1) **Choose the best way to complete these sentences about paragraphs ① to ⑧.**

1	In paragraph ① the writer	2	In paragraph ② the writer
3	In paragraph ③ the writer	4	In paragraph ④ the writer
5	In paragraph ⑤ the writer	6	In paragraph ⑥ the writer
7	In paragraph ⑦ the writer	8	In paragraph ⑧ the writer

A discusses how Lego bricks are manufactured, including the chemical processes involved in making plastic.

B discusses the appointment of Jørgen Vig Knudstorp as chief executive, and outlines some of his main early changes to the company's strategy.

C explains how Lego can and does leverage parents, not least of all in the developing world, to expand its market share.

D focuses on how, under Mr. Knudstorp, Lego has struck a good balance between maintaining some old practices and creating some new ones.

E lays out how popular Lego is at the time of writing.

F mentions how Lego has become far better at drawing on its fans for new ideas.

出典追記：©The Economist Group Limited, London

G states Lego's plans to move their corporate headquarters to a major Chinese city.

H talks about the potential and the challenges that globalization is creating, and will continue to create, for Lego.

I talks about Lego's origins and the troubles it experienced up to 2004.

J talks about Lego's strategy to renew its growth and build new markets, including by expanding current factories and opening new ones in growing markets.

(2) **Choose the best way to complete each of these sentences, which refer to the underlined words in the passage.**

1 Here, hype means

A anger. B damage. C excitement.
D lies. E quiet.

2 Here, perennially means

A always. B eventually. C needlessly.
D possibly. E unhappily.

3 Here, cut his teeth means

A collaborated. B conspired. C gained experience.
D injured himself. E suffered a loss.

4 Here, drift means

A aimlessness. B consolidation. C contraction.
D expansion. E success.

5 Here, legion means

A 1,000. B 1,000,000. C countless.
D handful. E oldest.

6 Here, recruiting means

A asking. B employing. C guiding.
D proposing. E studying.

7 Here, replicate means

A rally. B reduce. C remove.

D reproduce. E restore.

8 Here, <u>fraught</u> means

A cautious. B equipped. C filled.

D frightened. E unequipped.

9 Here, <u>compelling</u> means

A bad quality. B convincing. C debatable.

D forcing. E unclear.

10 Here, <u>respite</u> means

A break. B despite. C outcome.

D reasoning. E result.

(3) **Choose the FOUR statements that do NOT agree with what the passage says.**

A Although Mr. Knudstorp came from a consulting background rather than having worked in a toy company, he has been a very successful chief executive.

B It was almost certainly an ill-conceived idea for Lego to become a "lifestyle" company, as it nearly did prior to Mr. Knudstorp taking over as chief executive.

C Lego has had roughly a decade of strong performance, but its growth rate subsequently appears to be slowing.

D Lego is not just a toy for kids: there are many so-called AFOLs, or adult fans of Lego.

E Lego is so popular that there are now 86 Lego kits for every person alive today.

F Lego's strategy for expansion in Asia seems well reasoned.

G Mr. Knudstorp has proven to be a popular chief executive of Lego, but he has been too short-sighted in the strategy he has set for the company.

H Ole Kirk Kristiansen, the founder of Lego, handed management of the company to Mr. Knudstorp in 2004.

I The company is not only expanding two of its factories, but also building two new ones.

J *The Lego Movie* proved particularly popular in the United States, especially compared to Europe.

II Read the following passage and answer the questions below.

① What is a universal language? I consider it to be the language that most clearly defines the difference between written language and spoken language. A spoken word disappears into thin air the moment it is uttered. In contrast, a written word remains and can be copied. Not only can it be copied, but it also can be spread. The Rosetta Stone, onto which three ancient writings are carved, weighs approximately 760 kilograms (1,675 pounds) and cannot be moved by the mightiest of men. If successive generations always had to travel across oceans and mountains to Egypt to read what was carved on it, the Rosetta Stone would have made hardly any impact on humanity. The <u>advent</u>[1] of parchment (the skin of a sheep or goat that was used for writing) and paper made the written word something that could be copied again and again and spread afar, reaching speakers of different languages in distant lands, some of whom would learn to read and then to write that "external language" — the universal language. It is thanks to these characteristics specific to written words that humans have had the means to <u>accumulate</u>[2] a wealth of knowledge over the centuries.

② *Homo sapiens* means "wise men." And we humans are wise not only because we are more intelligent than other animals, but also because we seek knowledge and can hand down the knowledge we attain to following generations, through words. The invention of written language did not make us any more intelligent, but it allowed us to accumulate knowledge exponentially — which brings us to this conclusion: if all people in the world read and wrote a single written language, regardless of their spoken language, our pool of knowledge would expand most efficiently. I'm not here referring to all sorts of knowledge, but to knowledge with more or less universal applicability. In fact, the more universally applicable knowledge is, the more efficient it would be to expand it in a single written language. Our pursuit of knowledge in mathematics, the purest of the sciences, is conducted in a single common written language, the language of mathematics. This written language is comprehensible everywhere in the world, no matter what language a person speaks. Mathematical language, which isn't anyone's mother tongue, is the purest form of universal language.

③ No one knows for certain the origin of written language. It may have been invented to record trade, or it may have its roots in magical ${}_{3}$rituals. Yet one thing is clear: the birth of a writing system is extremely rare. Most of the writing systems that exist today are derived from some script that became a ${}_{4}$template for future variations. For the overwhelming majority of human societies, written language was not something that they invented on their own but rather something that came to them from their neighbors.

④ All cultures begin as an oral culture, and at some point, some of them have a transformative first encounter with a writing system. Yet the ${}_{5}$transformation from oral culture to written does not take place just because a writing system arrives one day from next door. People do not immediately say, "Well, here we have this wonderful thing, now let's try using it to write our own language," and suddenly create a written culture. Possession of a spade and a hoe does not turn people into farmers overnight; becoming a farmer requires an understanding of the meaning of farming. The principle is even truer when it comes to something as complicated as writing. Besides, what initially arrives from a neighboring community is not writing as an abstract ${}_{6}$entity but concrete items such as scrolls with writing on them. And the transformation of a culture from oral to written requires that a small number of people learn to read those scrolls, written in the "external language." It requires the emergence of a group of bilinguals.

⑤ Those scrolls may come in different ways: from enemies in war, from partners in trade, or from refugees arriving in waves. They may be brought as gifts from an emperor, carried preciously above the messenger's head; or by monks as part of their missionary enterprise; or yet again as words hidden deep in the pockets of exiles. Yet scrolls, even if they are placed in a golden box, differ from other treasures in a critical (7) way. They surely need to exist as physical objects, but without the act of reading, they are nothing more than sheets of parchment or paper decorated with dots and squiggles. The essence of the written word lies not in the written word itself but in the act of *reading*.

⑥ Something critical happens when the group of bilinguals learns to read imported scrolls: they gain entry into a *library*. I use the word "library" to refer not to a physical building but, more broadly, to the collectivity of accumulated writing. Despite the historical impacts of wars, fires, floods, and even book burnings, humans possess an ever-increasing store of writings, the totality of which is what I call the library. The transformation of an oral culture into a written one means, first and foremost, the potential entry of bilinguals into a library.

⑦ The importance of access to a library cannot be overemphasized. For if, after being introduced to writing, *Homo sapiens* became "wise men" on a totally different level, this change certainly did not come about because people were able to memorize all they read. The memory of an elderly sage in an oral culture would surely trump (8) that of any bilingual in a written culture. No, what transformed *Homo sapiens* into those with knowledge on a higher level was people's newfound ability to enter, through the act of reading, the library of accumulated human knowledge. And doing so usually meant reading a universal language, necessitating that the reader be bilingual.

⑧ Some may object to this statement, pointing out, for instance, that the ancient Romans read and wrote the same Latin that they spoke. Such an objection is founded on the familiar, false premise[9] that written language is a mere representation of spoken language. It ignores the fact that before those Romans began to read and write in Latin, they read and wrote in Koine Greek — a language that combined different dialects with Attic Greek, the Athenian dialect — which was then the universal language of the area around the eastern Mediterranean Sea. If Cato the Elder (234-149 BCE) had not begun writing Latin prose, the Romans might well have continued to write in Greek. Educated Romans naturally remained bilingual even in the golden age of Latin literature. Any description of the prose of Cicero (106-43 BCE) or Seneca (ca. 4 BCE-65 CE) as "literary" is also founded on the premise that written language is a direct representation of spoken language — a premise that until modern times no one entertained even with their own language.

⑨ Needless to say, there was not just one library but various libraries in different regions, according to the reigning[10] universal language. And all these various libraries initially centered on the most important written words of each region, the sacred texts — records of words uttered or written by those believed to have attained the kind of knowledge impossible for ordinary human beings to attain: Buddha, Confucius, Socrates, Christ, and Mohammad among them. For those who sought higher knowledge, the sacred texts were the "text to read."

[Adapted from Minae Mizumura, *The Fall of Language in the Age of English* (English translation 2015)]

(1) **Choose the best way to complete each of these sentences about paragraphs ① to ⑨.**

1 Paragraph ①	2 Paragraph ②	3 Paragraph ③
4 Paragraph ④	5 Paragraph ⑤	6 Paragraph ⑥
7 Paragraph ⑦	8 Paragraph ⑧	9 Paragraph ⑨

A claims that the sacred texts of the sages, kept in various libraries in different regions, were the most important texts for seekers of knowledge.

B claims that the use of a universal language, such as mathematics, would contribute to the development of human knowledge.

C contests the idea that written language is a mere representation of spoken language.

D describes how *Homo sapiens* became "wise men" when access to collective human knowledge meant that relying only on memorization was no longer essential.

E explains that a universal language became widespread in trade because it was convenient.

F introduces the notion of the library as an archive of human knowledge into which bilinguals can freely enter.

G points out that imported scrolls are essentially worthless if nobody can read them.

H states that the majority of societies first encountered written language as something introduced from neighboring cultures.

I suggests that the emergence of people who can read imported texts is an important factor for a shift from an oral culture to a written one.

J uses the essential difference between spoken and written languages in order to define the term "universal language."

(2) **Choose the FOUR statements below which AGREE with what is written in the passage. You must NOT choose more than FOUR statements.**

A Ancient Romans used Koine Greek, the universal language of the region, before they started reading and writing in Latin.

B Cato the Elder was an important figure in ancient Greece.

C Generations of scholars travelled to Egypt in order to read the ancient languages carved on the Rosetta Stone.

D Historically, universal languages typically formed when a civilization exerted influence by spreading the written word to neighboring cultures.

E Human cultures were able to accumulate knowledge once they developed or adopted writing systems.

F In almost all oral cultures, people tried to establish their own writing systems.

G Physical library buildings were essential to the accumulation of knowledge and wisdom.

H The language of mathematics is a good example of the purest form of a universal language.

I The literary prose of Cicero or Seneca is a direct representation of their spoken language.

(3) **Choose the best way to complete each of these sentences, which refer to the underlined words in the passage.**

1 Here, <u>advent</u> means

A advertisement. B advice. C arrival.
D betterment. E improvement.

2 Here, <u>accumulate</u> means

A circulate. B deliver. C distribute.
D gather. E scatter.

3 Here, <u>rituals</u> means

A ceremonies. B favors. C forms.
D policies. E styles.

4 Here, <u>template</u> means

A category. B function. C look.
D model. E temperament.

5 Here, transformation means

A change. B discarding. C preservation.

D protection. E understanding.

6 Here, entity means

A character. B factor. C quality.

D supplement. E thing.

7 Here, critical means

A analytical. B complimentary. C crucial.

D disapproving. E fault-finding.

8 Here, trump means

A equal. B fail. C go below.

D neglect. E surpass.

9 Here, premise means

A claim. B disbelief. C law.

D proof. E reality.

10 Here, reigning means

A dependent. B dominant. C inferior.

D lesser. E subordinate.

III Read the following passage and answer the questions below.

Let's begin with a simple fact: time passes faster in the mountains than it does at sea level. The difference is small but can be measured with precision timepieces that can be bought today on the internet for a few thousand dollars. With practice, anyone can [1] the slowing down of time. With the timepieces of specialized laboratories, this slowing down of time can be detected between levels just a few centimeters apart: a clock placed on the floor runs a little more slowly than one on a table. It is not just the clocks that slow down: lower down, all processes are slower. Two friends separate, with one of them living in the plains and the other going to live in the mountains. They meet up again years later: the one who has stayed down has lived less, aged less, the mechanism of his cuckoo clock has swung [2] times. He has had less time to do things, his plants have grown less, his thoughts have had less time to unfold. Lower down, there is simply less time than at altitude.

I have an enduring passion for Anaximander, the Greek philosopher who lived twenty-six [3] ago and understood that the Earth floats in space, seemingly supported by nothing. We know of Anaximander's thought from other writers. Only one small original fragment of his writings has survived — just one:

Things are transformed one into another according to necessity, and render justice to one another according to the order of time.

"According to the order of time." From one of the crucial, initial moments of natural science there remains nothing but these obscure, arcane words, this appeal to the "order of time."

Astronomy and physics have since developed by following this seminal lead given by Anaximander: by understanding how phenomena occur *according to the order of time.* In [4], astronomy described the movements of stars *in time.* The equations of physics describe how things change *in time.* From the equations of Newton, which establish the foundations of mechanics, to those of Maxwell for electromagnetic phenomena; from Schrödinger's equation describing how quantum phenomena evolve, to those of quantum field theory for the dynamics of subatomic particles: the whole of our physics, and science in general, is about how things develop "according to the order of time."

It has long been the convention to indicate this time in equations with the letter *t* (the word for "time" begins with *t* in Italian, French, and Spanish, but not in German, Arabic, Russian, or Mandarin). What does this *t* stand for? It stands for the number measured by a clock. The equations tell us how things change as the time measured by a clock passes.

But if different clocks mark different times, as we have seen above, what does *t* indicate? When the two friends meet up again after one has lived in the mountains and the other at sea level, the watches on their wrists will show different times. Which of the two is *t*? In a physics laboratory, a clock on a table and another on the ground run at different speeds. Which of the two tells the time? How do we describe the difference between them? Should we say that the clock on the ground has slowed relative to the real time recorded on the table? Or that the clock on the table runs faster than the real time measured on the ground?

The question is meaningless. We might just as well ask what is *most* real — the value of sterling in dollars or the value of dollars in sterling. There is no "truer" value; they are two currencies that have value *relative to each other*. There is no "truer" time; there are two times and they change *relative to each other*. Neither is truer than the other. But there are not just two times. Times are legion: a [5] one for every point in space. There is not one single time; there is a vast multitude of them.

The time indicated by a particular clock measuring a particular phenomenon is called "proper time" in physics. Every clock has its proper time. Every phenomenon that occurs has its proper time, its own rhythm. Einstein has given us the equations that describe how proper times develop *relative to each other*. He has shown us how to calculate the difference between two times. The single quantity "time" melts into a spiderweb of times. We do not describe how the world evolves [6]: we describe how things evolve in local time, and how local times evolve *relative to each other*. The world is not like a platoon advancing at the pace of a single commander. It's a network of events affecting each other.

This is how time is depicted in Einstein's general theory of relativity. His equations do not have a single "time"; they have innumerable times. Between two events, just as between the two clocks that are separated and then brought together again, the duration is not a single one. Physics does not describe how things evolve "in time" but how things evolve in their own times, and how "times" evolve relative to each other. Time has [7] its first aspect or layer: its unity. It has a different rhythm in every different place and passes here differently from there. The things of this world interweave dances made to different rhythms. If the world is upheld by the dancing Shiva, there must be ten thousand such dancing Shivas, like the dancing figures painted by Matisse.

[Adapted from Carlo Rovelli, *The Order of Time* (English translation 2018)]

(1) **From the words in the box below, choose the most appropriate one to complete each of the following six sentences. You must NOT use any of the words more than ONCE.**

1 "A platoon advancing at the pace of a single commander" stands in contrast to the metaphor of a ______ in this discussion.

2 Anaximander's thought is the origin of how astronomy and physics have come to describe the world. His thought is based on the idea of ______.

3 In this text, the single quantity time is equated with ______ time.

4 The author asks what *t* stands for when it is used to indicate time in equations because he wants to discuss the ______ of time.

5 The example of two currencies is used to explain the idea that time has no absolute ______.

6 The passage supports the idea that time differs depending on the ______ of the location.

A altitude	B currency	C different	D language
E network	F order	G proper	H relativity
I unity	J value		

(2) **Choose the FOUR statements below which do NOT agree with what is written in the passage. You must NOT choose more than FOUR statements.**

A Clocks that are placed at a certain altitude tell time more accurately than those at other altitudes.

B Describing how events evolve over time requires a two-step process based on accounting for local times.

C In order to describe the evolution of events we need a single clock that can measure every phenomenon with "proper time."

D Science is based on the assumption that things do not change relative to each other.

E Ten thousand dancing Shivas holding up the world would be a good metaphor for time in Einstein's general theory of relativity.

F The Greek philosopher Anaximander's quote suggests that events follow according to necessity.

G The passage draws an analogy between the valuation of currency and that of time.

H Two clocks at different altitudes measure different times.

I When the letter *t* is used to represent time in equations, it represents a universal time known as "proper time."

(3) **Choose the best item to fill each of the numbered boxes [1] to [7] found in the passage.**

1 A describe　B enforce　C erode
D prevent　E witness

2 A equal　B fewer　C more
D numerous　E several

3 A centuries　B decades　C millennia
D scores　E years

4 A antiquity　B infinity　C modernity
D mythology　E rarity

5 A different　B diminishing　C fluctuating

D misleading E same

6 A in local time B in relativity C in science

D in time E in variation

7 A created B found C ignored

D lost E shown

◀Writing▶

（60 分）

ALL answers must be written clearly within the boxes provided on the ANSWER SHEET.

I

Write a paragraph in ENGLISH giving your opinion on the statement below, with appropriate reasons to support your position. （解答欄：約 15 cm×10 行）

A universal basic income (UBI) is a proposal that would provide all citizens of a country (or other geographic area) with a specific sum of money, usually paid monthly, regardless of their income, employment status, or assets. A UBI would, as examples, replace welfare payments, increase labor mobility, and offset the risks of job loss from automation.

II

Write a paragraph in ENGLISH answering the question below. （解答欄：約 15 cm×12 行）

From the chart on the following page, what trends and other important information can be identified? For example, you may focus on the movement of the three different lines, countries that stand out over time, or any other points you can identify.

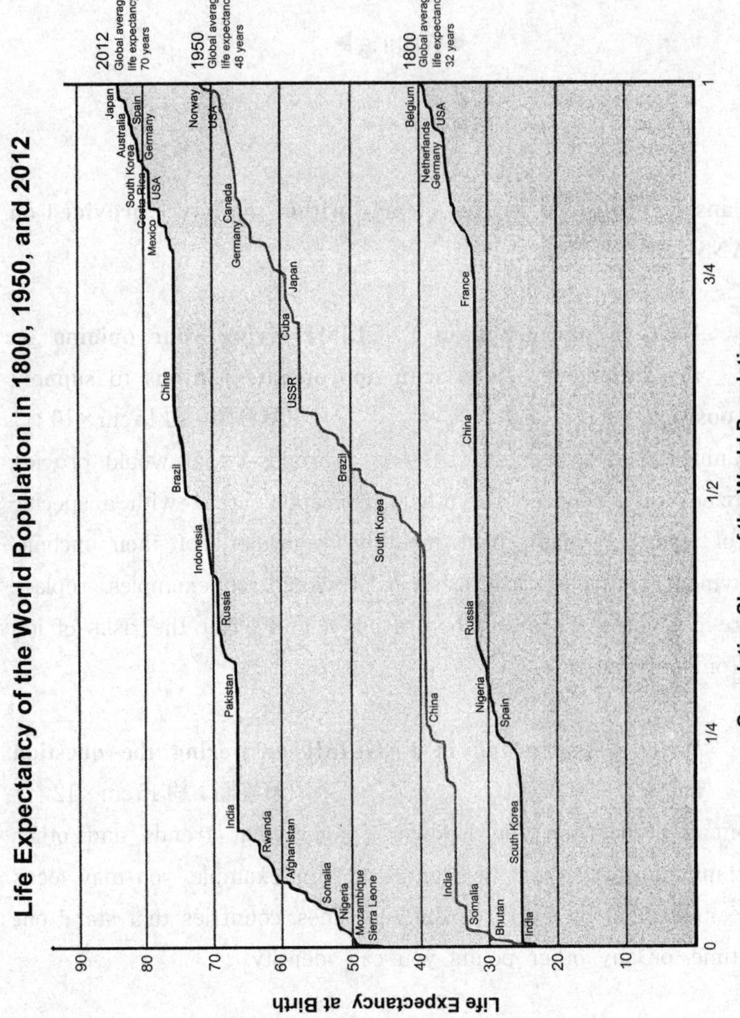

[Adapted from Max Roser et al., "Life Expectancy," in *Our World in Data*, 2019]

III **Read the following passage and briefly summarize the main points in JAPANESE.** （解答欄：約 15 cm × 8 行）

The philosophies of ancient Greece and China reflected their distinctive social practices. Greeks were independent and engaged in verbal contention and debate in an effort to discover what people took to be the truth. They thought of themselves as individuals, as units separate from others within the society, and in control of their own destinies. Similarly, Greek philosophy started from the individual — the person, the atom, the house — as the unit of analysis and it dealt with the features of each object. The world was in principle simple and knowable. All one had to do was to understand what an object's distinctive features were so as to identify its relevant categories and then apply rules to these categories.

Chinese social life was interdependent and it was not liberty but harmony that was the priority — the harmony of humans and nature for the Taoists and the harmony of humans with other humans for the Confucians. Similarly, the Way, and not the discovery of truth, was the goal of philosophy. The world was complicated, events were interrelated, and objects (and people) were connected "not as pieces of pie, but as ropes in a net." The Chinese philosopher would see a family with interrelated members where the Greek one would see a collection of persons with features that were independent from those of other people. Complexity and interrelation meant for the Chinese that an attempt to understand the object without appreciation of its context was doomed. Under the best of circumstances, control of outcomes was difficult.

［Adapted from Richard E. Nisbett, *The Geography of Thought: How Asians and Westerners Think Differently ... and Why*, Free Press (2003)］

· memo ·

サンプル問題

問題編

■2021 年度　学部独自試験　サンプル問題

問題編

▶試験科目・配点（予定）

<table>
<tr><th colspan="2">試験内容</th><th>科　　　　目</th><th>配点</th></tr>
<tr><td rowspan="2">1)</td><td rowspan="2">大学入学共通テスト</td><td>① 国語（必須）</td><td>50 点</td></tr>
<tr><td>② 選択問題：日本史Ｂ，世界史Ｂ，地理Ｂ，「数学Ⅰ・Ａ」，「数学Ⅱ・Ｂ」，物理，化学，生物，地学から１科目選択</td><td>50 点</td></tr>
<tr><td rowspan="2">2)</td><td rowspan="2">学部独自試験
外国語
（英語）</td><td>Reading</td><td rowspan="2">80 点</td></tr>
<tr><td>Writing</td></tr>
<tr><td>3)</td><td>英語外部検定試験</td><td>スコア提出者に加点する</td><td>20 点</td></tr>
</table>

【英語外部検定試験の評価方法】（予定）

<table>
<tr><th rowspan="2">CEFR</th><th colspan="3">英語外部検定試験の種類</th><th>加点</th></tr>
<tr><th>実用英語技能検定</th><th>TOEFL iBT®</th><th>IELTS（Academic）</th><th>20 点満点</th></tr>
<tr><td>C1 以上</td><td>１級合格</td><td>95 以上</td><td>7.0 以上</td><td>20 点</td></tr>
<tr><td>B2</td><td>準１級合格</td><td>72～94</td><td>5.5～6.5</td><td>14 点</td></tr>
<tr><td>B1</td><td>２級合格</td><td>42～71</td><td>4.0～5.0</td><td>7 点</td></tr>
<tr><td rowspan="2">A2 以下</td><td>準２級合格　以下</td><td>41 以下</td><td>3.5 以下</td><td rowspan="2">0 点</td></tr>
<tr><td colspan="3">未提出（出願可）</td></tr>
</table>

※上記の情報については，2020 年６月現在で大学から公表されている内容に基づいて掲載しています。

※ 2021 年度の国際教養学部における一般入試改革に関しては，大学のウェブサイトなどで，各人で最新情報を確認するようにしてください。

大学より，「サンプル問題は，2021 年度以降の一般入学試験をイメージするために作成したサンプルであり，実際に出題される問題とは異なります」と発表されている。

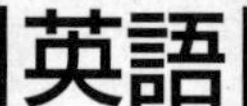

英語

◀ Reading ▶

（90 分）

READING TEST All answers must be written clearly on the MARK SHEET.

1 **Read these seven short narratives, each a traditional tale about the finding of treasure by means of a dream, and answer the questions below. (The order of the tales has no particular significance.)**

Tale A. The Swaffham Legend (England)

Noted for its fine tower added in the mid-fifteenth century, the church of St Peter and St Paul at Swaffham offers material about a legend worth recording. According to local tradition, the entire expense of refurbishing this noble edifice was supplied by a travelling packman named John Chapman who resided in the parish.

It is said that the peddler dreamed that if he went to London Bridge he would make his fortune. Undaunted by the difficulties of so long a journey over five centuries ago, when even stage coaches had not been invented, the packman heeded the voice of his good spirit, and went to London with his dog. After he had been wandering about on the bridge for three days, a man approached him and asked him to explain his purpose. With honesty equal to his faith, Chapman replied that he came there on the "vain errand of a dream."

Now it appears that the stranger was a dreamer also, but, unlike the peddler, he was neither superstitious nor imprudent. "Alas! good friend," said he, "if I had believed my dreams, I might have proved myself as big a [1] as you are, for it is not long since I dreamed that at a place called Swaffham in Norfolk lives a peddler, who has a tree behind his house, under which lies a pot of money."

Chapman hastened home, dug under his tree, and very soon found the treasure. But not all of it. The box that he found had a Latin inscription on the lid, which of course Chapman could not decipher. But though [2], he was not without a certain kind of wisdom, so, in the hope that some traveler might read the inscription in his hearing, he placed it in his window.

It was not long before he heard some youths turn the Latin sentence into an English couplet:

Under me does lie
Another much richer than I.

Again he went to work, digging deeper than before, and found an even greater treasure.

With a heart overflowing with gratitude for his good fortune, the peddler shortly afterwards, when the inhabitants of Swaffham wished to rebuild their church, astonished the whole town by paying for everything.

Still today, on the ends of the oak bench nearest the pulpit, there can be seen the carved effigy of Chapman with his pack of wares on one side, and that of his dog on the other. This is sufficient to establish the truth of the legend in the minds of the credulous of the district.

Tale B. Dundonald Castle (Scotland)

In Ayrshire, the following [3] is still prevalent, and is probably very old:

Donald Din
Built his house without a pin.

It alludes to Dundonald Castle, the last remaining property in Ayrshire of the noble family who take their title from it. According to tradition, it was built by a hero named Donald Din, and constructed entirely of stone, without the use of wood.

Donald, the builder, was originally a poor man, but had the faculty of dreaming lucky dreams. Upon one occasion he dreamed, thrice in one night, that if he were to go to London Bridge, he would become a wealthy man. He went accordingly, saw a man looking over the parapet of the bridge, whom he addressed courteously, and, after a little conversation, entrusted with the secret of the reason for his coming to London Bridge.

The stranger told him that he had come on a very foolish errand, for he himself had once had a similar vision, which directed him to go to a certain spot in Scotland, where he would find a vast treasure. For his part, the stranger had never once thought of obeying the injunction.

From his description of the spot, the sly Scotsman at once perceived that the treasure in question must be concealed in no other place than his own [4], to which he immediately repaired, in full expectation of finding it. Nor was he disappointed; for, after destroying many good and promising vegetables, and completely losing credit with his wife, who thought him mad, he found buried a large potful of gold coin, with which he built a stout castle for himself, and became the founder of a flourishing family.

Tale C. The Little Fellows (Isle of Man)

There was a man once in the Isle of Man who met one of the

"Little Fellows," as the fairies are often referred to out of either respect or fear. The Little Fellow told him that if he would go to London Bridge and dig, he would become a rich man. So he went, and when he got there he began to dig, and another man came to him and said, "What are you doing?"

"One of the Little Fellows told me to come to London Bridge and I would find a fortune," says he.

The other man said, "I dreamed I was back in the Isle of Man and I was at a house with a thorn tree near the chimney, and if I would dig there I would find a fortune. But I wouldn't go, for it was only foolishness."

Then he gave him such a clear picture of the house that the first man knew it was his own, so he went back to his home at Port Erin. When he got there he dug under the little thorn tree by the chimney and he found an iron box. He opened the box, and it was full of gold, and there was a note in it, but he could not read the note because it was in a foreign language. So he put it in the smithy window and challenged any [5] who went by to read it. None of them could, but at last one senior boy said it was Latin and it meant, "Dig again and you'll find another."

So the man dug again under the thorn tree, and what did he find but another iron box full of gold! And from that day until the day of his death, the man used to open the front door before going to bed, and call out, "My blessing on the Little Fellows!"

Tale D. The Bridge at Limerick (Ireland)

I heard of a farmer from Mayo who went to Limerick, and walked two or three times across the bridge there. A cobbler who was sitting on the bridge mending shoes noticed him and asked him what was he looking for. The farmer said he had had a dream that under the bridge of Limerick he'd find treasure.

"Well," says the cobbler, "I had a dream myself about finding treasure, but in another sort of a place than this." And he described the place where he dreamed it was, and where was that, but in the Mayo man's own field.

So the farmer went home again, and sure enough, there he found a pot of gold with no end of riches in it. But I never heard that the cobbler found anything under the bridge at Limerick.

Tale E. The Bridge at Regensburg (Germany)

Some time ago a man dreamed that he should go to the bridge at Regensburg where he would become rich. He went to Regensburg, and after he had spent a fortnight there a wealthy merchant, who wondered why he was spending so much time on the bridge, approached him and asked him what he was doing.

The latter answered, "I dreamed I was to go to the bridge at Regensburg and I would become rich."

"What ?" said the merchant, "You came here because of a dream ? Why I myself dreamed that there is a large pot of gold buried beneath that large tree over there." He pointed to the tree. "But I paid no [6], for dreams are no more than fantasies and lies."

Then the visitor went and dug beneath the tree, where he found a great treasure that made him rich, and thus his dream was confirmed.

This legend is also told about other cities, for example about Lübeck, where a baker's servant dreams that he will find a treasure on the bridge. Upon going there and walking back and forth, a beggar speaks to him, telling how he has dreamed that a treasure lies beneath a linden tree in the churchyard at Möln but that he is [7] about to go there. The baker's servant answers, "Yes, dreams are often nothing but foolishness. I will give my bridge-treasure to you." With that he departs and digs up the treasure from beneath the linden tree.

Tale F. Japnig's Dream (Austria)

On the Tyrolean border near Wopnitz there lived a peasant whose name was Japnig. His situation had sunk so low that he feared his few remaining goods would be confiscated by the authorities.

One night he dreamed he should go to Stall in the Möll Valley, and, according to the dream, he would find a treasure on his way there. Japnig found this dream very striking, so he set forth immediately. On the way he met an old invalid soldier on a bridge, who, as is customary asked him how far he was going.

"To Stall," answered the peasant, then added, "And you?"

"I don't know" answered the invalid, "I have neither home nor money."

This topic gave the two common ground, and they complained long together of their [8] times. Finally the peasant told the old soldier about his dream.

The latter laughed in his face and said, "Anyone can dream about treasure. I myself have dreamed three times that there was a treasure in the hearth of someone named Japnig. What good is this to me? Do I even know if such a fellow exists? Dreams are foam."

Japnig was very startled to hear his name. He became still as a mouse, then said farewell to the soldier. He did not go to Stall, but after a small detour returned immediately to his home in Wopnitz, where he quickly began to tear apart his hearth. His wife thought that he had gone mad, but mortared into the hearth he found a pot filled with golden dollars, which solved all Japnig's problems.

According to another version, Japnig walked all the way to the bridge at Prague where he met the old soldier. That would have been a great distance, but this frequently told tale always features a bridge, whether at Innsbruck, Regensburg, or Prague.

Tale G. The Church at Erritsø (Denmark)

Many years ago there lived at Erritsø, near Fredericia, a very poor man, who one day said, "If I had a large sum of money, I would build a church for the parish."

The following night he dreamed that if he went to the north bridge at Veile he would find nothing, but if he visited the south bridge, he would make his fortune. He followed the intimation, and strolled backwards and forwards on the [9] bridge, until it grew late, but without seeing any sign of his good fortune. When just on the point of returning, he was accosted by an officer, who asked him why he had spent the whole day walking on the bridge.

The poor man then explained his dream. On hearing it, the officer related to him in return that he also, on the preceding night, had dreamed that in a barn at Erritsø, belonging to a man whose name he mentioned, a treasure lay buried. But the name he mentioned was the man's own, who prudently kept his own counsel, hastened home, and found the treasure in his own barn. The man was faithful to his [10] and built the church.

Adapted from D. L. Ashliman, Folktexts:
"The Man Who Became Rich through a Dream,"
URL: http://www.pitt.edu/~dash/type1645.html

(1) **From the phrases in the box below, choose the most appropriate one to complete each of the following ten sentences. You may use any of the phrases more than once.**

1 A man goes in search of treasure after being prompted by something other than a dream in

2 Both the man going to the bridge in search of treasure and the man encountered at the bridge are extremely poor in

3 Searching for treasure under (rather than on) a bridge is specified in

4 The discovery of treasure leads to the foundation of an aristocratic family in

5 The existence of more than one bridge in the same town or

city is mentioned in

6 The specific historical period when the events take place is indicated in

7 The man going in search of treasure is accompanied by a domestic animal in

8 The man going in search of treasure is accompanied by a young woman in

9 The person encountered at the bridge is a rich man in

10 The person encountered at the bridge is a native of the same region as the person travelling to the bridge in

A the English tale.	B the Scottish tale.
C the Manx tale.	D the Irish tale.
E the German tale.	F the Austrian tale.
G the Danish tale.	H none of the seven tales.

(2) **Choose the FIVE statements below which DO NOT agree with what is written in the set of tales. You must NOT choose more than FIVE statements.**

A All of the tales concern a man travelling to a bridge in search of a fortune.

B All of the tales name the place where the man seeking a fortune comes from.

C Both Tales A and C mention two portions of treasure being found on the same spot.

D Both Tales E and F mention that there exists more than one version of the legend recounted.

E In Tale B alone is the wife of the man who finds treasure through a dream mentioned.

F In Tale E alone is the treasure NOT found in or around the home of the man seeking it.

G In one of the tales the fortune gained through a dream is used to build a castle, and in two for the construction or restoration of a church.

H In two of the tales London Bridge is mentioned, and in three the bridge at Regensburg.

I None of the tales is set outside Europe.

J Only Tales B and F specify that the discovered treasure consists of gold coins.

K Only the first two tales in the series (Tales A and B) mention the name of the man who finds the treasure.

L Tales A, C and E all state that the treasure is eventually found buried at the foot of a tree.

M The first four tales in the series (Tales A to D) do not mention the occupation of the man encountered at the bridge.

(3) **Choose the best item to fill each of the numbered blanks [1] to [10] found in the set of tales.**

1 A baby B fool C man
D rogue E youth

2 A incomplete B irresolute C unconcerned
D uneducated E unknown

3 A account B legend C reason
D rhyme E ritual

4 A apple orchard B cabbage patch C chimney corner
D fire place E rose garden

5 A beggar B farmer C merchant
D scholar E soldier

6 A attention B compensation C dues
D insurance E reflection

7 A also B just C later
D not E soon

8 A good B hard C old
D past E summer

9	A	appointed	B	nearest	C	north
	D	other	E	respective		
10	A	honor	B	officer	C	patron
	D	priest	E	word		

2 Answer the questions below after reading the following passage.

① For the first time in history, we have the opportunity to end extreme poverty in the world's most desperate nations. Currently, more than eight million people around the world die each year because they are too poor to stay alive. Our generation can choose to end that extreme poverty by the year 2025.

② The map shows countries in the world in relation to their Gross Domestic Product (GDP) during the twenty-year period between 1980 and 2000. As many as forty-five countries experienced negative growth in GDP per capita. It is also illuminating to divide the world's economies into the following six categories, depending on their per capita income in 1980.

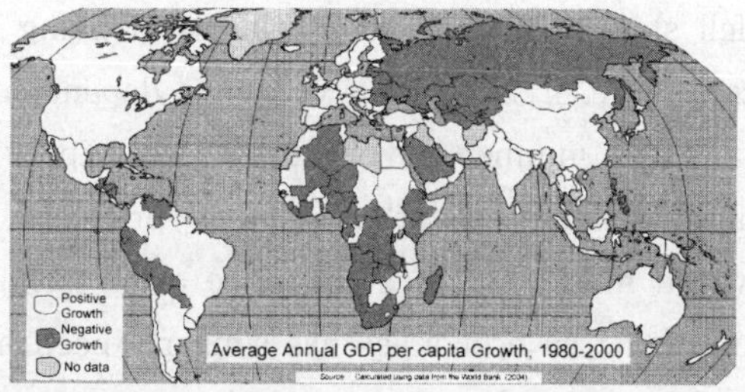

- All low-income countries
- Middle-income oil exporters
- Middle-income post-communist countries
- Other middle-income countries
- High-income oil exporters
- Other high-income countries

The biggest problem with economic decline is indeed in the poorest countries, especially, but not only, in sub-Saharan Africa. Another observation is that, except for oil-exporting and ex-Soviet countries, all high-income countries and most middle-income countries achieved economic growth. The only growth failure among high-income countries occurred in Saudi Arabia, an oil-exporting country. Among the middle-income countries, the [1] vast proportion of growth failures were in the oil-exporting and post-communist countries. In the rest of the middle-income countries, twelve out of fourteen enjoyed positive economic growth.

③ The economic declines in the oil-producing and post-communist countries reflect very unusual circumstances. The oil-rich states are, of course, not impoverished countries, but instead are middle-income and high-income countries where the economic activity depends overwhelmingly on oil exports. These economies rise and fall in line with the "real" price of oil, that is, the price of oil relative to the price of imports such as machinery and consumer goods. The real price of oil soared during the 1970s, leading to the massive growth in living standards of these economies, but during the 1980s and 1990s, the oil price fell sharply, leading to a collapse of living standards. If there is a lesson here, it is that an economy dependent on a single product (or a small number of products) for export is bound to experience [2] high volatility as the relative price of the product fluctuates in world markets. Since the price of oil is highly unstable, the real income of the oil economies has similarly been highly volatile.

④ The economic decline in post-communist countries is even more of a special case. These countries have experienced a one-time decline in GDP per capita as they changed over from a failed communist system to a market economy. Even in the case of the strongest of the so-called transition economies — the Czech Republic, Hungary, and Poland — there was a period of sharp reduction in GDP per capita for a few years as old heavy industries linked to the Soviet economy declined or disappeared in bankruptcy and new sectors took time to develop. The result was what economists called a [3]transition recession. By the late 1990s, the post-communist countries had resumed economic growth, but from a lower GDP per capita than before the Soviet collapse.

⑤ Poor countries have a significant chance of falling into a poverty trap. Out of the fifty-eight non-oil countries with per capita incomes below $3,000, twenty-two (or 38 percent) experienced an outright decline. Yet the thirty-six other countries enjoyed economic growth. How is it that some very poor countries escaped the [4]ravages of the poverty trap while the rest did not? Comparing those countries that made it and those that did not, the success stories show certain common characteristics. The most important determinant, it seems, is food productivity. Countries that started with high cereal yields per hectare, and that used high levels of fertilizer input per hectare, are the poor countries that tended to experience economic growth. As the graph shows, countries that began with very low yields are the countries that tended to experience economic decline between 1980 and 2000.

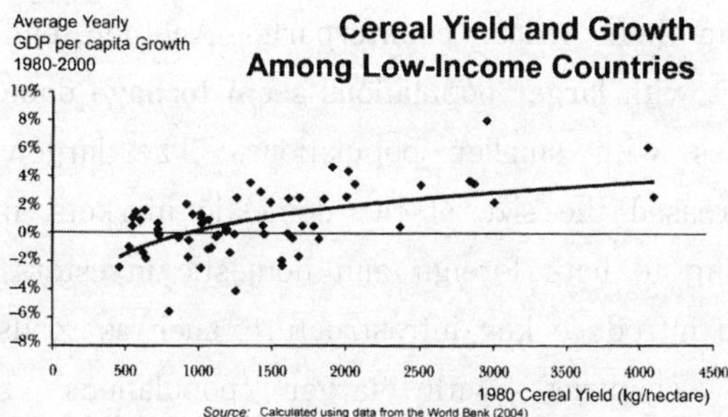

⑥ The biggest difference between Africa and Asia is that Asia has had high and rising food production per capita during recent decades, whereas Africa has had low and falling food production per capita. The Asian countryside is densely populated, with a relatively extensive road network that can carry fertilizers to the farms and farm output to the markets. Farmers use fertilizers and irrigation, and food yields are high. Donor agencies gave plenty of support to the development of new high-yield varieties in Asia. Under these conditions, Asian farmers were able to adopt high-yield crop varieties that produced the famous Green Revolution of rising food production per farmer. The African countryside is much less densely populated, with an absence of roads to transport fertilizers and crops. Farmers do not use fertilizers on food crops, and depend on rainfall rather than [5]irrigation. Donors have failed to adequately fund the scientific efforts toward improved varieties appropriate for African conditions. In these much harsher circumstances, Africa's farmers were not able to benefit much, if at all, from the Green Revolution development of high-yield varieties of food crops.

⑦ There are other tendencies apparent in the data. The Asian countries that experienced growth started in 1980 with better social conditions: higher literacy, lower [6]infant mortality, and lower total fertility rates. They were, therefore, less prone to fall into a demographic trap of rapidly rising populations pressing on a limited amount of farmland. Once again, the Asian peasants were somewhat better off than their African counterparts. Another tendency is that poor countries with larger populations seem to have done better than poor countries with smaller populations. The larger populations probably increased the size of the domestic markets, making them more appealing to both foreign and domestic investors. Perhaps it was easier to introduce key infrastructure, such as roads and power supplies, in countries with larger populations, since these infrastructure networks are characterized by high initial costs of construction that are more easily financed by larger and more densely populated economies.

⑧ Another reason for [7]persistent poverty is the failure of government. The very poor are often disconnected from market forces because they lack the necessary human capital — good nutrition and health, and an adequate education. It is vital that social expenditures directed at human capital accumulation reach the poorest of the poor, yet governments often fail to make such investments. Economic growth enriches many households, but is not taxed sufficiently to enable governments to increase social spending proportionately. Or even when governments have the revenue, they may neglect the poorest of the poor, especially if those groups are part of ethnic or religious minorities.

⑨ A further possible reason for continued poverty in the midst of growth is cultural. In many countries, women face extreme cultural discrimination, whether or not those biases are embedded in the legal and political systems. In South Asia, for example, there is an overwhelming number of case studies and media reports of young women within the household not having enough to eat, even when there is enough to go around. The women, often <u>illiterate</u>(8), are poorly treated by in-laws and lack the social standing, and perhaps the legal protection, to ensure their own basic health and well-being. In short, there are numerous possibilities for the persistence of poverty even in the midst of economic growth, and only a detailed analysis of particular circumstances will allow an accurate understanding.

⑩ When countries get their foot on the ladder of development, they are generally able to continue the upward climb. All good things tend to move together at each step: higher capital stock, greater specialization, more advanced technology, and lower fertility. If a country is trapped below the ladder, with the first step too high off the ground, the climb does not even get started. The main objective of economic development for the poorest countries is to help them gain a foothold on the ladder. The rich countries do not have to invest enough in the poorest countries to make them rich; they only need to invest enough so that these countries can get their feet on the ladder. After that, the self-sustaining power of economic growth can take hold.

〔Adapted from Jeffrey Sachs, *The End of Poverty* (2005)〕

(1) **Choose the best way to complete these sentences about paragraphs ① to ⑩.**

1 In paragraph ① the writer suggests
2 As discussed in paragraph ②, the map shows
3 In paragraph ③ the writer suggests
4 In paragraph ④ the writer demonstrates
5 As discussed in paragraph ⑤, the graph shows
6 In paragraph ⑥ the writer explains
7 In paragraph ⑦ the writer demonstrates
8 In paragraph ⑧ the writer shows
9 In paragraph ⑨ the writer demonstrates
10 In paragraph ⑩ the writer suggests

A how Asian agriculture outperformed African agriculture, contributing to the former's extraordinary growth.

B how gender discrimination can be a factor in the persistence of poverty.

C how governments may contribute to the continuing problem of poverty by failing to provide economic help to disadvantaged social groups.

D how, in post-communist countries, the change to a market economy led at first to recession, followed by fresh economic growth stimulated by the development of new industries.

E how oil-producing countries benefited from a large increase in the price of oil in the last decade of the twentieth century.

F how the nations of the world can be divided into six groups according to their fertility, literacy, and infant mortality rates.

G that, among low-income countries, high grain yields in 1980 were associated with significant economic growth over the following two decades.

H that an increase in the range of products a country exports will tend to promote economic stability in that country.

I that East Asia and Western Europe differ greatly in their

levels of investment in the poorest countries.

J that it is likely to be easier to build transportation and energy networks in countries with larger populations.

K that no high-income country in Western Europe or East Asia failed to achieve economic growth in the last two decades of the twentieth century.

L that the problem of severe poverty in the poorest nations of the world can be overcome within the next twenty years.

M that what the poorest countries really need from the rich countries is assistance that will allow them to start on the road toward economic self-sufficiency.

(2) **Choose the FOUR statements that do NOT agree with what the passage says.**

A Although poor countries are capable of some economic growth, they will continue to require massive amounts of aid from rich countries.

B Among the post-communist nations, the three which have gone through the change to a market economy most successfully are Poland, Hungary, and the Czech Republic.

C Around two-thirds of the countries with a per capita GDP of less than $3,000 experienced economic decline during the final decades of the twentieth century.

D Crop irrigation and the use of fertilizers have been much more common in Asian than African low-income countries.

E In order for significant progress to be made within poor countries, efforts should be made to improve the conditions of the poorest of their poor.

F Many, but by no means all, of the poorest countries that experienced economic decline are found in sub-Saharan Africa.

G More money is needed for scientific research into specific types of crops suitable for the agricultural conditions encountered in

Africa.

H Poor countries with larger populations have generally fared better economically than those with smaller populations.

I The lack of an adequate infrastructure is a major reason for the inability of nations in South Asia to produce enough food.

J The only middle-income countries to experience economic decline between 1980 and 2000 were either oil-producers or those that formerly had communist governments.

(3) **Choose the best way to complete each of these sentences, which refer to the underlined words/phrases in the passage.**

1 Here vast proportion means

A even balance. B minimum number.
C overall average. D overwhelming majority.
E tiny minority.

2 Here high volatility suggests that the economy will experience considerable

A decline. B deflation.
C fluctuation. D growth.
E inflation.

3 Here transition means period of

A acceleration. B advance.
C change. D disruption.
E reversal.

4 Here ravages means

A destructive effects. B gross injustices.
C positive outcomes. D sexual assaults.
E uncivilized groups.

5 Here irrigation is an agricultural term referring to the supply of

A fertilizer. B labor.
C light. D soil.

E　water.

6　Here <u>infant mortality</u> refers to measurement of the percentage of children

A　being born.　B　dying.
C　entering school.　D　entering hospital.
E　working.

7　Here <u>persistent</u> means

A　acute.　B　enduring.
C　fatal.　D　occasional.
E　permanent.

8　Here <u>illiterate</u> means unable to

A　cook and clean.　B　earn money.
C　have children.　D　read and write.
E　work outside.

3　Read the following article from a science magazine and answer the questions below.

How can skinny people still exist? If we live in an environment that promotes obesity — filled with fast food, sugary drinks, TVs and cars — why isn't everyone obese? And if our genes cause us to be fat, why has the search for "obesity genes" not succeeded?

For me, the quest to answer these questions began when I was a student working in labs with genetically identical mice eating identical food. Surprisingly, the mice differed greatly in size. What caused the differences if it wasn't their diets or DNA?

As I moved between labs, I noticed that pregnant mice without access to exercise wheels produced offspring that would themselves have larger, fatter offspring. While the first and second generations weren't much larger, later generations certainly were. To me, this was an amazing observation: the activity levels of [1] and mothers during pregnancy seemed to determine the fatness of future generations. But was my observation correct? And if so, what were the mechanisms?

I wasn't the first to observe this trend. Half a century earlier, the geneticist D. S. Falconer had found that by breeding only the largest offspring of genetically identical mice eating [2] diets, it was possible to produce progressively larger and fatter offspring over several generations.

This finding supported my intuition that genes and food aren't sufficient explanations of obesity. Despite the recent fanfare over the identification of a suite of genes associated with obesity, they explain less than 2 per cent of the variation in obesity between individuals. This leaves the other 98 per cent—known as the "missing heritability"—still to be discovered.

When I began my own experiments to find the missing heritability, I found further evidence that calorie [3] doesn't explain obesity: active mothers and their leaner offspring ate more food and calories than the fatter inactive mice. Once again, I wasn't the first to discover this. In the 1950s, nutrition scientist Jean Mayer demonstrated that active animals, whether mice, rats or humans, ate more food and stayed leaner and healthier than sedentary ones.

By 2014, when I started my current job as a physiologist in the Nutrition and Obesity Research Center, at the University of Alabama at Birmingham, I had conducted an extensive literature review that turned my intuition into a theory that revealed a new way of understanding why so many children today are obese. The answer was a combination of what is termed a mother's "body composition" and her physical activity during pregnancy.

When pregnant women are physically active, the increased energy demands [4] nutrients to her muscles and away from her fetus. This competition between the mother's muscles and the developing fetus's fat cells produces leaner, healthier babies. Their genes and food intake are irrelevant to the process.

This competition doesn't happen in inactive mothers with different body compositions. Without having to struggle for energy and nutrients, the fat cells in the fetus increase in both size and number, making the birth weight of the infant heavier—a factor strongly related to adult obesity and type II diabetes. This is passed on down the line, with future generations becoming fatter and increasingly inactive and unhealthy.

This is an example of "non-genetic evolution," where traits are transmitted to offspring with no underlying change in their genome. This process helps to explain Falconer's observations in [5], while demonstrating the power of what he termed the "uterine environment" to permanently shape the metabolic processes that predispose some fetuses to obesity and metabolic disease. As it turned out, the idea that the uterine environment affects the fetus is commonplace in evolutionary biology and has been observed across many species. Known as "accumulative maternal effects," it describes how a mother's age, size, fat stores and behavior, including physical activity, affect not only her health and metabolism, but also that of future generations.

Humans are no exception. For instance, a 1995 study of babies born through egg donation found that the only discernible factor influencing their birth weight was the surrogate mother's body mass. The egg donor's body mass, her own birth weight and the birth weight of her other children bore no relationship to the birth weight of the infant produced from the donated egg.

The genes from the egg donor's biological mother played no detectable role in the birth weight of the infant. This helps to explain why, despite many billions of research dollars, the search for obesity genes will continue to [6].

The theory that the nine months we spend in the womb significantly affects our health has been around for centuries—it was addressed by the Ancient Greek physician Hippocrates, for example. More recently the "thrifty phenotype" hypothesis developed in the

1990s found that an impoverished uterine environment can program a fetus's metabolism, predisposing it to obesity and diabetes. However, this doesn't explain why childhood and adult obesity exploded during the late 1970s, when food was abundant. This is where [7] theory transforms our understanding of childhood obesity.

For most of human history, survival required huge amounts of physical exertion. Essential activities like hunting, gathering, chopping wood and carrying water provided sufficient physical activity to make [8] exercise unnecessary. Yet over the past century, socio-environmental changes slowly eliminated physical labor. At first, technological advances coupled with a healthier food supply led to the birth of children that were the fittest in human history. But by the middle of the 20th century, the advent of labor-saving devices, the rising popularity of the car and passive, sedentary entertainment led to people becoming fatter and more inactive.

From 1965 to 2010, the amount of energy expended in the home by women in the US decreased by almost 2000 kcal per week. At the same time, the amount of time they spent watching TV and using [9] doubled. My research has found that obese women in the US get less than one hour of vigorous physical activity per year. Not surprisingly, just as inactive mice produce grandchildren that are bigger and fatter, so too do non-exercising US women.

By the late 1970s, a [10] point was reached in which mothers were so inactive that the evolution of human energy metabolism was markedly altered. As a result, fetuses grew so large that the need for the surgical procedures traditionally known as "caesarean sections" rose significantly. The increased use of such surgical interventions during pregnancy allowed both the larger babies and the mothers that produced them to survive and reproduce. Thus, natural selection was turned into artificial selection, and the number of metabolically compromised children and adults increased in the global population.

Non-genetic evolution is the primary determinant of obesity, not gluttony, fast food or genes. The best solution to the obesity epidemic is to encourage would-be mothers to increase their levels of physical activity so that they can prepare their metabolism for pregnancy and have leaner, healthier children.

[Adapted from Edward Archer, "The mother of all problems," *New Scientist* (March 3, 2015)]

(1) **From the list below choose the best definition to match the usage in the article of each of the eight technical terms in the box.**

1	accumulative maternal effect	2	body composition
3	caesarean section	4	missing heritability
5	non-genetic evolution	6	obesity gene
7	thrifty phenotype	8	uterine environment

A Characteristics that are transmitted to offspring without any associated development in heritable material.

B Emergency surgical operation removing the mother's uterus to preserve the life of the fetus.

C Heritable material assumed to account for physical defects that has not yet been identified.

D Heritable material that predisposes a body to become seriously overweight.

E How a mother's physical condition and activity influence her own future health and that of her descendants.

F Increased susceptibility to disease resulting from adaptations made by the fetus in a poor uterine environment.

G Physical surroundings of a fetus in the period before birth.

H Psychological circumstance of a baby in the period immediately following birth.

I Surgical incision in the mother's abdomen allowing a baby to emerge without passing through the birth canal.

J The proportions of fat, bone, water and muscle found in the human constitution.

K Why a pregnant woman's constitution is particularly susceptible to the accumulation of water and fat.

(2) **Choose the FIVE statements below which DO NOT agree with what is written in the article. You must NOT choose more than FIVE statements.**

A According to the author's research, the average American woman today takes only one hour of rigorous exercise each week.

B A mid-1990s study of babies born via donated eggs suggested that the only variable correlating with the birth weight of the baby is the body mass of the woman providing the egg.

C At the time of writing, the author of the article was employed in a center for obesity research at an American university.

D D. S. Falconer was the scientist who trained the author in the field of genetics while he was still an undergraduate student.

E Hippocrates was a doctor in Ancient Greece who discussed the idea that the period between conception and birth has a profound influence on future human health.

F Not long after the end of the Second World War, the food scientist Jean Mayer showed that active animals eat more than inactive ones but become less fat.

G Over the last half century the amount of energy expended by women in American homes has declined by over two hundred per cent.

H Recently a group of genetic materials related to obesity has been discovered, though they only account of a very small proportion of individual variation in this regard.

I The author of the article argues that neither genetic

inheritance nor overeating are the primary causes of the current epidemic of obesity.

J The author of the article began to think about questions concerning the underlying causes of obesity while he was still a student.

K The author of the article claims that the answer to the growing problem of childhood obesity is for potential mothers to become more physically active prior to having babies.

L The trend towards a decline in physical activity accompanied by an increase in body weight was noticeable from the turn of the twentieth century when motor vehicles, television sets and vacuum cleaners were first invented.

M The use of surgical operations to assist childbirth increased markedly from the late 1970s due to the growing size of fetuses.

(3) **Choose the best item to fill each of the numbered blanks [1] to [10] in the article.**

1 A daughters B fathers C grandchildren
D grandmothers E sons

2 A different B high-calorie C identical
D low-calorie E similar

3 A gain B intake C loss
D output E transfer

4 A redirect B reduce C replace
D restore E revolve

5 A cats B humans C mice
D rabbits E rats

6 A decline B destroy C disappoint
D excite E escalate

7 A every B Falconer's C his
D Mayer's E my

8 A deliberate B extreme C gentle

	D	occasional	E	unconscious		
9	A	computers	B	drugs	C	gyms
	D	smartphones	E	weapons		
10	A	balancing	B	high	C	low
	D	middle	E	tipping		

(4) **When the article was reprinted in digital form it was given another title. Choose the most likely alternative title from the list below.**

A I've discovered how skinny moms produce obese kids
B I've discovered when the obesity crisis began
C I've discovered where the obesity gene is hidden
D I've discovered who started the obesity epidemic
E I've discovered why so many children are obese

◀ Writing ▶

（60 分）

WRITING TEST　All answers must be written clearly within the boxes provided on the ANSWER SHEET. You may use the blank sheets provided to write drafts of your answers.

1 Read the following passage and briefly summarize the main points in JAPANESE.

The number system we use today — the Hindu-Arabic system — was developed in India. It seems to have been completed before 700 A.D., though it did not become generally known in Europe until at least five hundred years later. Indian mathematicians made advances in what would today be described as arithmetic, algebra, and geometry, much of their work being motivated by an interest in astronomy. The system is based on three key ideas: simple notations for the numerals, place value, and zero. The selection of ten basic number symbols — that is, the choice of the base 10 for counting and doing arithmetic — is presumably a direct consequence of using fingers to count. When we reach ten on our fingers we have to find some way of starting again, while retaining the calculation already made. The role played by finger counting in the development of early number systems would explain why we use the word “digit” for the basic numerals, deriving from the Latin word *digitus* for finger.

The introduction of zero was a decisive step in the development of Indian arithmetic and came after the other numerals. The major advantage of the Indian number system is that it is positional — the place of each numeral matters. This allows for addition, subtraction, multiplication, and even division using fairly straightforward and easily learned rules for manipulating symbols. But for an efficient place-value number system, you need to be able to show when a particular position has no entry. For example, without a zero symbol, the expression " 1 3 " could mean thirteen (13), or a hundred and three (103), or a hundred and thirty (130), or maybe a thousand and thirty (1030). One can put spaces between the numerals to show that a particular column has no entry, but unless one is writing on a surface marked off into columns, one can never be sure whether a particular space denotes a zero entry or is merely the gap separating the symbols. Everything becomes much clearer when there is a special symbol to mark a space with no value.

[Adapted from Chapter 1 of Keith Devlin, *The Man of Numbers: Fibonacci's Arithmetic Revolution* (2011)]

2 **The table represents recent information on "Gender and Work" in seven countries of the Organization for Economic Cooperation and Development (OECD). It combines data on how much work men do around the home with data on the proportion of adult women in full- or part-time employment. Write a paragraph in English summarizing what the table tells us about conditions in Japan in particular, including your own interpretation of the likely causes and consequences of this situation.**

Gender and Work

	Male unpaid work per day (2015 or latest, mns)	Female labor-force participation (2017, %)
Sweden	171	70.2
Germany	150	55.9
USA	146	57.0
UK	140	58.2
France	135	51.5
Korea	49	52.7
Japan	41	51.2

Source: OECD. Stat

3 At present smoking is only permitted on the main Waseda University campus in certain areas that are clearly marked.

- Do you agree with the present policy ?
- Or do you think that smoking should be prohibited throughout the campus ?
- Or do you think that smoking should be permitted more generally ?

Smoking Area in front of Building 10

Write a paragraph defending ONE of these three positions, giving appropriate reasons and examples to support your opinion.

//////////////////// · memo · ////////////////////

教学社 刊行一覧

2025年版 大学赤本シリーズ

374大学556点 全都道府県を網羅

国公立大学（都道府県順）

全国の書店で取り扱っています。店頭にない場合は，お取り寄せができます。

1 北海道大学（文系－前期日程）
2 北海道大学（理系－前期日程） 医
3 北海道大学（後期日程）
4 旭川医科大学（医学部〈医学科〉） 医
5 小樽商科大学
6 帯広畜産大学
7 北海道教育大学
8 室蘭工業大学／北見工業大学
9 釧路公立大学
10 公立千歳科学技術大学
11 公立はこだて未来大学 総推
12 札幌医科大学（医学部） 医
13 弘前大学 医
14 岩手大学
15 岩手県立大学・盛岡短期大学部・宮古短期大学部
16 東北大学（文系－前期日程）
17 東北大学（理系－前期日程） 医
18 東北大学（後期日程）
19 宮城教育大学
20 宮城大学
21 秋田大学 医
22 秋田県立大学
23 国際教養大学 総推
24 山形大学 医
25 福島大学
26 会津大学
27 福島県立医科大学（医・保健科学部） 医
28 茨城大学（文系）
29 茨城大学（理系）
30 筑波大学（推薦入試） 医 総推
31 筑波大学（文系－前期日程）
32 筑波大学（理系－前期日程） 医
33 筑波大学（後期日程）
34 宇都宮大学
35 群馬大学 医
36 群馬県立女子大学
37 高崎経済大学
38 前橋工科大学
39 埼玉大学（文系）
40 埼玉大学（理系）
41 千葉大学（文系－前期日程）
42 千葉大学（理系－前期日程） 医
43 千葉大学（後期日程） 医
44 東京大学（文科） DL
45 東京大学（理科） DL 医
46 お茶の水女子大学
47 電気通信大学
48 東京外国語大学 DL
49 東京海洋大学
50 東京科学大学（旧 東京工業大学）
51 東京科学大学（旧 東京医科歯科大学） 医
52 東京学芸大学
53 東京藝術大学
54 東京農工大学
55 一橋大学（前期日程）
56 一橋大学（後期日程）
57 東京都立大学（文系）
58 東京都立大学（理系）
59 横浜国立大学（文系）
60 横浜国立大学（理系）
61 横浜市立大学（国際教養・国際商・理・データサイエンス・医〈看護〉学部）
62 横浜市立大学（医学部〈医学科〉） 医
63 新潟大学（人文・教育〈文系〉・法・経済科・医〈看護〉・創生学部）
64 新潟大学（教育〈理系〉・理・医〈看護を除く〉・歯・工・農学部） 医
65 新潟県立大学
66 富山大学（文系）
67 富山大学（理系） 医
68 富山県立大学
69 金沢大学（文系）
70 金沢大学（理系） 医
71 福井大学（教育・医〈看護〉・工・国際地域学部）
72 福井大学（医学部〈医学科〉） 医
73 福井県立大学
74 山梨大学（教育・医〈看護〉・工・生命環境学部）
75 山梨大学（医学部〈医学科〉） 医
76 都留文科大学
77 信州大学（文系－前期日程）
78 信州大学（理系－前期日程） 医
79 信州大学（後期日程）
80 公立諏訪東京理科大学 総推
81 岐阜大学（前期日程） 医
82 岐阜大学（後期日程）
83 岐阜薬科大学
84 静岡大学（前期日程）
85 静岡大学（後期日程）
86 浜松医科大学（医学部〈医学科〉） 医
87 静岡県立大学
88 静岡文化芸術大学
89 名古屋大学（文系）
90 名古屋大学（理系） 医
91 愛知教育大学
92 名古屋工業大学
93 愛知県立大学
94 名古屋市立大学（経済・人文社会・芸術工・看護・総合生命理・データサイエンス学部）
95 名古屋市立大学（医学部〈医学科〉） 医
96 名古屋市立大学（薬学部）
97 三重大学（人文・教育・医〈看護〉学部）
98 三重大学（医〈医〉・工・生物資源学部） 医
99 滋賀大学
100 滋賀医科大学（医学部〈医学科〉） 医
101 滋賀県立大学
102 京都大学（文系）
103 京都大学（理系） 医
104 京都教育大学
105 京都工芸繊維大学
106 京都府立大学
107 京都府立医科大学（医学部〈医学科〉） 医
108 大阪大学（文系） DL
109 大阪大学（理系） 医
110 大阪教育大学
111 大阪公立大学（現代システム科学域〈文系〉・文・法・経済・商・看護・生活科〈居住環境・人間福祉〉学部－前期日程）
112 大阪公立大学（現代システム科学域〈理系〉・理・工・農・獣医・医・生活科〈食栄養〉学部－前期日程） 医
113 大阪公立大学（中期日程）
114 大阪公立大学（後期日程）
115 神戸大学（文系－前期日程）
116 神戸大学（理系－前期日程） 医
117 神戸大学（後期日程）
118 神戸市外国語大学 DL
119 兵庫県立大学（国際商経・社会情報科・看護学部）
120 兵庫県立大学（工・理・環境人間学部）
121 奈良教育大学／奈良県立大学
122 奈良女子大学
123 奈良県立医科大学（医学部〈医学科〉） 医
124 和歌山大学
125 和歌山県立医科大学（医・薬学部） 医
126 鳥取大学 医
127 公立鳥取環境大学
128 島根大学 医
129 岡山大学（文系）
130 岡山大学（理系） 医
131 岡山県立大学
132 広島大学（文系－前期日程）
133 広島大学（理系－前期日程） 医
134 広島大学（後期日程）
135 尾道市立大学 総推
136 県立広島大学
137 広島市立大学
138 福山市立大学 総推
139 山口大学（人文・教育〈文系〉・経済・医〈看護〉・国際総合科学部）
140 山口大学（教育〈理系〉・理・医〈看護を除く〉・工・農・共同獣医学部） 医
141 山陽小野田市立山口東京理科大学 総推
142 下関市立大学／山口県立大学
143 周南公立大学 新 総推
144 徳島大学 医
145 香川大学 医
146 愛媛大学 医
147 高知大学 医
148 高知工科大学
149 九州大学（文系－前期日程）
150 九州大学（理系－前期日程） 医
151 九州大学（後期日程）
152 九州工業大学
153 福岡教育大学
154 北九州市立大学
155 九州歯科大学
156 福岡県立大学／福岡女子大学
157 佐賀大学 医
158 長崎大学（多文化社会・教育〈文系〉・経済・医〈保健〉・環境科〈文系〉学部）
159 長崎大学（教育〈理系〉・医〈医〉・歯・薬・情報データ科・工・環境科〈理系〉・水産学部） 医
160 長崎県立大学 総推
161 熊本大学（文・教育・法・医〈看護〉学部・情報融合学環〈文系型〉）
162 熊本大学（理・医〈看護を除く〉・薬・工学部・情報融合学環〈理系型〉） 医
163 熊本県立大学
164 大分大学（教育・経済・医〈看護〉・理工・福祉健康科学部）
165 大分大学（医学部〈医・先進医療科学科〉） 医
166 宮崎大学（教育・医〈看護〉・工・農・地域資源創成学部）
167 宮崎大学（医学部〈医学科〉） 医
168 鹿児島大学（文系）
169 鹿児島大学（理系） 医
170 琉球大学 医

2025年版　大学赤本シリーズ

国公立大学 その他

171 〔国公立大〕医学部医学科 総合型選抜・学校推薦型選抜※ 医 総推
172 看護・医療系大学〈国公立 東日本〉※
173 看護・医療系大学〈国公立 中日本〉※
174 看護・医療系大学〈国公立 西日本〉※
175 海上保安大学校／気象大学校
176 航空保安大学校
177 国立看護大学校
178 防衛大学校 総推
179 防衛医科大学校(医学科) 医
180 防衛医科大学校(看護学科)

※No.171～174の収載大学は赤本ウェブサイト(http://akahon.net/)でご確認ください。

私立大学①

北海道の大学(50音順)
201 札幌大学
202 札幌学院大学
203 北星学園大学
204 北海学園大学
205 北海道医療大学
206 北海道科学大学
207 北海道武蔵女子大学・短期大学
208 酪農学園大学(獣医学群〈獣医学類〉)

東北の大学(50音順)
209 岩手医科大学(医・歯・薬学部) 医
210 仙台大学 総推
211 東北医科薬科大学(医・薬学部) 医
212 東北学院大学
213 東北工業大学
214 東北福祉大学
215 宮城学院女子大学 総推

関東の大学(50音順)
あ行(関東の大学)
216 青山学院大学(法・国際政治経済学部－個別学部日程)
217 青山学院大学(経済学部－個別学部日程)
218 青山学院大学(経営学部－個別学部日程)
219 青山学院大学(文・教育人間科学部－個別学部日程)
220 青山学院大学(総合文化政策・社会情報・地球社会共生・コミュニティ人間科学部－個別学部日程)
221 青山学院大学(理工学部－個別学部日程)
222 青山学院大学(全学部日程)
223 麻布大学(獣医、生命・環境科学部)
224 亜細亜大学
226 桜美林大学
227 大妻女子大学・短期大学部

か行(関東の大学)
228 学習院大学(法学部－コア試験)
229 学習院大学(経済学部－コア試験)
230 学習院大学(文学部－コア試験)
231 学習院大学(国際社会科学部－コア試験)
232 学習院大学(理学部－コア試験)
233 学習院女子大学
234 神奈川大学(給費生試験)
235 神奈川大学(一般入試)
236 神奈川工科大学
237 鎌倉女子大学・短期大学部
238 川村学園女子大学
239 神田外語大学
240 関東学院大学
241 北里大学(理学部)
242 北里大学(医学部) 医
243 北里大学(薬学部)
244 北里大学(看護・医療衛生学部)
245 北里大学(未来工・獣医・海洋生命科学部)
246 共立女子大学・短期大学
247 杏林大学(医学部) 医
248 杏林大学(保健学部)
249 群馬医療福祉大学・短期大学部
250 群馬パース大学 総推
251 慶應義塾大学(法学部)
252 慶應義塾大学(経済学部)
253 慶應義塾大学(商学部)
254 慶應義塾大学(文学部) 総推
255 慶應義塾大学(総合政策学部)
256 慶應義塾大学(環境情報学部)
257 慶應義塾大学(理工学部)
258 慶應義塾大学(医学部) 医
259 慶應義塾大学(薬学部)
260 慶應義塾大学(看護医療学部)
261 工学院大学
262 國學院大學
263 国際医療福祉大学 医
264 国際基督教大学
265 国士舘大学
266 駒澤大学(一般選抜T方式・S方式)
267 駒澤大学(全学部統一日程選抜)

さ行(関東の大学)
268 埼玉医科大学(医学部) 医
269 相模女子大学・短期大学部
270 産業能率大学
271 自治医科大学(医学部) 医
272 自治医科大学(看護学部)／東京慈恵会医科大学(医学部〈看護学科〉)
273 実践女子大学 総推
274 芝浦工業大学(前期日程)
275 芝浦工業大学(全学統一日程・後期日程)
276 十文字学園女子大学
277 淑徳大学
278 順天堂大学(医学部) 医
279 順天堂大学(スポーツ健康科・医療看護・保健看護・国際教養・保健医療・医療科・健康データサイエンス・薬学部) 総推
280 上智大学(神・文・総合人間科学部)
281 上智大学(法・経済学部)
282 上智大学(外国語・総合グローバル学部)
283 上智大学(理工学部)
284 上智大学(TEAPスコア利用方式)
285 湘南工科大学
286 昭和大学(医学部) 医
287 昭和大学(歯・薬・保健医療学部)
288 昭和女子大学
289 昭和薬科大学
290 女子栄養大学・短期大学部 総推
291 白百合女子大学
292 成蹊大学(法学部－A方式)
293 成蹊大学(経済・経営学部－A方式)
294 成蹊大学(文学部－A方式)
295 成蹊大学(理工学部－A方式)
296 成蹊大学(E方式・G方式・P方式)
297 成城大学(経済・社会イノベーション学部－A方式)
298 成城大学(文芸・法学部－A方式)
299 成城大学(S方式〈全学部統一選抜〉)
300 聖心女子大学
301 清泉女子大学
303 聖マリアンナ医科大学 医
304 聖路加国際大学(看護学部)
305 専修大学(スカラシップ・全国入試)
306 専修大学(前期入試〈学部個別入試〉)
307 専修大学(前期入試〈全学部入試・スカラシップ入試〉)

た行(関東の大学)
308 大正大学
309 大東文化大学
310 高崎健康福祉大学
311 拓殖大学
312 玉川大学
313 多摩美術大学
314 千葉工業大学
315 中央大学(法学部－学部別選抜)
316 中央大学(経済学部－学部別選抜)
317 中央大学(商学部－学部別選抜)
318 中央大学(文学部－学部別選抜)
319 中央大学(総合政策学部－学部別選抜)
320 中央大学(国際経営・国際情報学部－学部別選抜)
321 中央大学(理工学部－学部別選抜)
322 中央大学(5学部共通選抜)
323 中央学院大学
324 津田塾大学
325 帝京大学(薬・経済・法・文・外国語・教育・理工・医療技術・福岡医療技術学部)
326 帝京大学(医学部) 医
327 帝京科学大学 総推
328 帝京平成大学 総推
329 東海大学(医〈医〉学部を除く－一般選抜)
330 東海大学(文系・理系学部統一選抜)
331 東海大学(医学部〈医学科〉) 医
332 東京医科大学(医学部〈医学科〉) 医
333 東京家政大学・短期大学部 総推
334 東京経済大学
335 東京工科大学
336 東京工芸大学
337 東京国際大学
338 東京歯科大学
339 東京慈恵会医科大学(医学部〈医学科〉) 医
340 東京情報大学
341 東京女子大学
342 東京女子医科大学(医学部) 医
343 東京電機大学
344 東京都市大学
345 東京農業大学
346 東京薬科大学(薬学部) 総推
347 東京薬科大学(生命科学部) 総推
348 東京理科大学(理学部〈第一部〉－B方式)
349 東京理科大学(創域理工学部－B方式・S方式)
350 東京理科大学(工学部－B方式)
351 東京理科大学(先進工学部－B方式)
352 東京理科大学(薬学部－B方式)
353 東京理科大学(経営学部－B方式)
354 東京理科大学(C方式、グローバル方式、理学部〈第二部〉－B方式)
355 東邦大学(医学部) 医
356 東邦大学(薬学部)

2025年版　大学赤本シリーズ

私立大学②

357 東邦大学（理・看護・健康科学部）
358 東洋大学（文・経済・経営・法・社会・国際・国際観光学部）
359 東洋大学（情報連携・福祉社会デザイン・健康スポーツ科・理工・総合情報・生命科・食環境科学部）
360 東洋大学（英語〈3日程×3カ年〉）
361 東洋大学（国語〈3日程×3カ年〉）
362 東洋大学（日本史・世界史〈2日程×3カ年〉）
363 東洋英和女学院大学
364 常磐大学・短期大学 総推
365 獨協大学
366 獨協医科大学（医学部） 医

な行（関東の大学）

367 二松学舎大学
368 日本大学（法学部）
369 日本大学（経済学部）
370 日本大学（商学部）
371 日本大学（文理学部〈文系〉）
372 日本大学（文理学部〈理系〉）
373 日本大学（芸術学部〈専門試験併用型〉）
374 日本大学（国際関係学部）
375 日本大学（危機管理・スポーツ科学部）
376 日本大学（理工学部）
377 日本大学（生産工・工学部）
378 日本大学（生物資源科学部）
379 日本大学（医学部） 医
380 日本大学（歯・松戸歯学部）
381 日本大学（薬学部）
382 日本大学（N全学統一方式－医・芸術〈専門試験併用型〉学部を除く）
383 日本医科大学 医
384 日本工業大学
385 日本歯科大学
386 日本社会事業大学 総推
387 日本獣医生命科学大学
388 日本女子大学
389 日本体育大学

は行（関東の大学）

390 白鷗大学（学業特待選抜・一般選抜）
391 フェリス女学院大学
392 文教大学
393 法政大学（法〈I日程〉・文〈II日程〉・経営〈II日程〉学部－A方式）
394 法政大学（法〈II日程〉・国際文化・キャリアデザイン学部－A方式）
395 法政大学（文〈I日程〉・経営〈I日程〉・人間環境・グローバル教養学部－A方式）
396 法政大学（経済〈I日程〉・社会〈I日程〉・現代福祉学部－A方式）
397 法政大学（経済〈II日程〉・社会〈II日程〉・スポーツ健康学部－A方式）
398 法政大学（情報科・デザイン工・理工・生命科学部－A方式）
399 法政大学（T日程〈統一日程〉・英語外部試験利用入試）
400 星薬科大学 総推

ま行（関東の大学）

401 武蔵大学
402 武蔵野大学
403 武蔵野美術大学
404 明海大学
405 明治大学（法学部－学部別入試）
406 明治大学（政治経済学部－学部別入試）
407 明治大学（商学部－学部別入試）
408 明治大学（経営学部－学部別入試）
409 明治大学（文学部－学部別入試）
410 明治大学（国際日本学部－学部別入試）
411 明治大学（情報コミュニケーション学部－学部別入試）
412 明治大学（理工学部－学部別入試）
413 明治大学（総合数理学部－学部別入試）
414 明治大学（農学部－学部別入試）
415 明治大学（全学部統一入試）
416 明治学院大学（A日程）
417 明治学院大学（全学部日程）
418 明治薬科大学 総推
419 明星大学
420 目白大学・短期大学部

ら・わ行（関東の大学）

421 立教大学（文系学部－一般入試〈大学独自の英語を課さない日程〉）
422 立教大学（国語〈3日程×3カ年〉）
423 立教大学（日本史・世界史〈2日程×3カ年〉）
424 立教大学（文学部－一般入試〈大学独自の英語を課す日程〉）
425 立教大学（理学部－一般入試）
426 立正大学
427 早稲田大学（法学部）
428 早稲田大学（政治経済学部）
429 早稲田大学（商学部）
430 早稲田大学（社会科学部）
431 早稲田大学（文学部）
432 早稲田大学（文化構想学部）
433 早稲田大学（教育学部〈文科系〉）
434 早稲田大学（教育学部〈理科系〉）
435 早稲田大学（人間科・スポーツ科学部）
436 早稲田大学（国際教養学部）
437 早稲田大学（基幹理工・創造理工・先進理工学部）
438 和洋女子大学 総推

中部の大学（50音順）

439 愛知大学
440 愛知医科大学（医学部） 医
441 愛知学院大学・短期大学部
442 愛知工業大学 総推
443 愛知淑徳大学
444 朝日大学 総推
445 金沢医科大学（医学部） 医
446 金沢工業大学
447 岐阜聖徳学園大学 総推
448 金城学院大学
449 至学館大学 総推
450 静岡理工科大学
451 椙山女学園大学
452 大同大学
453 中京大学
454 中部大学
455 名古屋外国語大学 総推
456 名古屋学院大学 総推
457 名古屋学芸大学 総推
458 名古屋女子大学 総推
459 南山大学（外国語〈英米〉・法・総合政策・国際教養学部）
460 南山大学（人文・外国語〈英米を除く〉・経済・経営・理工学部）
461 新潟国際情報大学
462 日本福祉大学
463 福井工業大学
464 藤田医科大学（医学部） 医
465 藤田医科大学（医療科・保健衛生学部）
466 名城大学（法・経営・経済・外国語・人間・都市情報学部）
467 名城大学（情報工・理工・農・薬学部）
468 山梨学院大学

近畿の大学（50音順）

469 追手門学院大学 総推
470 大阪医科薬科大学（医学部） 医
471 大阪医科薬科大学（薬学部） 総推
472 大阪学院大学 総推
473 大阪経済大学 総推
474 大阪経済法科大学 総推
475 大阪工業大学 総推
476 大阪国際大学・短期大学部 総推
477 大阪産業大学 総推
478 大阪歯科大学（歯学部）
479 大阪商業大学 総推
480 大阪成蹊大学・短期大学 総推
481 大谷大学 総推
482 大手前大学・短期大学 総推
483 関西大学（文系）
484 関西大学（理系）
485 関西大学（英語〈3日程×3カ年〉）
486 関西大学（国語〈3日程×3カ年〉）
487 関西大学（日本史・世界史・文系数学〈3日程×3カ年〉）
488 関西医科大学（医学部） 医
489 関西医療大学 総推
490 関西外国語大学・短期大学部 総推
491 関西学院大学（文・法・商・人間福祉・総合政策学部－学部個別日程）
492 関西学院大学（神・社会・経済・国際・教育学部－学部個別日程）
493 関西学院大学（全学部日程〈文系型〉）
494 関西学院大学（全学部日程〈理系型〉）
495 関西学院大学（共通テスト併用日程〈数学〉・英数日程）
496 関西学院大学（英語〈3日程×3カ年〉） 新
497 関西学院大学（国語〈3日程×3カ年〉） 新
498 関西学院大学（日本史・世界史・文系数学〈3日程×3カ年〉） 新
499 畿央大学 総推
500 京都外国語大学・短期大学 総推
502 京都産業大学（公募推薦入試） 総推
503 京都産業大学（一般選抜入試〈前期日程〉）
504 京都女子大学 総推
505 京都先端科学大学 総推
506 京都橘大学 総推
507 京都ノートルダム女子大学 総推
508 京都薬科大学 総推
509 近畿大学・短期大学部（医学部を除く－推薦入試） 総推
510 近畿大学・短期大学部（医学部を除く－一般入試前期）
511 近畿大学（英語〈医学部を除く3日程×3カ年〉）
512 近畿大学（理系数学〈医学部を除く3日程×3カ年〉）
513 近畿大学（国語〈医学部を除く3日程×3カ年〉）
514 近畿大学（医学部－推薦入試・一般入試前期） 医 総推
515 近畿大学・短期大学部（一般入試後期） 医
516 皇學館大学 総推
517 甲南大学 総推
518 甲南女子大学（学校推薦型選抜） 新 総推
519 神戸学院大学 総推
520 神戸国際大学 総推
521 神戸女学院大学 総推
522 神戸女子大学・短期大学 総推
523 神戸薬科大学 総推
524 四天王寺大学・短期大学部 総推
525 摂南大学（公募制推薦入試） 総推
526 摂南大学（一般選抜前期日程）
527 帝塚山学院大学 総推
528 同志社大学（法、グローバル・コミュニケーション学部－学部個別日程）

2025年版　大学赤本シリーズ

私立大学③

529 同志社大学（文・経済学部－学部個別日程）
530 同志社大学（神・商・心理・グローバル地域文化学部－学部個別日程）
531 同志社大学（社会学部－学部個別日程）
532 同志社大学（政策・文化情報〈文系型〉・スポーツ健康科〈文系型〉学部－学部個別日程）
533 同志社大学（理工・生命医科・文化情報〈理系型〉・スポーツ健康科〈理系型〉学部－学部個別日程）
534 同志社大学（全学部日程）
535 同志社女子大学 総推
536 奈良大学 総推
537 奈良学園大学 総推
538 阪南大学 総推
539 姫路獨協大学 総推
540 兵庫医科大学（医学部） 医
541 兵庫医科大学（薬・看護・リハビリテーション学部） 総推
542 佛教大学 総推
543 武庫川女子大学 総推
544 桃山学院大学 総推
545 大和大学・大和大学白鳳短期大学部 総推
546 立命館大学（文系－全学統一方式・学部個別配点方式）／立命館アジア太平洋大学（前期方式・英語重視方式）
547 立命館大学（理系－全学統一方式・学部個別配点方式・理系型3教科方式・薬学方式）
548 立命館大学（英語〈全学統一方式3日程×3カ年〉）
549 立命館大学（国語〈全学統一方式3日程×3カ年〉）
550 立命館大学（文系選択科目〈全学統一方式2日程×3カ年〉）
551 立命館大学（IR方式〈英語資格試験利用型〉・共通テスト併用方式）／立命館アジア太平洋大学（共通テスト併用方式）
552 立命館大学（後期分割方式・「経営学部で学ぶ感性＋共通テスト」方式）／立命館アジア太平洋大学（後期方式）
553 龍谷大学（公募推薦入試） 総推
554 龍谷大学（一般選抜入試）

中国の大学（50音順）

555 岡山商科大学 総推
556 岡山理科大学 総推
557 川崎医科大学 医
558 吉備国際大学 総推
559 就実大学 総推
560 広島経済大学
561 広島国際大学 総推
562 広島修道大学
563 広島文教大学 総推
564 福山大学／福山平成大学
565 安田女子大学 総推

四国の大学（50音順）

567 松山大学

九州の大学（50音順）

568 九州医療科学大学
569 九州産業大学
570 熊本学園大学
571 久留米大学（文・人間健康・法・経済・商学部）
572 久留米大学（医学部〈医学科〉） 医
573 産業医科大学（医学部） 医
574 西南学院大学（商・経済・法・人間科学部－A日程）
575 西南学院大学（神・外国語・国際文化学部－A日程／全学部－F日程）
576 福岡大学（医学部医学科を除く－学校推薦型選抜・一般選抜系統別日程） 総推
577 福岡大学（医学部医学科を除く－一般選抜前期日程）
578 福岡大学（医学部〈医学科〉－学校推薦型選抜・一般選抜系統別日程） 医 総推
579 福岡工業大学
580 令和健康科学大学 総推

医 医学部医学科を含む
総推 総合型選抜または学校推薦型選抜を含む
DL リスニング音声配信　新 2024年 新刊・復刊

掲載している入試の種類や試験科目，収載年数などはそれぞれ異なります。詳細については，それぞれの本の目次や赤本ウェブサイトでご確認ください。

akahon.net
赤本｜ 検索

難関校過去問シリーズ

出題形式別・分野別に収録した
「入試問題事典」
20大学 73点

定価**2,310～2,640**円（本体2,100～2,400円）

先輩合格者はこう使った！
「難関校過去問シリーズの使い方」

61年，全部載せ！
要約演習で，総合力を鍛える

東大の英語
要約問題 UNLIMITED

国公立大学

東大の英語25カ年［第12版］ 改
東大の英語リスニング20カ年［第9版］ DL 改
東大の英語 要約問題 UNLIMITED
東大の文系数学25カ年［第12版］ 改
東大の理系数学25カ年［第12版］ 改
東大の現代文25カ年［第12版］ 改
東大の古典25カ年［第12版］ 改
東大の日本史25カ年［第9版］ 改
東大の世界史25カ年［第9版］ 改
東大の地理25カ年［第9版］ 改
東大の物理25カ年［第9版］ 改
東大の化学25カ年［第9版］ 改
東大の生物25カ年［第9版］ 改
東工大の英語20カ年［第8版］ 改
東工大の数学20カ年［第9版］ 改
東工大の物理20カ年［第5版］ 改
東工大の化学20カ年［第5版］ 改
一橋大の英語20カ年［第9版］ 改
一橋大の数学20カ年［第9版］ 改
一橋大の国語20カ年［第6版］ 改
一橋大の日本史20カ年［第6版］ 改
一橋大の世界史20カ年［第6版］ 改
筑波大の英語15カ年 新
筑波大の数学15カ年 新
京大の英語25カ年［第12版］
京大の文系数学25カ年［第12版］
京大の理系数学25カ年［第12版］
京大の現代文25カ年［第2版］
京大の古典25カ年［第2版］
京大の日本史20カ年［第3版］
京大の世界史20カ年［第3版］
京大の物理25カ年［第9版］
京大の化学25カ年［第9版］
北大の英語15カ年［第8版］
北大の理系数学15カ年［第8版］
北大の物理15カ年［第2版］
北大の化学15カ年［第2版］
東北大の英語15カ年［第8版］
東北大の理系数学15カ年［第8版］
東北大の物理15カ年［第2版］
東北大の化学15カ年［第2版］
名古屋大の英語15カ年［第8版］
名古屋大の理系数学15カ年［第8版］
名古屋大の物理15カ年［第2版］
名古屋大の化学15カ年［第2版］
阪大の英語20カ年［第9版］
阪大の文系数学20カ年［第3版］
阪大の理系数学20カ年［第9版］
阪大の国語15カ年［第3版］
阪大の物理20カ年［第8版］
阪大の化学20カ年［第6版］
九大の英語15カ年［第8版］
九大の理系数学15カ年［第7版］
九大の物理15カ年［第2版］
九大の化学15カ年［第2版］
神戸大の英語15カ年［第9版］
神戸大の数学15カ年［第5版］
神戸大の国語15カ年［第3版］

私立大学

早稲田の英語［第11版］ 改
早稲田の国語［第9版］ 改
早稲田の日本史［第9版］ 改
早稲田の世界史［第2版］ 改
慶應の英語［第11版］ 改
慶應の小論文［第3版］ 改
明治大の英語［第9版］ 改
明治大の国語［第2版］ 改
明治大の日本史［第2版］ 改
中央大の英語［第9版］ 改
法政大の英語［第9版］ 改
同志社大の英語［第10版］
立命館大の英語［第10版］
関西大の英語［第10版］
関西学院大の英語［第10版］

DL リスニング音声配信
新 2024年 新刊
改 2024年 改訂

共通テスト対策関連書籍

共通テスト対策 も 赤本で

① 過去問演習

2025年版

共通テスト 赤本シリーズ

全12点

A5判／定価1,320円
（本体1,200円）

- 英国数には新課程対応オリジナル実戦模試 掲載！
- 公表された新課程試作問題はすべて掲載！
- くわしい対策講座で得点力UP
- 英語はリスニングを10回分掲載！赤本の音声サイトで本番さながらの対策！

- ●英語 リーディング／リスニング DL
- ●数学I, A／II, B, C
- ●国語
- ●歴史総合, 日本史探究
- ●歴史総合, 世界史探究
- ●地理総合, 地理探究
- ●公共, 倫理
- ●公共, 政治・経済
- ●物理
- ●化学
- ●生物
- ●物理基礎／化学基礎／生物基礎／地学基礎

DL 音声無料配信

② 自己分析

赤本ノートシリーズ 過去問演習の効果を最大化

▶共通テスト対策には

赤本ノート（共通テスト用）

赤本ルーズリーフ（共通テスト用）

共通テスト赤本シリーズ

新課程攻略問題集

全26点に対応!!

▶二次・私大対策には

大学赤本シリーズ

全556点に対応!!

赤本ノート（二次・私大用）

③ 重点対策

共通テスト 赤本プラス

新課程攻略問題集

基礎固め&苦手克服のための分野別対策問題集!!
厳選された問題でかしこく対策

共通テスト
新課程 攻略問題集
情報 I

- ●英語リーディング
- ●英語リスニング DL
- ●数学I, A
- ●数学II, B, C
- ●国語（現代文）
- ●国語（古文, 漢文）
- ●歴史総合, 日本史探究
- ●歴史総合, 世界史探究
- ●地理総合, 地理探究
- ●公共, 政治・経済
- ●物理
- ●化学
- ●生物
- ●情報I

DL 音声無料配信

全14点 好評発売中！

A5判／定価1,320円（本体1,200円）

手軽なサイズの実戦的参考書

目からウロコのコツが満載！

直前期にも！

満点のコツシリーズ

赤本ポケット

いつも受験生のそばに―赤本

大学入試シリーズ＋α
入試対策も共通テスト対策も赤本で

入試対策

赤本プラス

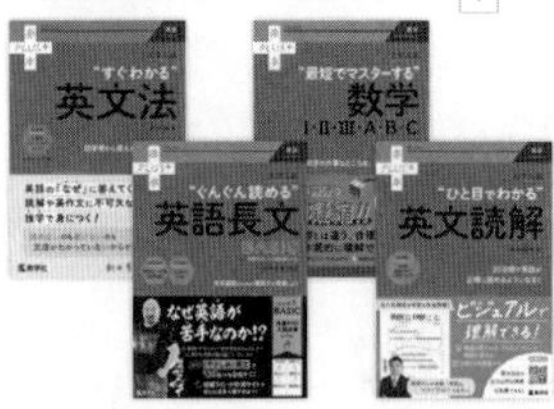

赤本プラスとは，**過去問演習の効果を最大にする**ためのシリーズです。「赤本」であぶり出された弱点を，赤本プラスで克服しましょう。

大学入試 すぐわかる**英文法** DL
大学入試 ひと目でわかる**英文読解**
大学入試 絶対できる**英語リスニング** DL
大学入試 すぐ書ける**自由英作文**
大学入試 ぐんぐん読める
英語長文〔BASIC〕DL
大学入試 ぐんぐん読める
英語長文〔STANDARD〕DL
大学入試 ぐんぐん読める
英語長文〔ADVANCED〕DL
大学入試 正しく書ける**英作文**
大学入試 最短でマスターする
数学I・II・III・A・B・C
大学入試 突破力を鍛える**最難関の数学**
大学入試 知らなきゃ解けない
古文常識・和歌
大学入試 ちゃんと身につく**物理**
大学入試 もっと身につく
物理問題集（①力学・波動）
大学入試 もっと身につく
物理問題集（②熱力学・電磁気・原子）

入試対策

英検®赤本シリーズ

英検®（実用英語技能検定）の対策書。
過去問集と参考書で万全の対策ができます。

▶**過去問集（2024年度版）**
英検®準1級過去問集 DL
英検®2級過去問集 DL
英検®準2級過去問集 DL
英検®3級過去問集 DL

▶**参考書**
竹岡の英検®準1級マスター DL
竹岡の英検®2級マスター CD DL
竹岡の英検®準2級マスター CD DL
竹岡の英検®3級マスター CD DL

CD リスニングCDつき　DL 音声無料配信
新 2024年新刊・改訂

入試対策

赤本プレミアム

赤本の教学社だからこそ作れた，過去問ベストセレクション

東大数学プレミアム
東大現代文プレミアム
京大数学プレミアム〔改訂版〕
京大古典プレミアム

入試対策

赤本メディカルシリーズ

過去問を徹底的に研究し，独自の出題傾向をもつメディカル系の入試に役立つ内容を精選した実戦的なシリーズ。

〔国公立大〕医学部の英語〔3訂版〕
私立医大の英語〔長文読解編〕〔3訂版〕
私立医大の英語〔文法・語法編〕〔改訂版〕
医学部の実戦小論文〔3訂版〕
医歯薬系の英単語〔4訂版〕
医系小論文 最頻出論点20〔4訂版〕
医学部の面接〔4訂版〕

入試対策

体系シリーズ

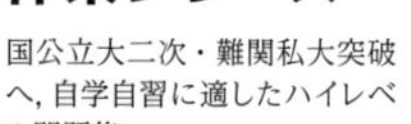

国公立大二次・難関私大突破へ，自学自習に適したハイレベル問題集。

体系英語長文　体系世界史
体系英作文　体系物理〔第7版〕
体系現代文

入試対策

単行本

▶**英語**
Q&A即決英語勉強法
TEAP攻略問題集 CD
東大の英単語〔新装版〕
早慶上智の英単語〔改訂版〕

▶**国語・小論文**
著者に注目! 現代文問題集
ブレない小論文の書き方 樋口式ワークノート

▶**レシピ集**
奥薗壽子の赤本合格レシピ

入試対策　共通テスト対策

赤本手帳

赤本手帳（2025年度受験用）プラムレッド
赤本手帳（2025年度受験用）インディゴブルー
赤本手帳（2025年度受験用）ナチュラルホワイト

入試対策

風呂で覚えるシリーズ

水をはじく特殊な紙を使用。いつでもどこでも読めるから，ちょっとした時間を有効に使える！

風呂で覚える英単語〔4訂新装版〕
風呂で覚える英熟語〔改訂新装版〕
風呂で覚える古文単語〔改訂新装版〕
風呂で覚える古文文法〔改訂新装版〕
風呂で覚える漢文〔改訂新装版〕
風呂で覚える日本史〔年代〕〔改訂新装版〕
風呂で覚える世界史〔年代〕〔改訂新装版〕
風呂で覚える倫理〔改訂版〕
風呂で覚える百人一首〔改訂版〕

共通テスト対策

満点のコツシリーズ

共通テストで満点を狙うための実戦的参考書。重要度の増したリスニング対策は「カリスマ講師」竹岡広信が一回読みにも対応できるコツを伝授！

共通テスト英語〔リスニング〕
満点のコツ〔改訂版〕新 DL
共通テスト古文 満点のコツ〔改訂版〕新
共通テスト漢文 満点のコツ〔改訂版〕新

入試対策　共通テスト対策

赤本ポケットシリーズ

▶**共通テスト対策**
共通テスト日本史〔文化史〕

▶**系統別進路ガイド**
デザイン系学科をめざすあなたへ

大学赤本シリーズ

赤本 ウェブサイト

過去問の代名詞として、70年以上の伝統と実績。

新刊案内・特集ページも充実！

受験生の「知りたい」に答える

akahon.netでチェック！

志望大学の赤本の刊行状況を確認できる！

「赤本取扱い書店検索」で赤本を置いている書店を見つけられる！

赤本チャンネル & 赤本ブログ

赤本チャンネル

人気講師の大学別講座や
共通テスト対策など、
受験に役立つ動画 を公開中！

赤本ブログ

受験のメンタルケア、合格者の声など、
受験に役立つ記事 が充実。

英語の過去問、解きっぱなしにしていませんか？

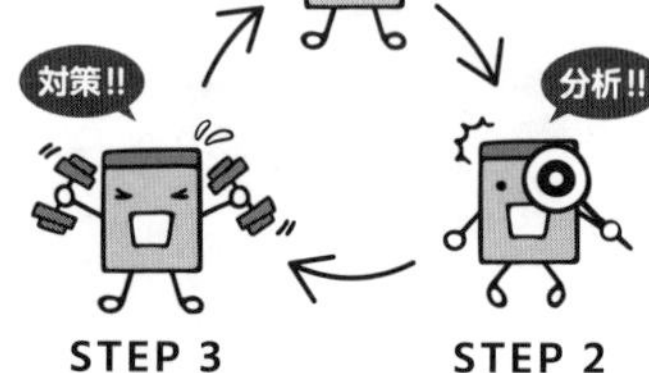

過去問を解いてみると、自分の弱い部分が見えてくる！

受験生は、英語のこんなことで悩んでいる…!?

【英文読解編】

- 単語をつなぎ合わせて読んでます…
- **まずは頻出の構文パターンを頭に叩き込もう**
- 下線部訳が苦手…
- **SVOCを丁寧に分析できるようになろう**

大学入試 ひと目でわかる 英文読解

英文構造がビジュアルで理解できる！

【英語長文編】

- いつも時間切れになってしまう…
- **速読を妨げる原因を見つけよう**
- 何度も同じところを読み返してしまう…
- **展開を予測しながら読み進めよう**

大学入試 ぐんぐん読める 英語長文 BASIC / STANDARD / ADVANCED

6つのステップで、英語が「正確に速く」読めるようになる！

【英作文編】

- ［和文英訳］ってどう対策したらいいの？
- **頻出パターンから、日本語⇒英語の転換に慣れよう**
- いろんな解答例があると混乱します…
- **試験会場でも書けそうな例に絞ってあるので覚えやすい**

New 大学入試 正しく書ける 英作文

頻出パターン×厳選例文でムダなく「和文英訳」対策！

【自由英作文編】

- 何から手をつけたらよいの…？
- **志望校の出題形式や頻出テーマをチェック!**
- 自由と言われてもどう書き始めたらよいの…？
- **自由英作文特有の「解答の型」を知ろう**

大学入試 すぐ書ける 自由英作文

頻出テーマ×重要度順 最大効率で対策できる！

こんな悩み😞をまるっと解決😊してくれるのが、**赤本プラス**です。

赤本プラスは、数学・物理・古文もあるよ

（英語8点・古文1点・数学2点・物理3点）